权威·前沿·原创

皮书系列为
"十二五""十三五"国家重点图书出版规划项目

BLUE BOOK

智库成果出版与传播平台

广州市新型智库广州大学广州发展研究院、广东省高校人文社科重点研究基地、
广东省国家文化安全研究中心研究成果

广州蓝皮书
BLUE BOOK OF
GUANGZHOU

丛书主持／涂成林

2020 年
中国广州社会形势分析与预测

ANALYSIS AND FORECAST ON SOCIAL SITUATION OF
GUANGZHOU IN CHINA (2020)

主　编／张　强　何镜清　涂成林
副主编／谭苑芳　桑晓龙　王福军

社会科学文献出版社
SOCIAL SCIENCES ACADEMIC PRESS (CHINA)

图书在版编目（CIP）数据

2020 年中国广州社会形势分析与预测 / 张强，何镜清，涂成林主编 . –– 北京：社会科学文献出版社，2020.8
（广州蓝皮书）
ISBN 978 – 7 – 5201 – 6835 – 9

Ⅰ. ①2… Ⅱ. ①张… ②何… ③涂… Ⅲ. ①社会调查 – 研究报告 – 广州 – 2020 Ⅳ. ①D668

中国版本图书馆 CIP 数据核字（2020）第 116501 号

广州蓝皮书
2020 年中国广州社会形势分析与预测

主 编 / 张 强 何镜清 涂成林
副 主 编 / 谭苑芳 桑晓龙 王福军

出 版 人 / 谢寿光
组稿编辑 / 仜文武
责任编辑 / 连凌云
文稿编辑 / 李惠惠

出 版 / 社会科学文献出版社·城市和绿色发展分社（010）59367143
地址：北京市北三环中路甲 29 号院华龙大厦 邮编：100029
网址：www.ssap.com.cn
发 行 / 市场营销中心（010）59367081 59367083
印 装 / 天津千鹤文化传播有限公司

规 格 / 开 本：787mm × 1092mm 1/16
印 张：23.5 字 数：352 千字
版 次 / 2020 年 8 月第 1 版 2020 年 8 月第 1 次印刷
书 号 / ISBN 978 – 7 – 5201 – 6835 – 9
定 价 / 128.00 元

广州蓝皮书系列编辑委员会

丛书执行编委 （以姓氏笔画为序）

丁旭光	王宏伟	王桂林	王福军	邓佑满
邓建富	冯　俊	刘　梅	刘保春	刘瑜梅
孙　玥	孙延明	李文新	吴开俊	何镜清
沈　奎	张　强	张其学	张跃国	陈　爽
陈浩钿	陈雄桥	屈哨兵	贺　忠	顾涧清
徐　柳	涂成林	陶镇广	桑晓龙	彭诗升
彭高峰	曾进泽	蓝小环	赖天生	赖志鸿
谭苑芳	魏明海			

主要编撰者简介

张　强　现任广州大学副校级领导，副教授，分别获得哲学学士、经济学硕士学位。1982年起任共青团石家庄市委办公室主任、宣传部部长；1990年起任原广州大学办公室副主任、维修工程技术学部党支部书记、党委宣传部部长；2001年起任合并后的广州大学党委宣传部部长、党委组织部部长；2005年起任广州医学院党委副书记、纪委书记；2012年11月至今任广州大学党委副书记、纪委书记。第十一届广州市政协委员。兼任广州市社科联副主席、广州城市民族关系研究中心主任、教育部内地高校少数民族学生教育管理服务重点研究基地主任、广东省少数民族学生教育管理服务研究和指导中心主任；曾获得"广州市优秀党务工作者"称号。

何镜清　现任广州市民政局局长、党委书记，管理学博士。1991年10月至2006年9月在广州医学院工作，任第一附属医院团委书记，医学院团委书记、组织部副处级组织员兼校办公室主任，第二附属医院党委副书记兼纪委书记，医学院学生处处长、学工部部长；2006年9月任中共从化市委常委；2006年11月任中共从化市委常委、组织部部长、市编办主任、市委党校校长；2011年9月任从化市委副书记；2013年3月任广州市城管委党委副书记；2015年1月任广州市城管委副主任、党委副书记；2015年9月任广州市民政局局长、党委书记，兼任市政法委委员。

涂成林　现任广州大学二级研究员，博士生导师，广州市政协委员；广州市新型智库广州大学广州发展研究院首席专家，广州市政府第三、四届决策咨询专家；广东省区域发展蓝皮书研究会会长，广东省体制改革研究会副会长，广东省经济学家企业家联谊会常务副会长。享受国务院政府特殊津贴，获国家"万人计划"领军人才、中宣部"文化名家暨四个一批"领军人才、广东省"特支计划"领军人才、广州市杰出专家等称号。1985年起，先后在湖南省委理论研究室、广州市社会科学院、广州大学工作。目前主要从事城市综合发展、文化科技政策、国家文化安全及马克思主义哲学等方面研究。在《中国社会科学》《哲学研究》《中国社会科学内部文稿》《教育研究》等刊物发表论文100余篇；出版专著10余部；主持和承担国家社科基金重大项目、一般项目，以及省、市社科规划项目，省、市政府委托项目60余项。获得教育部及省、市哲学社会科学奖项和人才奖项20余项，获得多项"皮书奖"和"皮书报告奖"，2017年获评"皮书专业化20年致敬人物"，2017年获评"皮书年会20年致敬人物"。

谭苑芳 现任广州大学广州发展研究院副院长、教授，博士，硕士生导师，广州市番禺区政协常委，兼任广东省区域发展蓝皮书研究会副会长、广州市粤港澳大湾区（南沙）改革创新研究院理事长、广州市政府重大行政决策论证专家等。主要从事宗教学、社会学、经济学和城市学等的理论与应用研究，主持国家社科基金项目、教育部人文社科规划项目、省市重大和一般社科规划项目10余项，在《宗教学研究》《光明日报》等报刊发表学术论文30多篇，获广东省哲学社科优秀成果奖二等奖及"全国优秀皮书报告成果奖"一等奖等多个奖项。

桑晓龙 现任广州市社会工作委员会专职副主任、广州市政法委专职委员。1980年7月参加工作，1985年6月加入中国共产党，中共广东省委党校在职研究生学历。历任广州市公安局黄埔区分局党委副书记、政委，广州市公安局政治部教育培训处处长，广州市公安局政治部党总支副书记、副主任等职务。

王福军 现任广州市民政局党委委员、广州市社会组织管理局局长，经济学硕士。1992 年 9 月至 1999 年 7 月，在中山大学岭南（大学）学院国际商务系学习，硕士研究生毕业；1999 年 7 月，在广州市国土资源和房屋管理局办公室工作；2002 年 11 月，在广州市民政局办公室工作；2004 年 8 月，任广州市市政园林局团委副书记；2006 年 8 月，任共青团广州市委青工青农部副部长，组织部副部长、部长；2008 年 10 月，任广州市民政局社会事务处处长、办公室主任、宣传和政策法规处处长；2014 年 4 月至今，任广州市民政局党委委员、广州市社会组织管理局局长、中共广州市社会组织委员会党委书记。

摘　要

《2020 年中国广州社会形势分析与预测》由广州大学、广东省区域发展蓝皮书研究会与广州市政法委、广州市民政局、广州市社会组织管理局联合研创。本书由总报告、社会治理篇、民生保障篇、法治建设篇、社会调查篇、乡村振兴篇等六部分组成。

2019 年，广州市面对经济下行压力加大的突出矛盾，坚持为民服务，坚持稳增长、促改革、调结构、惠民生、防风险的工作总基调，居民福祉不断提升，经济社会发展取得明显成效，增长后劲不断增强，为扎实、有效推动"四个出新出彩"工作打下了良好的基础。广州市在社会发展上呈现民生福祉有新提升，人民群众获得感、幸福感、安全感不断提升的特征，在教育、养老、住房、就业等民生领域进行了较大的资源投入和不懈的改革探索。全面、如期、优质完成交通、住房、政务服务等十大领域的十件民生实事，全力推进普惠共享型社会保障体系建设，不断完善和健全"幼有所育、学有所教、劳有所得、病有所医、老有所养、住有所居、弱有所扶"的社会保障体系，社会民生事业稳步向前。

2020 年是全面建成小康社会的决胜之年，"十三五"规划的收官之年，也是实现第一个百年奋斗目标，为"十四五"良好开局打下更好基础的关键之年。广州市政府工作总体要求依旧是坚持稳中求进工作总基调，坚持以人为本、可持续发展，坚持把改善民生作为工作出发点和落脚点，建机制、补短板、兜底线，不断提高人民生活水平。尤其是将优质教育、医疗事业、住房保障作为主攻方向，加快优质公共资源配置向基层下沉的速度，使公共资源均等化和优质化程度进一步提升，做到基本公共服务的提供与经济社会发展以及财政收入增长保持同步，确保改革发展成果持续为人民群众所共

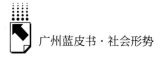

享。此外，在国家大力发展粤港澳大湾区的背景下，2020 年广州市将探索共建粤港澳大湾区优质生活圈。

关键词： 广州　社会发展　公共服务　民生保障

目　录

IV 法治建设篇

V 社会调查篇

VI 乡村振兴篇

皮书数据库阅读 **使用指南**

总 报 告

General Report

B.1
2019年广州社会发展形势分析
与2020年展望

广州大学广州发展研究院课题组*

摘　要： 2019年广州坚持以供给侧结构性改革为主线，坚持稳中求进工作总基调，以保障和改善民生为重点，继续推动城乡公共服务均等化、优质化发展，不断提升社会保障水平，在教育、养老、住房、就业等领域探索出新的创新管理模式，社会保持平稳健康发展。展望2020年，广州社会建设与发展的趋势是：进一步深化卫生健康事业改革，均衡配置教育等公共资源，提升

* 课题组组长：涂成林，国家"万人计划"领军人才，广州大学二级研究员，博士生导师，广州市新型智库广州大学广州发展研究院首席专家。课题组成员：周利敏，广州大学教授，博士生导师，广州市新型智库广州大学广州发展研究院研究员；谭苑芳，广州大学广州发展研究院副院长，教授；彭晓刚，广州大学广州发展研究院特聘研究员；周雨，广州大学广州发展研究院院长助理，讲师，博士；丁花华，广州大学广州发展研究院特聘研究员；钟娇文，广州大学公共管理学院学术助理。执笔人：周利敏、钟娇文。

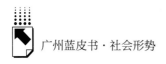
基层公共服务多样化能力，促进社会组织迸发出新活力。

关键词： 民生建设　社会治理　社会组织

一　2019年广州社会发展总体形势分析

2019年广州面对经济下行压力加大的突出矛盾，坚持稳增长、促改革、调结构、惠民生、防风险的工作总基调，居民福祉不断提升，经济社会发展取得明显成效，增长后劲不断增强，为扎实、有效推动"四个出新出彩"工作打下了良好的基础。

全市经济发展呈现"运行总体平稳、质量效益持续提高、结构调整取得实效"的特征，经济结构不断优化，新动能活力不断增强。全市全年生产总值达23628.60亿元，按可比价计算，比上年增长6.8%，增速比上年提升0.6个百分点，其中第三产业对经济增长的贡献率达到了73.7%，以7.5%的增长速度引领着全市经济的增长，表现出了较强的发展韧性和内在潜力。三大产业增加值较上年均有所增长，分别增长3.9%、5.5%和7.5%，特别是现代服务业增加值增长9.3%，占服务业比重达67.5%。全市全年一般公共预算支出达2865.12亿元，同比增长14.3%，较上年增速提升7.8个百分点，尤其是科学技术、教育等民生领域的支出增长较快，增长率分别为48.9%和18.8%。全市居民消费价格指数（CPI）同比上涨3.0%。2019年，城乡居民生活水平不断提高，居民收入保持稳步增长态势，与经济保持同步增长。城镇常住居民人均可支配收入为65052元，同比增长8.5%；农村常住居民人均可支配收入为28868元，同比增长10.9%。[①]城乡居民人均可支配收入比较上年同期缩小0.05。

---

① 《2019年广州市国民经济和社会发展统计公报》，广州市人民政府网站，http://www.gz.gov.cn/zwgk/sjfb/tjgb/content/post_ 5746671. html。本文数据如无特别说明均来自此处。

在社会发展上广州呈现民生福祉有所增进，人民群众获得感、幸福感、安全感不断提升的特征，在教育、养老、住房、就业等民生领域进行了较大的资源投入和改革探索。2019年全面、如期、优质完成交通、住房、政务服务等十大领域的十件民生实事，全力推进普惠共享型社会保障体系建设，不断完善"幼有所育、学有所教、劳有所得、病有所医、老有所养、住有所居、弱有所扶"的社会保障体系，社会民生事业稳步向前。

（一）推动实行民生财政，推动城乡公共服务均等化、优质化

2019年广州"用心用情多办民生实事、多解民生之忧"，精准发力加快补齐民生短板。在2019年广州市政府预算草案中，全市一般公共预算总支出达2410.3亿元，市本级一般公共预算总支出达1410.4亿元。其中，安排182.6亿元推动三大攻坚战取得更大成效，较上年增长36.8%；安排190.2亿元扎实推动粤港澳大湾区经济高质量发展，较上年增长22.9%；安排156.2亿元扎实推动乡村产业生态人才振兴，较上年增长16.5%；安排391.3亿元扎实推动城市综合功能不断增强，较上年增长19%；民生事业发展投入408.3亿元，较上年增长8.6%。其中161.2亿元被用于发展教育事业，129.5亿元被用于完善社会保障体系，25.4亿元被用于加快保障性安居工程建设。在卫生方面，安排88.7亿元健全卫生健康服务机制，其中15.4亿元被用于全面深化公立医院综合改革，21.5亿元被用作城乡居民医疗保险资助资金。[①] 政府着力保障改善民生，切实增进人民福祉，进一步织密、织牢民生保障网，健全多层次社会保障体系，市民获得感和幸福感不断提升。

1. 大力增加普惠性幼儿园资源，加强义务教育学校标准化建设，提高学前教育、义务教育优质均衡水平

增加公办幼儿园学位，扩大幼儿教育普惠资源供给是2019年广州十件民生实事的重要内容之一。为解决"入园难、入园贵"的民生难题，进一

[①] 《2019广州投入161.2亿发展教育事业》，新浪网，http://gd.sina.com.cn/news/2019-01-16/detail-ihqhqcis6613514.shtml。

步加大增加公办幼儿园学位的力度，广州市人民政府出台了《广州市促进学前教育普惠健康发展行动方案》，千方百计扩大普惠性幼儿教育资源供给，力争到 2020 年全市各区公办幼儿园在园幼儿数占比在 50% 以上，普惠性幼儿园（包括公办幼儿园和普惠性民办幼儿园）在园幼儿数占比在 80% 以上，形成结构合理、布局优化、管理规范的学前教育格局，突破全市"普惠性园"供需失衡困境。2019 年全市学前教育一般公共预算支出为 23.35 亿元，同比增长 23.22%。① 2019 年全市增加公办幼儿园学位 5.88 万个，普惠性幼儿园在园幼儿数占比达到 82.57%，较上年增加 5.5 个百分点，学前三年儿童（3～5 岁）毛入园率达 100%。②

2019 年广州印发了《关于深入推进市属优质教育资源集团化办学的实施意见》，对义务教育资源向优质均衡化发展进行全面部署，全市共有义务教育阶段学校 1453 所，同比增长 5.7%，③ 其中标准化学校 1395 所，标准化学校占比为 96%。广州被教育部选为 2019 年度全国"智慧教育示范区"。

2. 医疗保障：推进分级诊疗制度建设，持续不断深入推进医养结合，重点关注对特殊群体的健康服务

广州市人民政府出台《广州地区深化公立医院综合改革行动方案》，加快建立完善的现代医院管理制度，在全市全面建立起更加完善的基层首诊、双向转诊、急慢分诊、上下联动的分级诊疗机制。2019 年推动家庭医生签约服务向提质增效转变，优先做好对老人等重点人群的签约服务，提高签约服务的质量。2019 年重点关注对老人、妇女、儿童等特殊群体的健康服务，持续不断深入推进医养结合，推动医疗机构开设老年科，为老年人开设提供优先挂号、优先就医等便利服务的"绿色通道"，使各级养老机构为入住的老年人提供不同形式的医疗服务，提升医养结合服务能力和水平，正式运行

---

① 《第 46 期市民议政厅请您为广州市学前教育普惠优质健康发展建言献策》，广州人大网，http：//www. rd. gz. cn/zxtz/content/post_ 88939. html。
② 《2019 年广州市十件民生实事如期优质完成》，广州市人民政府网站，http：//www. gz. gov. cn/gkmlpt/content/5/5612/post_ 5612729. html#12626。
③ 《2018 年广州市教育统计手册》统计显示，2018 年全市小学 965 所、初中 409 所。

首家老年病康复医院，为失能、失智老人提供专业的康复治疗服务。与此同时，出台《广州市母婴安全和健康儿童行动计划（2019—2020年）实施方案》，进一步提高妇幼健康服务水平和质量。

（二）社会保障水平稳步提高，居民获得感明显增强

1. 职工医保、城乡居民医保、大病医保年度报销最高支付限额大幅提高，医疗保险和救助水平持续提升

2019年将用人单位的职工社会医疗保险缴费率从8%降低为5.5%，灵活就业人员、退休延缴人员、失业人员的职工社会医疗保险缴费率从10%降低为7.5%，并将参保单位工伤保险缴费率阶段性下调比例从30%调整为50%。2019年继续提高城乡居民社会医疗保险住院支付比例，住院政策范围内报销比例在75%左右，未成年人及在校学生在三级医疗机构的住院报销比例提高至80%，较上年提高10个百分点，其他城乡居民在三级医疗机构住院的报销比例提高至70%，较上年提高10个百分点。全年实施医疗救助123.63万人次，比上年增长13.5%，[1] 进一步减轻了居民医疗费用负担，缓解了"看病贵"问题。

2. 城乡社会保障水平持续提高，加大困难群体社会保障政策倾斜力度，居民获得感进一步增强

随着广州经济发展水平的不断提高，2019年广州继续稳步提高各项社会保障水平，进一步提高各类社会救助标准。2019年全市城乡居民基础养老金标准由每人每月211元调整为每人每月221元，将全市城乡最低生活保障标准由上一年的每人每月950元提高至每人每月1010元。2019年进一步加大困难群体社会保障政策倾斜力度，有效保障了困难群体的基本生活。将困难群体大病保险起付标准降低至3500元，并将报销比例提高至80%；[2]

---

① 整理广州市人民政府官网发布的数据而得。

② 《广州市医疗保障局 广州市财政局关于调整广州市城乡居民社会医疗保险和城乡居民大病医疗保险有关规定的通知》（穗医规字〔2019〕13号），广州市人民政府网站，http://www.gz.gov.cn/gfxwj/sbmgfxwj/gzsylbzj/content/post_5567173.html。

将城市困难职工生活救助（含节日慰问）标准从每人每年 3000 元提高至 7000 元。助学教育标准高中阶段每名学生从每年 1000 元提高至 3000 元，大专以上每名学生从每年 4000 元提高至 7500 元，医疗救助标准最高为 1.5 万元。[1] 2019 年全年向 239 户建档困难职工发放了 291.5 万元困难救助金，向全市 1125 户边缘困难家庭发放 172.56 万元救助金。孤儿养育标准从 2018 年的每人每月 2263 元提高到每人每月 2406 元，成年流浪乞讨受助人员基本饮食标准也从 2018 年的每人每月 570 元提高到了每人每月 606 元。[2] 农村特困人员基本生活供养标准从 2018 年的平均每人每月 1964 元提高到平均每人每月 1978 元，全年为低收入家庭、特困人员、重病人员等困难群体共发放低保金、临时补贴约 4.8 亿元，特困供养金约 1.7 亿元，临时救助金约 1220 万元。[3]

此外，2019 年广州聚焦对参加城乡居民医保的高龄重度失能老年人的社会保障，实现了对全市 80 周岁及以上参加医疗保险的重度失能人员的照护保险全覆盖。

3. 推进构建更加完善的住房保障体系，让城市住房困难群体圆了"安居梦"

近五年来，广州保持常住人口每年增长超 40 万人的速度，面对高价商品房，很多人"望房兴叹"，因此外来人口的强劲增长对广州住房困难群体的住房保障提出了更高要求。2019 年广州在住房保障上秉持保障和改善民生的原则，推进构建更加完善的住房保障体系，加大力度完善租购并举的住房制度，让城市住房困难群体圆了"安居梦"。2019 年新开工棚户区改造住房 17283 套，基本建成棚户区改造住房 17686 套，推出公共租赁住房 7000 多套，基本建成公共租赁住房 5643 套，发放租赁补贴 13589 户。发展好房

---

① 《广州市总工会办公室关于印发〈广州市总工会困难职工帮扶资金管理办法〉的通知》，天一网，http：//www.gzgh.org.cn/Home/ArticleDetail？articleId=2300bf7e50834490bbcb3b456c4fa7cf。

② 《广州市民政局 广州市财政局关于提高 2019 年我市最低生活保障及相关社会救助标准的通知》（穗民规字〔2019〕10 号），广州市民政局网站，http：//mzj.gz.gov.cn/gk/wgkzl/jcgk/content/post_3122855.html。

③ 《2019 年我市社会救助工作情况》，广州市民政局网站，http：//mzj.gz.gov.cn/gk/wgkzl/jggk/content/post_5635275.html。

屋租赁市场是解决群众居住问题的重要举措，在推进房屋租赁市场发展上，2019年广州引导专业化住房租赁企业发展，成立了六家国有住房租赁企业，148家专业化、机构化的民营住房租赁企业，全年租赁房源总量达485万套（间）。①不断完善的住房保障体系在一定程度上解决了全市户籍中等偏下收入家庭、新就业无房职工、来穗务工人员以及新增毕业生等住房困难群体安居的问题。广州社情民意研究中心的相关民调显示，2019年来穗人员对住房的满意度为43%，自2015年开始调查以来不断上升。②

（三）经济发展稳中趋好，就业形势持续稳定

就业是实现基本民生权利的最基本手段，经济发展是确保就业的前提。2019年，广州通过加快构建现代产业体系，不断优化经济结构和增强经济发展新动能活力，深化重点领域改革，继续优化投资结构，国内消费稳定增长，进出口增速明显。在作为经济增长的"三驾马车"之一的投资方面，第一产业投资完成额比上年增长3.0倍，第二产业投资完成额增长8.7%，第三产业投资完成额增长18.0%；三大领域投资中，基础设施投资额、房地产开发投资额、工业投资额均有较大增长，分别增长24.5%、14.8%和9.1%；2019年全市民间投资同比增长27.8%，增速较上年提高36.9个百分点。投资结构继续得到改善，为未来广州的发展奠定了更好的基础。在消费习惯、商业模式转型过程中，广州继续保持传统经贸中心的优势，2019年全市实现社会消费品零售总额比上年增长7.8%，增速同比提高0.2个百分点；在进出口贸易上继续保持增长态势，全年商品进出口总额9995.81亿元，同比增长1.9%。同时，电子商务尤其是跨境电商继续保持高速发展，2019年全市限额以上批发零售业通过公共网络实现商品零售额比上年增长12.9%，增速比社会消费品零售总额增速高5.1个百分点，拉动社会消费品

---

① 《广州市住房和城乡建设局2019年工作总结和2020年工作计划》，广州市住房保障办公室官网，http://zfcj.gz.gov.cn/gkmlpt/content/5/5640/post_5640378.html#1109。

② 《来穗人员生活观感明显改善》，广州社情民意研究中心官网，http://c-por.org/index.php?c=news&a=baogaodetail&id=4429&pid=10。

零售总额增长 1.7 个百分点,占社会消费品零售总额的 13.9%,其中跨境电子商务进出口额达 385.9 亿元,同比增长 56.4%。拉动经济增长的"三驾马车"的持续稳定发展,为广州市民实现就业和创业创造了良好的经济环境。据统计,2019 年全市全年新登记各类市场主体 44.26 万户,比上年增长 7.66%,全市日均新登记市场主体约 1213 户,日均新增企业 880 户。[1] 广州继续实施就业优先战略和促进创业战略,继续加大财政投入支持创业、就业,促进劳动力通过各种方式实现就业与再就业。2019 年全年城镇新增就业 33.73 万人,全年帮助城镇登记失业人员实现再就业 17.72 万人,全市新增就业人数达 33.73 万人,帮助 9.07 万名就业困难人员实现了再就业,扶持 4.23 万人创业,创业带动就业人数达 14.59 万人,城镇登记失业率为 2.15%,被控制在 3.5% 的目标以内。

2019 年广州经济运行保持平稳态势,城镇从业人员就业状况总体稳定,为工资性收入增长提供了有力保障。中国南方人才市场等机构发布的《南方人才年度广东地区薪酬调查报告》显示,2019 年广州平均月薪为 8973 元,同比增长 4.30%,位于全省地区平均月薪排名第二位。收入的稳定增长为市民消费注入了信心,市民消费意愿有所增强,消费水平明显提高。与居民消费密切相关的行业实现了平稳增长,如批发零售业、住宿餐饮业零售额同比分别增长 7.7% 和 8.1%,日用品类、粮油食品类、中医药类商品零售额同比分别增长 17.5%、9.9% 和 34.0%;与居民品质化消费相关的通信器材类、金银珠宝类、汽车类等商品零售额分别增长 4.8%、28.9% 和 0.3%。

(四)重点推进社区居家养老服务"3 + X"改革创新,深入实施"养老大配餐"服务提升工程,探索"大城市大养老"广州模式

据统计,2019 年底广州户籍人口共计 953.72 万人,60 周岁及以上老年人口约 173.7 万人,占户籍人口比例约为 18.2%。广州 60 周岁及以上人口平均

---

① 《2019 年广州市市场主体发展情况》,广州市市场监督管理局(知识产权局)网站,http://scjgj.gz.gov.cn/zwgk/zwwgk/jggk/content/post_ 5668819.html。

以每年约7万人的速度增长，老年人口总量不断攀升，广州社会呈现老龄化、高龄化、空巢化、失能化、家庭小型化"五化叠加"的特点，面对全市市民较大的养老需求，2019年广州继续以构建"9064"养老服务体系为核心目标，印发实施《2019年广州市养老服务业综合改革试点实施方案及任务清单》，推动养老服务体系向精细化发展，重点推进社区居家养老服务"3+X"改革创新，深入实施"养老大配餐"服务提升工程，探索"大城市大养老"广州模式，努力在养老服务改革工作上出新出彩。2019年广州着力推进社区嵌入式养老机构建设，全年建成30家社区嵌入式养老机构；2019年全市长者饭堂数量由上年的1002个增至1036个，2019年全年累计为8.3万人提供就餐服务，为5861名失能老年人提供送餐服务，累计服务人数超200万人次。在2018年实现了长者饭堂全市街道（乡镇）、社区（村）覆盖率达100%。在基本形成市中心城区10～15分钟、外围城区20～25分钟的长者配餐服务全覆盖网络的基础上，2019年继续"深耕细作"，将养老助餐配餐服务延伸覆盖至重度残疾人，并将此作为广州民政工作出新出彩项目进行重点部署，制定印发了《广州市重度残疾人纳入"养老大配餐"服务体系工作方案》，在已经实现的60周岁及以上老年人养老配餐全覆盖的基础上进行服务升级，为有需求的重度残疾人提供助餐配餐服务，努力加快全面实现长者饭堂为重度残疾人提供助餐配餐服务。为探索社区居家养老和机构养老融合发展模式，2019年广州在越秀区、海珠区、荔湾区开展建设家庭养老床位试点工作，有养老专业服务需求但因各种原因无法入住养老机构，或因目前家庭有一定照料条件暂时不需要入住养老机构的60周岁及以上居家老年人，经广州市老年人照顾需求等级评定评估为照顾等级2～5级的，可申请建设养老家庭床位，由引入的专业养老服务机构提供专业照顾服务。① 此外，广州制定实施了《促进"家政＋养老"融合发展的实施方案》，创新推进"家政＋养老"融合试点，将生活照料纳入政府购买服务目录，由街道（乡镇）居家养老服

---

① 《广州开展家庭养老床位试点》，中华人民共和国中央人民政府网站，http：//www.gov.cn/xinwen/2019－08/22/content_5423284.htm。

务平台引入专业机构为老年人提供生活照料服务，推动家政、养老融合发展，2019 年全市全部街道（乡镇）开展了家政养老服务，全年累计服务68.63 万人次。广州市统计局所做的一项30～70 岁的居民对养老服务的满意度调查显示，受访人员对养老服务中的"医疗护理""家政服务""精神慰藉"的满意度均在八成左右。①

（五）社会治理体制创新不断推进，社会组织活力持续激发

2019 年广州采取多项举措不断优化社会组织发展环境，推进多领域社会治理创新发展，各类社会组织继续保持高质量蓬勃发展的态势。社会组织是实现多元主体参与社会治理的重要依托，目前广州社会组织发展态势良好，其在共建、共治、共享社会治理格局中的作用日趋明显与关键。2019年广州紧紧围绕"加快形成共建、共治、共享的社会治理格局"的目标，通过购买服务、加快社会组织孵化、投入支持资金等举措，不断优化社会组织发展环境，推进多领域社会治理创新发展，不断发挥社会组织在促进基层社会治理能力提升上的作用。截至 2019 年底，登记注册的社会组织发展到8137 家（其中社会团体 3424 家、社会服务机构 4634 家、基金会 79 家），比上年同期增加 236 家；登记认定慈善组织 153 家；全市共登记成立 195 家社区社会组织联合会，基本实现了全市街道（乡镇）全覆盖的目标。2019年广州投入福利彩票公益金 2422 万元支持 141 个社会组织公益创投项目；投入市本级福利彩票公益金 202 万元资助 82 家社会组织发展。② 在创新社会治理格局的工作中，社会组织一直是广州不可或缺的力量之一，2019 年广州加大对社会组织发展的支持力度，截至 2019 年底，实现社工站服务在全市街道（乡镇）基本全覆盖，广州社会组织全年服务人数超过 400 万人

---

① 《以"医养结合"为抓手　充分实现"老有所养"》，广州市统计局网站，http：//tjj. gz. gov. cn/tjdt/content/post_ 5489263. html。

② 《（中国报道）"数"说2019 广州社会组织工作高质量发展》，广州市民政局网站，http：//mzj. gz. gov. cn/dt/mtgz/content/post_ 5645137. html。

次，275个典型社区公共问题在社会组织的参与下得到了化解，[①] 彰显出社会组织在提升基层社会治理能力中的巨大潜力。同时，广州发布了《广州市实施"社工＋慈善"战略工作方案》，多举措共促全市社会工作与慈善事业高质量融合发展，打造具有羊城特色的"社工＋慈善"制度体系，发挥社会组织和慈善力量在营造共建、共治、共享社会治理格局中的作用。

（六）"平安广州"建设扎实推进，群众安全感、治安满意度持续提高

2019年广州继续发动全民共建"平安广州"，着力营造"共建、共治、共享"社会治理格局，全年社会治安环境持续向好。2019年广州治安环境呈现"两降两升"，即全年案件类警情、刑事立案数下降，破案数、破案率上升。据广州市公安局统计，2019年全市案件类警情、刑事立案数同比分别下降13.7%和5.2%，刑事破案率同比提升6.3个百分点，破案数同比上升8.4%；"两抢"立案数同比下降65.7%；公交地铁案件类警情同比下降59.1%；取得105天"两抢"零发案的历史性突破，当年命案100%全破。[②]广州抓好重点地区和重点行业整治，打造人民南周边地区、白云区大源村两个治理标杆。推进来穗人员融合行动计划，完成2.03万来穗人员积分制入户工作。深化对"四标四实"成果的运用，并取得明显成效。打造"广州街坊"群防共治品牌，参与人数超过120万人，群组队伍扩大到255支，协助破案超2000宗。加强社会治安问题前端治理，首次实现全市脱失吸毒人员"清零"，社区戒毒社区康复执行率达99.9%。建立完善市委全面依法治市领导小组和运作机制，落实中央依法治国部署和政法领域全面深化改革，在2019年开展的2018年度法治广东建设考评中，广州排名全省第一。[③] 广

① 《服务超400万人次！2019年度广州社工服务数据发布》，广州日报大洋网，http：//news. dayoo. com/guangzhou/202001/10/139995_ 53021773. htm。

② 《2019年广州公安交出一份怎样的答卷？》，广州市公安局网站，https：//baijiahao. baidu. com/s？id=1659647892142631519&wfr＝spider&for＝pc。

③ 《一图读懂 | 2019广州政法工作六大亮点》，广州市中级人民法院网站，https：//www. thepaper. cn/newsDetail_ forward_ 6098697。

州社会治安满意度较 2018 年上升 12 个百分点，达到 86%，[①] 创近十年来新高（见图 1）。

图 1　2010～2019 年广州社会治安满意度

资料来源：广州社情民意研究中心网站。

二　2019年广州社会发展存在的主要问题

整体来看，2019 年广州经济社会发展总体呈现稳中趋好的形势，市民对广州社会发展的满意度总体较高。但无论是从外部环境看还是从内部的结构和质量方面看，广州社会发展仍旧面临不少的挑战。主要表现在居民日益提高的公共服务需求和略显滞后的供给能力之间存在矛盾，尤其表现在关系居民切身利益的教育、养老、医疗、住房保障等领域。作为广东省内仅次于深圳的第二大经济体，广州一直保持旺盛的经济活力，经济发展迅猛，就业机会较多，这些年来，广州对国内外流动人口一直保持着强大的吸引力。2019 年末，广州以 10.527 的人口吸引力指数位列十大最具吸引力城市首

① 《2019 年度广州城市状况市民评价报告》，广州社情民意研究中心网站，http：//www. c - por. org/index. php？c = news&a = baogaodetail&id = 4456&pid = 5。

位，将深圳、北京、上海甩在身后。① 超强的人口吸引力，使其每年人口流入量保持高位，常住人口数量迅猛增加，2019 年末广州户籍人口达 953.72万人，比 2018 年增加了 25.76 万人，城镇化率为 79.90%，常住人口1530.59 万人（见表 1），比 2018 年增加了 40.15 万人，城镇化率为86.46%。② 人口的快速增长一方面为广州带来了更多的优秀人才，另一方面，也给广州社会治理带来挑战，让广州面临公共服务需求不断增长的压力，这些压力主要体现在教育、医疗、养老服务等公共服务领域。

表 1　2019 年广州及其各区土地面积、人口数和人口密度

地区	行政区域面积（km²）	年末常住人口数（万人）	年末户籍人口数（万人）	常住人口密度（人/km²）	户籍人口密度（人/km²）
全市	7434.40	1530.59	953.72	2059	1283
荔湾区	59.10	101.20	75.59	17124	12790
越秀区	33.80	120.97	117.29	35790	34701
海珠区	90.40	172.42	106.73	19073	11806
天河区	96.33	178.85	96.57	18566	10025
白云区	795.79	277.96	108.02	3493	1357
黄埔区	484.17	115.12	56.22	2378	1161
番禺区	529.94	182.78	103.35	3449	1950
花都区	970.04	110.72	81.13	1141	836
南沙区	783.86	79.61	46.33	1016	591
从化区	1974.50	64.95	64.17	329	325
增城区	1616.47	126.01	98.32	780	608

资料来源：广州市统计局网站。

（一）广州快速老龄化发展趋势和滞后的养老服务体系之间的矛盾

根据市老龄委、市民政局、市统计局联合发布的《2018 年广州老龄事

---

① 《2019 年度中国城市活力研究报告》，百度慧眼，http：//huiyan. baidu. com/reports/landing？id =51。

② 《2019 年广州市人口规模及分布情况》，广州市统计局网站，http：//tjj. gz. gov. cn/tjgb/qtgb/content/post_ 5729556. html。

业发展报告和老年人口数据手册》，将 2014～2018 年的同类数据进行对比，可以看出，广州老年人口及老年事业发展有以下三个特点。① 一是老龄化程度高，老城区进入中度老龄化社会。截至 2018 年底，广州户籍老年人口数达169.27 万人，占户籍人口的 18.25%。越秀区、海珠区和荔湾区均进入中度老龄化社会，老年人口数均超过 20 万人，分别是越秀区 29.93 万人、海珠区26.42 万人和荔湾区 20.69 万人，占全市 60 周岁及以上老年人口的比例分别为17.68%、15.61% 和 12.22%。老龄化程度升高意味着市民对养老服务需求越来越大，需要政府出台更多的措施促进养老服务的可持续发展以及实现养老服务的范围全覆盖。然而，虽然广州 2019 年不断推进养老服务发展，提出多种创新养老服务管理机制，但养老服务发展不均衡的现象仍旧存在。

二是空巢化问题严峻，新老城区差距大。2018 年广州"纯老家庭"人口有 20.93 万人，总量比 2017 年增加 1.78 万人；空巢老人达 6.26 万人，其中荔湾区的人数最多，为 1.10 万人，占全市空巢老人总数的 17.57%；独居老人 3.26 万人，独居老年人数较多的区有荔湾区、越秀区和花都区。独居老人的子女离家，无法为老人提供日常生活照料和互动，因此这方面也要求政府给予更多的支持和关怀。

三是残疾老人问题严峻。广州共有残疾老人 7.29 万人，其中肢体残疾老年人口数最多，为 3.97 万人，占全市残疾老年人口数的 54.46%，残疾等级为重度（一级和二级）的人数占比超过一半，为 58.78%。残疾老人的照顾需求在很大程度上要比普通老人的需求更为严格，需要更为专业的护理服务。

虽然广州一直在推进养老服务体系建设，但和逐渐提高的老龄化程度相比，养老服务体系建设依旧呈现滞后状态。目前养老服务主要有机构养老、居家养老和社区养老三种形式，但这几种形式在实际操作上都面临不同程度的挑战。机构养老方面，广州已有养老机构 183 家，其中 120 家是民办养老

---

① 《广州市发布 2018 年老年人口和老龄事业数据》，广州市卫生健康委员会网站，http：//wjw. gz. gov. cn/gkmlpt/content/4/4270/post_ 4270555. html#562。

机构。面对逐年增加的老人数量，养老市场依旧存在供需矛盾，主要表现为养老机构数量不足、床位紧缺、质量参差不齐、价格差距较大。部分养老机构设施简单，缺乏足够的具有专业技能的护理人员和医疗师，只能接收具有一定自理能力的老人，对无自理能力的老人接收能力较低。居家养老服务平台目前登记在册的有174家机构，服务门槛较高，目前政府的政策主要是为孤寡老人以及低保户老人提供居家养老服务保障，对老年人人数众多的广州来说，目前的居家养老服务不适用于多数普通家庭的老年人养老，服务普及范围小，覆盖人群有限。社区养老主要是指老年人日托中心，报告显示，广州有170家日托机构，共计2000多个床位，但1/3的机构陷入运营难的困境，部分日托中心基础条件差、设施简陋，有些日托中心、星光老人之家最终成了老人的麻将室，无法实现其原本的功能及效用。部分日托中心使用率低，每日接待的老年人低于10人，设施使用状况不理想。除此之外，不少市民表示，长者饭堂申请门槛较高，餐费优惠不大，而且必须是高龄孤寡老人才有送餐服务。在老年人的医疗服务方面，"看病就医"和"康复保健"的"不足够"比例分别达42%和43%。随着老龄化社会的到来，市民对养老服务的需求巨大，尤其是社区养老服务，从数据分析可知，养老服务"供不应求"的状况依然比较突出。

（二）困境儿童的监护法制不够完善，具体措施不完善

自2019年1月1日起，广州正式开始实施《广州市监护困境儿童安全保护工作指引》，要求各级有关部门积极引导和支持社会组织参与困境儿童安全保护工作，通过政府购买服务等方式，创新工作方法，发挥专业组织作用，为困境儿童提供更加精细化、精准化、高质量的保护服务。困境儿童指本市散居孤儿、散居事实无人抚养儿童及其他困境儿童。其他困境儿童又包括自身困境儿童、安全困境儿童和临时困境儿童。2019年，市民政部门登记在册的困境儿童共14033人，其中，从化区、增城区分别以3058人和2416人成为困境儿童人数最多的两个区。从2019年广州困境儿童救助情况来看，困境儿童救助存在以下三个问题。一是对困境儿童保障主体缺乏明确

规定，各级部门责任不明确。政府、社会福利机构、社会工作机构、基金会、社区、学校、家庭等多个保障主体共同承担着困境儿童福利保障的责任，但是现行的制度对这些保障主体之间的责任划分缺乏明确的规定，从而造成现实中出现多个主体都对困境儿童的保障工作负有责任却都不负责任的现象。二是多部门救援工作缺乏畅通的信息共享平台和沟通协调机制。教育、卫生、民政等部门的工作都与困境儿童的救助息息相关，但各部门大多各自为政，缺乏良好的沟通，在实际帮扶工作中，难免出现救援工作形式单一、重复工作等问题，导致政策落实和实际保护不到位。三是困境儿童救助机构在资金来源、管理程度上存在较大挑战。随着社会组织的发展，政府通过购买社会组织的服务促进困境儿童救助工作已成为一个常态。但社会组织的资金大多依靠政府财政补贴，资金来源单一，过度的依赖性导致社会组织自身发展深受政府限制，从政策导向到具体运作基本是以政府要求为主，缺乏自身活力。另外，相应的救助设施、专业救助人员的紧缺，也影响着困境儿童救助方式的改善和救助水平的提高。在实际救助环节中，机构管理模式、救助方式、人文关怀、情感教育、心理矫正以及文化培训教育等方面都存在一定的欠缺。

（三）社会组织能动性较低，参与社会治理的效能受限制

2019 年广州社会组织保持稳健发展态势。各类社会组织覆盖基层社会治理的各个角落，在民生方面，社会组织为困境儿童、来穗人员子女、失独老人等重点关注群体提供精准化服务，共同打好脱贫攻坚战，投入资金1622.61 万元，受益贫困人口 24.76 万人。从困境儿童照料、独居老人护理，到"广州芯"助力粤港澳大湾区半导体产业升级，社会组织在广州经济、科技进步和社会发展的各个领域中发挥着日益重要的作用。随着社会组织在广州的繁荣发展，怎样引导社会组织规范化发展、提升社会组织的生存及发展能力，成了摆在政府面前的问题。社会组织具有推动科学决策、完善公共服务、化解社会矛盾、实现公民自治的积极作用。为更有效推动社会组织参与社会治理，广州参考了"三社联动"机制，基于"政社分工"的理

念，把分散的社区、社会组织和社会工作联系起来，使之协调互动以形成合力促进社会治理体系和治理能力现代化。社会组织参与社会治理主要受到自身和外生动力影响。自身动力是指社会组织的内生动力，即社会组织明确自己在社区服务中的定位，有其责任感和使命感；外生动力包括政府的资源输入、政策引导和法律保障等。① 在实际发展中，广州社会组织在内生动力和外生动力方面都存在一定的困境。在内生动力方面，各地社会组织联动的主体差异性较大，部分社区居民尚未正确认识社会组织，对社会组织的定位模糊，不能清晰区分社区居委会和社会组织的差别，社会组织甚至承担了居委会的部分行政任务，自主性较低。虽然现有的政策文件大多提及社会组织的重要性，要求发挥社会组织的独立性、促进其参与社会治理，但并没有对具体的参与方式、参与程度等加以细致说明，对具体的治理实践缺乏切实的指导。从广州目前的社会组织发展情况来看，社会组织参与社会治理的方式依旧被动，并未真正以治理主体的身份参与社会治理，参与程度不深，并未涉及社区发展决策、民主协商等实质性治理内容，这也造成了社会组织的参与效能不高，更多依赖政府安排，没能发挥主体的能动性。社会组织的资源获取能力较低，持续充足的资金、社会资源是社会组织自身发展的重要基础保障，然而，目前社会组织在经费筹集、人才吸引方面还存在诸多困境。大多数社会组织的经费来源主要是政府购买服务和社会募捐，经费来源单一，而这又反过来使得社会组织在行事自主权上会不自觉地让渡部分权利听从政府安排，从而负担较多的行政任务，缺乏自主能动性。另一方面，社会组织难以留住人才，缺乏专业的工作人员和专业指导，目前大多数社会组织处于边做边探索的发展阶段，缺乏入行引领、场地和资金支持、服务聚焦和服务水平提升等，难以实现实质性的突破。②

---

① 《社区社会组织参与社区治理的困境和优化路径探索——以广州市番禺区"五社联动"公益生态圈项目为例》，豆丁网，https：//www.docin.com/p－2222807378.html。

② 《发展培育社区社会组织 广州社创中心助力社区创新治理参与模式》，中国网，http：//guoqing.china.com.cn/2019－11/22/content_75436140.htm。

三 2020年广州社会发展的趋势及建议

2020 年是全面建成小康社会的决胜之年，是"十三五"规划的收官之年，是实现第一个百年奋斗目标、为"十四五"良好开局打下更好基础的关键之年。回顾 2019 年，广州经济社会发展形势整体向好，教育、医疗卫生、社会保障、社会服务领域的民生指数显著上升，住房保障民生指数保持稳定，广州总体民生指数得分呈现持续上升趋势。虽然广州民生发展整体向好，但仍然面临不少挑战。主要表现为社会保障制度体系的系统整合仍然不足，公共服务发展仍然滞后于市民对社会保障不断提高的需求，尤其是市民尤为关注的教育、养老、就业等民生领域。2020 年广州市政府工作总体要求依旧是坚持稳中求进工作总基调，坚持以人为本、可持续发展，坚持把改善民生作为工作出发点和落脚点，建机制、补短板、兜底线，不断提高人民生活水平。

（一）广州社会建设和社会发展趋势

基于广州市政府的工作安排，本报告认为，2020 年广州的社会建设和社会发展将呈现以下态势。

1.统筹做好疫情防控工作，扎实做好人社系统疫情防控，推进医疗卫生机构的建设和改革

毫不放松抓好全局疫情防控工作，严格落实"四早"防控要求，严把个人防护关，加强重点部位、重点场所防控。加强对医务人员的关爱，落实激励医务防疫人员在打赢疫情防控阻击战中担当作为的工作方案和关爱一线医务人员及其家属的若干措施，在临时性工作补助、一次性核增绩效工资总量、卫生防疫津贴、人事激励、奖励、表彰、职称评聘、工伤保险等方面及时做好待遇保障。此外，广州将继续推进医疗卫生机构建设，全面深化医药卫生体制改革，继续推进医疗卫生机构建设，深化县级公立医院改革和基层医疗卫生机构综合改革，平衡地区医疗资源布局。继续推进推广家庭医生契

约式服务，壮大全科医生人才队伍，促进医疗服务和公共卫生服务的融合，优化基层卫生机构绩效考核机制，激发基层卫生人才队伍工作积极性；推进医联体试点，推行基层首诊、双向转诊，加强住院医师和全科医师培训，鼓励支持社会资本兴办医疗机构，做好传染性疾病防控和应急救治。

2. 发展教育事业，推进义务教育均衡发展，解决入园难、入园贵的民生问题

实施第二期学前教育三年行动计划和特殊教育提升计划，全面推进义务教育均衡发展，实现教育资源从中心城区向周边城区覆盖。面对日益增加的婴幼儿数量，继续推进幼儿园机构建设，争取在 2020 年底完成公办幼儿园在园幼儿数占比达到 50%，扩大幼儿园学位供给，提升幼儿入园率。关注特殊教育资源安排，对特殊教育和困境儿童的教育提供政策和财政支持。推动国家中小学教育质量综合评价改革实验区工作，完善中小学幼儿园招生制度，推进"区管校用"教师管理体制改革，构建现代职业教育体系，促进民办教育规范特色发展，提高高等教育质量，创建"广东省推进教育现代化先进市"。

3. 提高社会保障水平，提升住房、就业、养老、工伤等民生相关领域的基层保障水平

构建健全有序的住房保障体系，在来穗人员和城市公共服务人员公租房建设上有所突破，保障失业人员、老龄人口、低收入困难家庭等的基本生活。完善促进就业创业机制，开展就业帮扶，支持高校毕业生、就业困难群体、农村劳动力稳定就业。扩大社保覆盖面，提高企业退休人员、农转居人员和城乡居民养老保险待遇。构建普惠型社会保险体系，建立工伤保险待遇调节机制，制定残疾人医疗保险、养老保险办法。推进机关事业单位养老保险制度改革。推进全国养老服务业综合试点，鼓励社会力量参与养老服务，建设居家养老指导服务平台。实现殡葬基本服务均等化。提高特殊人群救助水平，城乡低保标准提高到不低于 650 元，实现城乡低保标准一体化。

4. 加快建设医养结合的养老服务体系，完善社区居家养老服务设施网络，构建智慧健康养老服务综合平台

2020 年，广州计划新建 50 家日间托老机构，实现全市所有街道（乡

镇）建有日间托老机构。大力推进医养结合的综合性养老服务模式，满足老年人的健康保障需求，建立多层次、多样化的养老服务体系，做好兜底保障，发展医养康养消费服务，促使养老行业良性发展。培养更多的全科医生，解决医院人手不足问题。按《广州市养老服务机构设施布局规划（2013—2020年）》，落实"9064"计划，即居家养老者在养老体系中将占到90%，社区养老者达到6%，机构养老者达到4%。机构养老在整个养老体系中将起到支撑和兜底的作用。

5. 推进社会治理主体多元化发展，大力提升"互联网 + 政务服务"的结合，推动政务服务事项从"现场办"向"网上办、掌上办、随时办、随地办"拓展

在基层治理中，建立健全村（居）务公开系统，使办事系统、办事流程、决策信息公开透明化，引导社会组织参与社会治理。坚持"小政府大社会"思想，充分发挥市场、社会组织的自我调节能力，发挥企业、市民和社会组织的自我管理能力，完善多元主体治理体系。重点推行"五个一"治理模式，让群众更有获得感和幸福感。"一卡"，全面推行市民卡，拓宽服务事项，为群众提供"一卡式"社会事务服务。"一号"，整合政府服务专线，完善"12345"服务热线功能，畅通政府与群众沟通的桥梁。"一格"，全面推行社区网格化服务管理，完善五级联动、三级指挥体制。"一网"，完善网上办事大厅，推进网上大厅、实体大厅"五统一"。"一窗"，实行全市上下所有行政审批、公共服务事项"前台综合受理、后台分类审批、统一窗口出件"，提高审批效率。

（二）广州社会发展建议

针对2019年广州社会建设和发展中存在的若干问题，本报告提出如下四个方面的建议。

1. 关注幼儿教育，多渠道增加公办园学位数量

发展幼儿教育应当以公益性和普惠性为导向，坚持政府主导、社会参与的原则，构建公益、普惠、均衡、优质、安全的幼儿教育公共服务体系，保

障幼儿教育需求。推进实施学前教育"5080"攻坚计划，通过扩大增量、盘活存量、做优变量，探索创新公办幼儿园管理新模式，重点增加公办资源。同时，进一步建立健全编制内外的教师薪酬待遇保障机制，保障教师工资，推进各区提高教师持证上岗率，实现新一轮保教队伍100%全员培训。2020年底前，公办幼儿园在园幼儿数占比要达到50%，2019年已完成占比40%，这也意味着2020年还有10个百分点的任务要完成，这将对公办学位少、地理位置资源不利的区域形成较大压力。针对这类幼儿园布点不足，而新建配套幼儿园又有困难的地区，要合理使用闲置教育资源和闲置公共资源，妥善利用已有资源，优先将其改建成幼儿园，对于政府新接收的小区配套幼儿园和租约到期的小区配套幼儿园，优先改为公办幼儿园，调查显示，目前广州还有七八十所小区配套幼儿园没有收回来。① 对公办园和民办园一视同仁，提升民办园教师薪资，完善幼儿教师待遇机制，提升幼儿教育师资队伍的整体素质。鼓励民办园和公办园进行教师挂职交流，促进公办园和民办园的信息共享。政府财政应向招收残疾幼儿和提供特殊教育的幼儿园倾斜，要按照高于幼儿园生均公用经费标准拨付经费，加大对最低生活保障家庭儿童和低收入困难家庭儿童及特困救助供养的幼儿、孤儿和残疾幼儿接受教育的资助力度，支持特殊教育学校在满足自身发展的前提下附设幼儿园或者幼儿班。

2. 充分调动社会力量，推动养老产业发展，大力推进"嵌入式"养老服务，完善养老服务体系

坚持政府主导、社会协同、市场推动、全民参与的原则，深化养老服务放管服改革，全面放开养老服务市场，着力构建具有广州特色的"大城市大养老"服务模式。养老服务一直是广州重点关注的问题。面对人数众多的老年人群体，仅仅依靠机构养老是远远不够的，养老服务不能完全依靠政府补助，更多的还是要调动各个社会主体的力量，通过积极宣传、完备的养

---

① 《今年来新增4.6万个公办园学位》，广州市人民政府网，http：//www.gz.gov.cn/zwfw/zxfw/jyfw7/content/post_ 5557072. html。

老产业链、高质量服务、简便易行的申请方式，推动养老平台综合化，全面促进养老产业和谐有序、稳定可持续发展。引导社会力量成为广州提供养老服务的主体，广州市民政局提供的数据显示，截至 2020 年 2 月，广州共有养老机构 217 家，养老床位 6.8 万张，2016 年以来，每千名老人拥有床位数基本实现 40 张。如今，全覆盖、多层次、多支撑、多主体的养老服务格局基本形成，广州全市 73% 的养老床位、85.5% 的居家养老服务综合体、95% 的长者饭堂、84.5% 的家政养老服务由社会力量提供，社会力量参与广度、深度都居全国前列。[①] 养老服务要放宽市场准入要求，对本地、外地和境外投资者举办的养老服务项目一视同仁，给予同等待遇，引导支持境内外企业和机构落户广州，从事养老服务。建立健全以市场形成价格为主的养老服务收费管理机制，制定相应的法律法规，规范养老服务产业，支持社区居家养老服务机构和民办养老机构收费项目和标准由经营者确定，明码标价，自愿消费。促进"社卫中心 + 养老中心"的结合，对老年人健康进行全天候监控，提供常规化老年人健康检测服务。建立智慧健康养老服务平台，整合多部门、多组织老年人服务信息，打通各相关部门、组织间的信息壁垒和行政壁垒，促进多部门的相互协作，搭建全市的老年人信息服务平台，为老年人提供各类养老服务信息，定制个性化养老服务方案。大力推进嵌入式养老，联合机构养老、社区养老、居家养老，构建系统的养老产业链。积极推进社区居家养老服务，开发多个养老服务项目，对老城区的老年人家庭进行适老化改造。

3. 持续提高公共服务水平，深入推进"互联网 +"的便民化政务服务工作

全方位提升"一网通办"的政务服务水平。全面推行政务服务"马上办、网上办、就近办、一次办"，大力提高政务服务办事便利度，节省群众办事成本，提高市民办事满意度，从而激发市场活力和社会创造力。深入推进"互联网 + 政务服务"的服务标准化和规范化建设，扩大服务领域范围，

---

① 《广州养老服务社会参与广度、深度居全国前列》，广州市人民政府网，http://www.gz.gov.cn/zwfw/zxfw/sbfw/content/post_ 5617533. html。

提升网上办理政务服务水平，创新便民化的政务审批服务，深化行政审批中介服务改革，最大限度地减少企业和群众办事跑动次数，不断优化民众办事环境，完善政务服务评价和监督机制。借助"互联网＋"模式，提供更多便利化举措，提升热线服务效率和水平，为特殊群体提供更多便利化服务。

4. 搭建服务困境儿童资源整合平台，引导社会力量参与困境儿童保护工作

自2019年下半年以来，广州市社会组织联合会和广州社联困境儿童关爱中心开展了对全市儿童服务类社会组织的信息收集工作，经汇总分类编印发布了《广州市社会组织关爱困境儿童服务指南（2020）》，介绍了综合服务性和儿童服务类的社会组织，为广州开展困境儿童救助工作提供了指导。困境儿童救助工作下一步要搭建资源整合平台，充分发挥社会力量的作用，由政府牵头，联合相关部门搭建困境儿童关爱平台，共享民政、居委、慈善会、基金会、社会工作机构、社区等相关组织、部门的困境儿童资源信息，共建资源数据库，并且将其充分利用起来，从基础的物质生活保障到后续的心理关爱保障建立全方位、共发展的困境儿童救助体系，妥善解决困境儿童上学、生活、就医等方面的实际困难。开发困境儿童帮扶项目，从生活救助、成长教育、医疗帮扶、心灵关怀等方面为困境儿童提供专业服务以及全方位的成长支持。拓宽困境儿童救助资金来源渠道，多渠道、制度化筹措困境儿童关爱保护资金，丰富扶持项目类型。充分利用电视、网络等媒体，加强对困境儿童保护工作的宣传和指引，在全社会形成理解、支持并积极参与困境儿童保护工作的浓厚氛围。

社会治理篇

Social Governance

B.2
广州推进城市精细化管理的调研报告

虞 水*

摘　要：　本文梳理了广州推进城市精细化管理的基本情况，包括：注重建
章立制，细化标准规范；扎实开展城市环境品质提升活动；创新
实施老旧小区"微改造"；推动社区网格化服务管理；扎实开展
"四标四实"工作；加强市政管网精细化管理。存在基础设施底
数不清、设施建设品质不高、一些市政设施管养不善、协同联动
力度不够、智慧城管建设滞后等八方面问题和不足。在此基础
上，从完善标准规范、推进智慧管理、健全网格化管理、推进多
元共治、加强专业化管理、建立长效机制等方面提出了建议。

关键词：　城市精细化管理　多元共治　广州

* 虞水，广州市人民政府研究室城市发展处副处长，武汉大学经济学硕士，研究方向为城市规
划与区域发展战略。

近年来，广州认真贯彻落实习近平总书记"城市管理应该像绣花一样精细"的重要指示精神，立足建设国际大都市的战略目标，坚持以人民为中心的发展思想，顺应人民群众对美好生活的新期待，把城市精细化管理的理念贯穿于城市规划、城市建设、城市管理的全过程，紧紧围绕"干净、整洁、平安、有序"的城市环境建设目标，不断加大城市精细化管理力度，取得了一定成绩，有效提升了城市环境品质和人民群众的满意度。

一 当前广州城市精细化管理的情况

（一）注重建章立制，细化标准规范

颁布修订《广州市市容环境卫生管理规定》等法规、规章7部，制定《广州市关于规范燃气便民服务部设置的实施意见》等部门规范性文件20余部，范围覆盖环卫保洁、垃圾治理、市容景观、燃气管理、违建治理等各方面。制定出台环卫作业管理规范、质量标准和工作指引。市政道路机械清扫率达90%，主次干道机械清扫率达100%，村庄保洁和城中村环境卫生明显改善。同时，注重适应实际需求，因地制宜探索出了越秀登峰、天河车陂、白云石井等三地精细化管理模式。

（二）扎实开展城市环境品质提升活动

以"云山珠水两轴七板块"为核心，统筹完成了道路环境、绿化景观、河涌水质、社区环境等六大类303项城市环境提升项目。组织对东风路、黄埔大道、广园路、沿江路等重要路段进行全要素改造。突出"一桥一景"，完成广州大桥、人民桥艺术提升，对海印桥等8座跨江桥梁进行修缮涂装，对猎德大桥等6座大桥的桥下空间开展试点整饰。抓好"一江两岸三带"核心段景观照明提升，珠江北岸24栋建筑动画演绎成为广州夜景新地标。探索以人为本的精细化、特色化街道规划设计方法，创造性

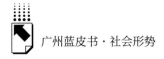

运用道路变截面、小转弯半径、人性化过街、完善无障碍设施、城市家具场所化、多杆合一等技术，推动街道空间的提档升级。

（三）创新实施老旧小区"微改造"

摒弃急功近利、大拆大建的旧城改造方式，注重人居环境改善，在全国首创"微改造"模式，推进老旧小区改造，提升老城区环境品质。坚持探索创新，在无先例可循、无规范可依的情况下，结合实际建立了一套具有广州特色的老旧小区微改造工作机制和技术规范。制定了《广州市老旧小区微改造三年（2018—2020）行动计划》，明确了779个老旧小区改造目标任务，梳理了60项"改造任务清单"。出台《广州市老旧小区微改造设计导则》等技术规范和指引，为精细化实施老旧小区微改造提供了保障。截至2020年2月底，共推进老旧小区微改造项目732个，惠及群众210万人。荔湾区永庆坊作为微改造的典型，受到习近平总书记的充分肯定，也得到住建部和兄弟城市的好评，扩大了广州的知名度和影响力。

（四）大力推动社区网格化服务管理

从2014年开始，广州市全面铺开城市社区网格化服务管理工作，突出抓"四个一"（一个管理中心、一张基础网格、一个数据平台、一支专职队伍）建设，按照不超过200户的标准，科学合理划分网格，每个网格配置一名网格员。整合业务科室、社区、协管员及社会力量，形成一支"多层次、多维度、多种类、一岗多责"的网格员队伍，努力为居民群众提供优质高效的公共服务。几年来推行社区网格化服务管理的实践表明，这是一种创新社会治理的有效工作模式，为市民群众解难题、办实事发挥了重要作用。

（五）扎实开展"四标四实"工作

2017年4月，广州市委、市政府部署开展了以"四标四实"（"四标"即标准作业图、标准建筑物编码、标准地址库、标准基础网格,"四实"即实有人口、实有房屋、实有单位、实有设施)为核心内容的深化平安有序规范城市管理专项行动。公安、规划、住建、水务、市场监管、来穗人员管理等政府部门已应用"数字广州基础应用平台"成果数据,对促进城市精细化治理、提升公共服务水平发挥了积极作用。如市水务局应用"四标四实"成果数据,在全省率先上线运行排水户管理信息系统,摸查上报各类排水户超过 200 万户,强化了水环境治理预测预防功能,为污染源治理奠定了坚实基础。

(六)加强市政管网精细化管理

通过全面普查,摸清了总长度 86826 公里管线底数,并开展隐患排查同步实现治理。完成燃气管网巡检 8069 公里,共发现隐患 755 宗,全部完成整治。市政府颁布实施《广州市地下管线管理办法》,在管线管理体制、规划建设、运行维护等方面做出了明确规定。制定《广州市工程建设项目管线迁改工作方案》,采用精简审批程序、统一利用信息化平台等措施,大幅压缩管线迁改时间,做到主体工程与管线迁改同步衔接,避免了开挖影响工程建设和市民生活。同时,建立了全市地下管线综合管理信息系统,推进地下管线信息共享。

二 广州市城市精细化管理存在的问题和不足

目前,广州"干净、整洁、平安、有序"城市环境建设还存在不少盲点和漏洞,特别是部分城中村、城乡接合部、内街内巷、农贸市场、河涌水道等区域"脏乱差"现象仍然存在。广州既有整洁美丽的街区,也有相对脏乱的背街小巷和老旧社区;既有不少摩天大楼,也有大量握手楼、城中村。虽然广州在推进城市精细化管理方面做了大量工作,取得了一定成效,但也存在一些不容忽视的问题和不足。

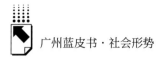

（一）基础设施底数不清

市政基础设施的类型类别、建设单位、健康状况、管养记录等基础数据不全、更新不及时，特别是设施建设年代久远，档案遗失，造成对管辖范围内的设施数量、位置、空间界线、权属等不清楚的问题。

（二）设施建设品质不高

一是设计标准相较京沪还不够高，如北京主要道路人行道垫层是两层分别为 15 厘米的混凝土层。二是标准执行不严，设计水平还比较粗放，对细部设计如变截面的设计、无障碍通道与装饰井盖的处理不够细致等。三是施工不够精细，如人行道杆件设置随意性较大，杆件、箱体与人行道砖的收口很粗糙；人行道铺装缝隙较大，收边收口不够严密；防撞墙涂装基底未做处理，存在起皮脱落现象。

（三）一些市政设施管养不善

市政设施管养过度依赖市场，养护队伍良莠不齐，缺乏专业化、相对固定的队伍，技术力量薄弱，科研水平较低；管养标准没有紧跟形势发展变化而及时更新修订；管养标准一刀切，一般道路、重要道路按同一标准养护，没有分区域、分标准区别对待；市政设施管养经费不足，缺口较大，设施管养的实际需求与标准差距较大；事权重心过多下移，除跨江桥梁等重要设施外，大多数设施下放到区进行管养，各区资金投入不一，管养水平参差不齐，"小病不医"，拖至大中修的情况时有发生。

（四）协同联动力度不够

市级城建议事协调机制发挥统筹协调作用尚不明显，各种专业管线同步铺设的统筹工作仍不够到位，还存在刚挖完通信管道，又挖供电管道的现象；同一道路上维护专业多，管理部门也多，包括市政道路、园林绿化、水务、城管、交通、交警等，在管养和建设时统筹难度大，计划难以同步，标准也难以统一。户外广告管理涉及工商、交通、城管等多个行政主管部门，各部门相互推诿、管理混乱时有发生，特别是高速公路和快速路控制区域的违法户外广告，交通行政主管部门和城管执法部门之间职责不清。

（五）智慧城管建设滞后

未建立统一的城市管理基础大数据库，城市公共交通、水务、环境监测、燃气、通信、电力、建设工程、出租屋管理等信息资源未有效整合，导致信息资源分散、标准不一，运用大数据分析预警助力城市管理的作用还未充分发挥，与兄弟城市运作成熟的系统相比，差距越来越大，需进一步完善和拓展功能。

（六）网格管理不健全

网格化管理的质量与街道、社区的重视程度密切相关，街道、社区只有投入更多人力物力，网格化管理工作推进才会更为深入。因网格员无执法权，只能对城市管理事项进行教育劝导，管理的实际效果不太明显。网格化管理虽然面面俱到，却难以抓重点，未能推动城市管理网格化工作向纵深发展，多元共治的城市治理体系尚未有效建立。

（七）信息共享存在壁垒

1. 城市管理大数据库尚未建成

城市管理数据未整合，部门之间存在"信息孤岛"，全市范围内的城市管理信息无法共享。例如，对历史违法建设查处，需到居委、国土规划、公安、质监、工商、住建、消防等部门调取资料，但目前相关信息仍未实现电子化和网络共享，仍需耗费大量时间调取纸质材料，大大增加了工作量。

2. 信息互通共享尚未实现

市、区、街（镇）间，在信息数据互通、案件调度处置等方面仍较薄弱，已实现信息共享的行业信息平台，信息传递路径局限于文件、电话和邮件等手段，不具备市区间实时上传交办、数据智能分析统计等功能，更新升

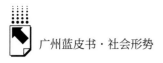
级维护也存在困难，不能满足当前工作需要。

3. 城市管理违法信息未纳入诚信体系

广州市正在推动的诚信体系建设，还未将违法信息纳入，缺乏有效的信息监督体系。

（八）"城市家具"管理智能化不足

1. 重建设轻管理

目前广州市的"城市家具"由各区进行规划设置，对已投入使用的城市家具的调整变化未能主动掌握，往往只是接到投诉才检查，破损一个补充一个。

2. 设施存在设计缺陷

部分市政设施建设时没有统筹考虑保洁配套的问题，导致城管环卫作业难度大，难以清扫清洁。如中心城区的玻璃隔音墙，东濠涌高架路上的LED景观灯饰，部分车行隧道墙面上电箱、电线、电缆、路灯、应急门、消防箱等设施安装杂乱，墙面材料易碎不耐压，导致不能进行机械化清洗保洁等。

3. 移交不到位

市政设施存在竣工后移交脱节问题，辖区环卫保洁部门不能及时办理移交手续，导致保洁漏洞和卫生死角。

三 提升广州城市精细化管理水平的举措

下一步，广州要深入贯彻落实习近平总书记对城市管理提出的新要求，坚持以人民为中心的发展理念，把提高城市精细化管理水平作为推动高质量发展的重要举措、创造高品质生活的必然要求，将其放在更加突出的位置，按照市委、市政府的部署要求，学习借鉴北京、上海等城市精细化管理经验，针对广州城市管理存在的问题和不足，坚持创新引领，用足绣花功夫，抓重点、补短板、强弱项，努力提高城市服务水平和环境品质。

（一）建立完善城市管理的标准规范体系

立足广州城市管理实际，针对既有标准体系"缺、低、散、虚"等问题，结合城市管理和执法体制改革，科学谋划，打破壁垒，优化顶层设计，探索建立全覆盖、立体化、闭环式的精细化管理模式，突破精细化管理瓶颈。要充分发挥标准化的引领作用，加快建立健全城市管理标准体系，用精细标准推动精细管理。进一步梳理城市管理各领域现行的法规制度，清理现行法规、规章中与城市管理发展不相适应的内容，制定修订综合执法、垃圾分类处理、户外广告、燃气等方面的法规规范，完善内街巷、城中村等区域的容貌规范标准，着力解决部分法规制度中内容可操作性不强、不细化等问题，为城市管理提供全方位的法规制度保障。

（二）推进城市数字化和智慧化管理

学习借鉴国内外先进城市，尤其是特大城市在城市数据管理方面的经验和做法，依托现有的城市管理信息平台，加快推进建设城市管理基础支撑平台和数据中心。加强市政设施运行管理、交通管理、环境管理、应急管理、水利设施运行管理以及公共服务等城市管理数字化平台建设和功能整合，建立综合性城市管理数据库，推进城市管理基础信息互融共享。利用物联网、互联网和大数据等技术，建设市政基础设施信息化管理平台，实现"一张图"的信息查询系统，包括市政设施的基本信息、技术状况、养护维修、技术档案、占道挖掘等。大力推广"互联网＋社区"服务，推动全市政务服务"一张网"延伸到社区，扶持养老、助残、物业、家政、零售等领域社区服务机构发展，为居民提供便捷服务。

（三）健全网格化城市管理体系

依托城市基础网格和"四标四实"，明确网格化城市管理各相关部门职责清单，按照"一格一员"标准，解决职能交叉和覆盖不全的问题，实现"格不漏街、街不漏楼、楼不漏户、户不漏人、人不漏项"。强化区、街

（镇）两级网格化综合管理机构的指挥协调、监督评价作用，将网格化日常管理数据作为城市综合管理工作的重要考核依据。建立健全市、区主管部门牵头，相关管理部门和执法部门配合的快速高效处置机制，针对突出和易发问题，明确网格化管理流程，形成发现、立案、派遣、处置、核查、结案的闭合回路。建立城市管理基础数据普查更新机制，适度扩展网格化管理事项，加快组建与城市管理相适应的城管监督员队伍。探索将管理范围拓展至农村公共管理区域，逐步实现网格全覆盖。

（四）推动城市管理多元共治

坚持问题导向，围绕城市治理中的突出问题和重大事项，畅通公众参与城市治理的渠道，健全城市管理公众评价机制，及时搜集人大代表、政协委员、新闻媒体和市民群众反映的市政设施存在的问题和意见建议，及时解决问题、改进工作。充分利用新闻报道、公益宣传、新媒体等，强化开展城市精细化管理法治宣传教育活动，深入讨论广州作为超大城市如何落实习近平总书记重要指示精神，推动全体市民一起参与到城市精细化管理中来，增强市民群众和机关、企事业单位、社会组织参与城市管理的意识，养成适应、配合和参与精细化管理的良好习惯，营造推动城市精细化管理的浓厚社会氛围，不断凝聚社会共识。引入市场机制，进一步开放市政公用领域市场准入，鼓励通过政府和社会资本合作等方式，提高市政基础设施、市政公用事业、公共服务等领域的运营、维护、管理水平。

（五）推动城市管理专业化

强化城市管理相关从业人员的教育培训，开展培育精益求精的"工匠精神"相关主题教育、理论素养提升和专业知识更新等，培育城市管理服务作业人员的工匠精神，全力打造一支高素质、懂技术、有眼光的专业人才队伍。坚持国际视野，内联外引，培养城市综合管理领域高层次人才，形成素质过硬、结构优化、分布合理、总量充足的管理队伍。坚持以专业化为基础，界定服务范围，优化服务流程，广泛采用新技术、新装备、新模式，全面提升专业化服务管理水平。发挥广州高等学校、科研院所人才优势，建设城市管理专家智库，在街区更新提升、美丽乡村建设中落实责任规划师、设计师制度和专家团审核制度，提高设计水平。注重提高施工质量，培养一批街区治理的能工巧匠。

（六）建立健全常态化长效管理机制

发挥城市管理领导小组办公室的统筹协调作用，完善协同联动、信息共享机制，特别是要建立规划建设管理部门沟通协调机制，推进规划、建设、管理有效衔接。加强城市环境建设检查考核，按照"月检查、月曝光、月排名"的要求，完善考评标准，优化考评手段。研究建立与城市建设发展速度、养护标准、城市管理手段更新相适应的经费投入机制，强化资金绩效管理，提高资金使用效率和效益。将城市精细化管理工作纳入绩效评价体系，建立健全社会公众满意度评价及第三方考评机制，按年度对相关部门、各区政府履职情况和管理绩效进行考评。加快建立城市管理行政问责制度，逐级压实工作责任。

B.3
广州商会组织发展调研报告

广州市委统战部、广州市工商联联合课题组 *

摘　要： 本文以广州商会组织发展为例，总结回顾中国特色商会组织
发展历程、特点和基本经验，并着力探讨了当前商会组织发
展面临的两个"没有理顺"和三个"有形少实"等问题，深
刻剖析了问题产生的原因，最后从完善政策指引、理顺责任
关系、营造良好氛围和加强自身建设等四个方面，提出了有
针对性的、可操作性的政策建议。

关键词： 商会组织　党建工作　广州

　　加强商会组织发展研究、优化商会组织管理、激发商会组织发展活
力一直是各级党委和政府高度关注的重要问题，也是加快转变政府职能、
创新管理方式的重要内容（本文所研究的对象既包括行业协会商会，也
包括综合型商会、异地商会、镇街商会，为表述方便，统称"商会组
织"）。根据2019年广州市民营经济专题调研工作具体部署，4月上旬以
来，市委统战部、市工商联成立联合调研组，以"中国特色商会组织发
展道路研究"为主题，立足广州商会组织发展现状，开展走访调研和问
卷调查，认真总结中国特色商会组织的主要特点和建设经验，剖析存在

---

* 课题组组长：董延军，广州市委统战部常务副部长，广州市工商联党组书记。副组长：余剑
春，广州市工商联党组成员、副主席；赵建勤，广州市工商联调研信息部部长；杨超，广州
市工商联调研信息部二级主任科员。执笔人：杨超。

的问题和不足，吸纳外地商会建设的优秀做法，提出推动中国特色商会组织蓬勃发展的对策建议。

一 广州商会组织的基本情况及基本经验

（一）商会组织发展历程

1. 从无到有（1988～1992年）

1988年9月6日，广州第一家行业协会广州出租汽车协会正式成立。然而，1988年至1992年间，商会组织尚处于起步探索阶段，登记数量很少，1989年没有商会组织登记成立，1990年有2家行业协会成立，1991年和1992年每年仅有1家登记成立。

2. 逐渐兴起（1993～2002年）

这一阶段，广州商会组织每年均保持个位数增长，截止到2002年，商会组织总数达60多个，并于2002年底登记成立了第一家异地商会广州温州商会。

3. 蓬勃发展（2003～2012年）

这一时期，是广州商会组织蓬勃发展的时期，商会组织平均每年新增20多个，2012年登记注册突破30个，商会组织数量显著增长，覆盖行业面越来越广。

4. 高质量发展（2013年至今）

党的十八大后，随着全面深化改革不断推进，商会组织不仅在数量上呈现爆发性增长，在质量上也有显著提升。年均增长突破30个，其中2014年新成立商会组织达66个，越来越多异地商会和新型产业行业协会在广州登记注册。商会组织在"促进企业发展、规范市场秩序、开展行业自律、制定团体标准、维护会员权益、调解贸易纠纷、参与光彩事业"等方面越来越注重主动发挥作用，逐步成为促进经济发展的重要力量。

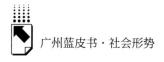

（二）商会组织的基本特点

1. 政治立场坚定

广州商会组织政治立场坚定，主动引导会员企业家听党的话、跟党走。注重在商会中持续有效地开展理想信念教育，加强党的建设，符合条件成立党组织的及时成立党组织，促进党建与会务融合。调研问卷显示，57.65%的商会成立了党组织，其中98%成立的是党支部。没有成立党组织的商会也基本能认识到成立党组织的重要性，主要由于党员人数少且不稳定，暂时没有成立党组织，但注重在商会开展理想信念教育活动，引导会员企业同心同向同行。

2. 量大面广

截至2019年7月底，在广州登记的商会组织已达674个，其中行业协会商会355个，异地商会91个（均为市一级），综合性商会228个（市级39个；区级189个，多为镇街商会和园区商会）。覆盖领域从刚开始比较单一的制造业行业，发展到交通运输、物流、信息软件、文化娱乐、服务业等国民经济各个领域。2017年全市各区实现镇街商会全覆盖。

3. 创新性强

不少商会组织在做好本职服务工作的同时，开创性地拓展新服务，独树一帜发挥作用，更加擦亮了商会品牌。比如"5A"级社会组织广州市民营企业商会，与会长单位海印集团联合举办了"广东省OMG实习生计划"项目，为竞赛中表现优秀者提供相关实习岗位，很受高校和企业好评。广州市品牌社会组织番禺区南村总商会，在番禺区检察院推动下，落成了首个未成年人观护基地。

4. 服务行业发展

商会组织是加强和改善行业管理与市场治理的重要支撑，会务建设好的商会大多是通过服务会员、服务行业发展赢取会员支持，扩大影响力和覆盖面。

5. 积极参与社会事务

广州有些镇街商会、异地商会在参与基层治理、调解矛盾纠纷、扶贫济困等方面发挥了重要作用。如南沙区东涌镇商会积极深入扶贫济困，推动结对帮扶的各村成立扶贫基金，用于贫困家庭的各类特殊开支；开展"成长笔记"青少年结对帮扶项目，资助方通过阅读帮扶对象的"成长笔记"关注他们的学习、生活状态，呵护青少年健康成长。

（三）商会组织发展的基本经验

1. 党建领航，把关定向

广州市十分注重商会党组织建设，特别是在商会组织与行政机关全面脱钩后，更好地发挥党建促会建作用，加强对商会组织的指导和监督。全市脱钩后的商会组建党组织 106 个（单建 89 个）。脱钩后的商会党建管理体制和党组织隶属关系的基本情况是：市社会组织党委领导和管理市一级脱钩后的商会党建工作；各区目前基本由所在镇（街）党（工）委兜底管理，少量由区社会组织党委管理；还依托市直业务主管单位，成立了 18 个行业党委。构建了条块结合、齐抓共管的党建工作格局，确保商会组织坚持正确的发展方向。

2. 完善政策，优化环境

作为改革开放的前沿城市，广州市的商会组织是伴随着经济社会的发展而发展的，并且广州市不断完善政策和优化环境，培育和壮大商会组织。广州市早在 1994 年就组建行业协会进行调研，1996 年大多数行业开始成立行业协会筹备小组。2006 年，广州市出台了《关于促进行业协会商会改革发展的意见》，按照市场化原则，规范和发展各类行业协会商会。2009 年和2011 年分别出台《广州市行业协会商会承接政府有关职能的监督管理试行办法》《广州市行业协会规范化治理指引的通知》，为商会组织承接政府职能转移和内部治理加强了规范。后来又印发《关于进一步加强社会组织发起人负责人管理服务的通知》《广州市民政局广州市预防腐败局关于印发加强行业协会商会防止腐败工作实施方案的通知》，不断提升商会组织自身建设水平。

3. 敢破壁垒，勇立潮头

广州属于第一批试点成立行业协会的城市，成立第一家商会也走在全国前列。广州市于 2006 年底就已实现 100% 行业协会脱离行政隶属关系。同年，广州市以行业协会作为登记制度改革试点，允许行业协会直接向民政部门申请成立登记，将业务主管单位改为业务指导单位。2011 年 11 月，市民政局出台《关于进一步深化社会组织登记改革助推社会组织发展的通知》，突破"一业一会"限制，鼓励适度竞争、优胜劣汰。2018 年印发了《关于民营企业发起成立全国性行业协会商会的奖励办法》，鼓励本地民营企业发起成立全国性行业协会商会。

4. 突出自治，有效监管

强化商会自治，鼓励商会组织自主办会。提升内生发展动能并非放任不管，广州通过健全以法人治理为核心的有效监管机制，让商会的成立、运行、发展都有章可循。

二 广州商会组织发展存在的主要问题及原因分析

（一）主要问题

1. 各级各地促进商会发展的政策法规没有理顺

目前各地管理指导商会组织的方式"各显神通"，促进商会发展和推进商会改革政策层出不穷，有些政策来回反复，有些地方政策先行先试后又与中央后出台的政策相违背，造成了资源浪费，使商会组织发展进程滞后。

2. 行业协会商会脱钩后管理没有理顺

中共中央办公厅、国务院办公厅印发的《行业协会商会与行政机关脱钩总体方案》（以下简称《脱钩总体方案》），要求行业协会商会与行政机关100% 脱钩。后来，全国工商联专门明确，工商联不存在和所属商会脱钩任务。目前脱钩后仅行业协会商会就产生了三种类型，第一种是由工商联作为主管单位且是工商联团体会员的行业协会商会，第二种是没有主管单位但是工商联团体会员的行业协会商会，第三种是既没有主管单位又不是工商联团体会员的行业协会商会。脱钩后行业协会商会的管理方式各地也不尽相同，有的将脱钩后的全部归口由工商联管理，有的地方工商联仅管理之前所属商会和指导团体会员，行业协会商会还是没有做到统一归口指导管理。

3. 商会服务作用发挥"有形少实"

截止到 2019 年 3 月底，全市共登记行业协会 348 个、综合性商会 228 个，但全市只有 8 家商会组织获选"广州市品牌社会组织"，商会数量多，精品商会少，能够发挥服务行业发展、加强行业自律作用的商会不多。调研显示，很多商会没有发挥出应有的服务功能，仅仅组织一些联谊聚会、培训交流活动（见图 1）。

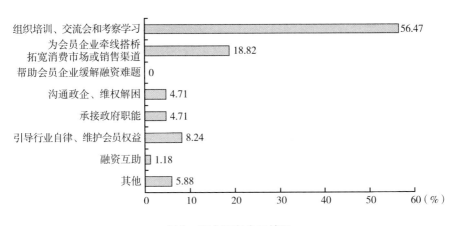

图 1　商会服务会员情况

4. 党建工作"有形少实"

一是党的组织覆盖仍有空白。很多商会组织的工作人员大多是兼职人员，专职人员少，党员更少，甚至没有党员，对于这些没有党员的社会组织，难以实现党的覆盖。二是联合党支部作用发挥难。目前成立的联合党支部覆盖的都是小微社会组织，人员分散，地点分散，空间、时间难以协调，行业相近的社会组织，大多还存在竞争关系，有时召开组织生活会，也难以达成一致意见。三是商会"闭门型"党组织普遍。很多商会的党建工作与会建工作割裂开来，没有有效融合，开展党建的时候不考虑会建，开展会建的时候不融合党建，商会党组织关起门来搞党建，唱"独角戏"。四是商会党建形式内容"单一化"。大部分成立了党组织的商会，党建形式单一，内容简单，甚至流于形式。

5. 商会参与社会治理"有形少实"

如何发挥商会组织作用，使其积极参与社会治理是新时期面临的一个重大课题，但是目前商会组织参与社会治理还处于探索阶段，能够参与的商会少、参与的内容不多、参与的程度不深。调研问卷显示，参与有偿承接政府职能的商会仅占20%（见图2）。

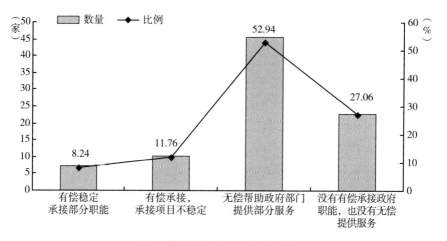

图2　商会承接政府职能转移情况

（二）原因分析

1. 商会组织立法问题亟待解决

我国至今尚无关于商会组织的正式立法，没有一部专门的、统一的商会法规，容易造成各地管理指导商会组织的方式"五花八门"。地方政府在促进商会发展上有些无所适从、犹犹豫豫，不敢持续创新，影响商会组织持续健康发展。

2. 商会组织"脱钩"改革政策"言犹未尽"

《脱钩总体方案》的发布，只明确了商会组织中的行业协会商会与行政机关的脱钩改革工作；全国工商联的回应也仅明确了工商联可以继续作为原先所属商会的主管单位。那么为了推动工商联统战工作更多向商会组织有效覆盖，工商联能不能、是否必须将与行政机关脱钩的全部行业协会商会纳入作为所属商会或者团体会员，扩大统战工作阵地，先试点在商会组织中的行业协会商会全面发挥总商会作用，这些仍然没有得到明确。

3. 党委政府对商会组织发展支持不够

目前，广州市党委和政府对民营经济发展极为重视，但对以民营企业为主体的商会组织有所忽略。一是关心关注程度不够。与企业相比，商会组织不直接创造社会价值，不直接发现企业生产经营中遇到的问题，各级党委和政府的领导大多直接去企业调研，与企业座谈，很少去商会调研和组织商会座谈。二是经费支持力度欠缺。在广州，政府对商会组织经费支持很少，即使有商会组织评上"四好商会"、"5A"级社会组织或品牌社会组织，也没有任何奖励支持，更不用说提供免费办公场所了，之前有部分行业主管部门和镇街政府为商会组织提供了免费办公场所，现在也基本得到清理。三是政府购买服务力度偏小。有行业协会反映，多年来协会协助部分职能部门做了大量的服务工作，由于这些服务项目大多缺乏连贯性，没有被列入政府采购计划，商会组织无偿付出了大量体力劳动和脑力劳动。

4. 商会党组织建设管理机制还不完善

一是商会组织量大面广难以兼顾。社会组织党委面对大量社会组织的党建工作，明显存在量大面广、抓手不多、难以管到位等问题。二是部分商会党组织负责人缺乏经验。缺乏有党建经验的同志担任党组织负责人，部分党组织负责人对怎么开展党建工作、怎么发挥党建作用、达到怎样的党建效果都不清楚。此外还存在发展新党员指标紧张、新鲜血液少、活动经费少，企业家党员工作忙、开展组织生活时间难以协调等困难。三是在职或退休干部能否到商会党组织任职尚待明确。为了做好商会组织党建工作，一些地方尝试聘请退休干部或选派在职干部到社会组织担任党务工作人员或党建指导员，探索出了一条加强商会党建工作的有效路径，然而广州对派出党员干部到商会党组织任职尚有顾虑。一方面，这些干部的组织关系转接存在难题，原单位党组织和个人都存在一定的顾虑，不愿意转接组织关系；另一方面，选派退休干部到社会组织党组织任职，是否属于社会兼职，是否可以领取交通补贴和工作津贴，这些问题都不明确，缺乏政策依据。

（三）商会自身建设能力参差不齐

一是人才队伍力量薄弱。全市商会组织共有工作人员1154名，平均每个商会组织有2.6名工作人员，各商会秘书处的工作力量可见一斑，而且工作人员流动性大。最主要的原因在于广州市商会组织工作人员在工资待遇、子女入学、户籍档案、职称住房、社会保障等实际问题上，还没有一个统一的政策规章。没有优秀人才加盟商会，商会建设水平很难提高。

二是自身造血功能不足。目前的商会运营资金，绝大部分依靠会费收入和大会员企业的赞助，缺乏自身造血功能。受制于造血功能不足、会费收入有限，商会聘用的秘书处工作人员有限，有的商会还因为中心区租金太高，搬离中心区域，大部分商会苦苦维持，生命力不强。商会经费主要来源见图3。

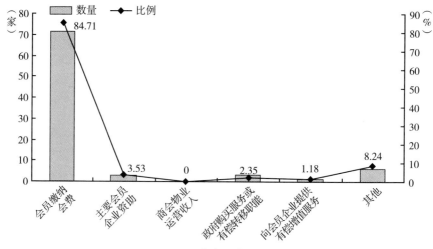

图3　商会经费来源

三是一业多会有利有弊。广州 2011 年放开"一业一会"限制，允许同一行业根据实际需要成立多个行业协会。鼓励适度竞争、优胜劣汰，推动了行业协会遵循市场化改革方向发展，但也有一些弊端。一方面带来了行业协会间的过度竞争，有些龙头企业由于竞争关系，相处不和睦，各自发动行业内三五十家企业成立行业协会，同一行业内太多协会并立，分散了行业力量，加大了交流协调难度，提高了沟通成本，带来了过度竞争；另一方面，成立的行业协会代表性不强，实行"一业多会"后，成立行业协会的门槛降低，部分行业成立行业协会的会员数量放宽至 30 个以上，导致有些行业协会覆盖的行业内企业少而且不具有代表性，不能承担起规范行业秩序、引领行业发展、提升行业竞争力等任务。

四是区域间合作交流有限。由于受行政区划的限制，大部分商会组织只是在本地区的会员企业中发挥沟通协调等作用，较少有商会组织进行跨区域的交流协调，也较少有商会组织能通过不断增强商会影响力来扩大影响覆盖区域。如广州市某商会，在本行业服务能力强、凝聚能力强、影响力强，该行业在全国市场也很有影响力，但其想升级成为省一级甚至全国一级行业协会，仍然困难重重。如广州的服装商会能够协调本区域良性竞争，却很难与区域外的服装商会合作，协调区域间良性竞争，共同应对国际市场。

三 推动中国特色商会组织蓬勃发展的建议

（一）加强顶层设计，完善政策指引

一是出台指导中国特色商会组织发展的纲领性文件。应抓住全面深化改革的历史机遇，认真梳理商会组织多年来的发展经验，出台一个指导中国特色商会组织发展的纲领性文件，如《商会法》，作为我国商会组织的发展纲领和指引规则。明确中国特色商会组织的发展方向，进一步明确商会的法律地位、职能作用、权利义务、行为规范、监督管理等，加强对商会的服务和引导，规范商会运作，使商会建设步入法治的轨道。要明确行业协会商会与

行政机关脱钩后的监管责任和对商会负责人的监管要求，明确加强党建作为商会脱钩后的监管方式之一，确保商会脱钩不脱管。

二是建立商会脱钩后的"一元化"管理机制。进一步明确工商联（总商会）在中国特色商会组织发展中的地位作用，以及总商会与其他民间商会组织的关系，建立和完善商会组织管理机制，试点全部直接登记和已经脱钩的行业协会商会统一归口工商联管理或纳入工商联团体会员，职能部门根据自身职能加强对行业协会商会的指导；仍需有业务主管单位的商会，除有特别规定外，一般由工商联作为业务主管单位；工商联和无主管单位的行业协会商会双方均同意由工商联作为主管单位的，可由工商联作为主管单位。

（二）理顺责任关系，提升党建成效

一是理顺党建管理关系和有效覆盖标准。建立"一体多维"的商会组织党建管理指导体系，建议由社会组织党委负责没有业务主管单位的社会组织的党建工作；对于有业务主管单位的社会组织，由业务主管部门在社会组织党委的领导下具体负责其党建工作。建立商会组织党建工作推进会议制度，由社会组织党委牵头定期组织召开商会组织党建工作推进会。搭建信息沟通平台，及时沟通商会组织党建工作动态信息，总结宣传基层经验，研究部署重点任务。制定商会党建有效覆盖考核标准，加强事前宣传、事中指导和事后考核，将商会党建有效覆盖、党组织作用充分发挥作为商会参评品牌社会组织、"5A"级社会组织、"四好商会"的重要指标，切实推进商会党建与会建深度融合。

二是延伸党建指导路径。参考借鉴深圳、温州等地向商协会派出党建指导员的做法，在党建领域比较薄弱、党的工作没有有效覆盖的商会组织，派出在职或退休的党建工作经验丰富的党员干部担任联合党委或者商协会党组织的"第一书记"或者党建指导员，并通过财政资金发放一定的补贴，规定组织关系转到商会党支部后，工作期满可以转回到原所在支部，保障党建指导员心无旁骛地开展工作。

三是加大党建力量和经费保障力度。保障每年从商会组织发展党员的一

定指标，注重从商会会长、副会长、秘书处工作人员和热心商会工作的会员企业家中发展党员。探索联合党支部书记轮值制度，加强对联合党支部党建工作的指导和考核。加大商会党建经费保障力度，全额返还各商会党组织上缴的党费，并通过财政给商会党组织下拨专项经费，建议经费充裕的商协会拿出一定比例的经费用于支持党建活动。

（三）加大扶持力度，营造良好氛围

一是建立党委和政府领导密切联系重点商会工作机制。党政部门定期召开商会工作座谈会和商会负责人联席会议，听取商会收集的企业的困难和建议汇报；建立党委和政府领导挂点联系服务重点商会工作机制，每位领导挂点联系 2～3 家知名商会，以走访、座谈、调研等方式了解商会及会员企业发展情况，推动解决发展困难；鼓励挂点领导为商会重大活动站台支持，提升商会凝聚力、影响力。

二是加大经费支持力度。建立对商会组织奖励常态机制，重点奖励新晋品牌社会组织、"5A"级社会组织、"四好商会"等，激发争先创优热忱，促进商会组织积极参与社会治理，更好地为经济发展服务。盘活闲置物业资源，为商会提供低租金办公场所，优先支持战略支撑行业和政策导向行业的行业协会商会，引导和推动企业加快建立一批覆盖新型产业的商会，为商会发展注入新的活力和生机。

三是加大购买服务力度。建议建立政府向商会组织购买服务经费与财政收入同比例增长机制，建立多方参与的目录新增机制，深入了解商会组织在承接相关职能方面的能力意愿，引入商会组织、第三方评估机构、服务对象等代表共同参与，整合公布市各级各部门向行业协会商会购买服务的信息资源，并按规定备案、公示和交易。定期举办政府部门和行业协会商会的供需见面会，对作用发挥明显、社会贡献突出的商会优先购买服务。同时，加强对商会承接政府转移职能工作的动态监管，形成政府监管、社会监督、自我管理、可进可退的综合监管机制，防止商会滋生"一劳永逸"思想。

四是畅通商会参政议政渠道。拓宽商会组织会长、副会长反映问题、建

言献策的渠道。注重从优秀党组织负责人、商会负责人和做出杰出贡献的党务工作者、商会从业者中发掘培养人大代表和政协委员。从政协工商联界别的委员名额当中拿出若干名额指定分配给主要代表性商会。商会组织会长、副会长优先进入工商联副主席、副会长、常委、执委考察范围。鼓励代表性强、公信力强的商会牵头推进制定行业技术标准、行业检测标准，打造公共服务平台等服务行业、规范行业的创新型工作，涉及促进行业发展的政策，加强与行业协会商会沟通，广泛听取意见。

（四）加强自身建设，提升服务效能

一是建立评估机制和退出机制。建立对商会会务建设评估机制，评估商会开展的服务内容及服务成效，督导商会积极开拓引领行业发展、提升行业竞争能力、规范市场秩序、促进社会和谐、分担政府职能等方面的会务工作，进一步提升商会的凝聚力和影响力。实行动态管理的可退出机制，对一些党建活动不开展、会务活动不活跃、不能服务会员和缺乏行业代表性的商会，进行重点督导和限期整顿，整顿后依然不达标的，经会员大会投票超过半数同意解散后，进行解散注销处理。引导异地商会探索建立"会务共商、党群共建、资源共享"的运行机制，加强同一省域异地商会的联络交流和会务提升。

二是加强商会人才队伍建设。加强品牌商会组织、"5A"级商会组织、"四好商会"、本地区成立的全国性行业协会商会的经验推广工作。将商会会长、秘书长和党组织负责人纳入政府人才培训计划，依托国内外知名高校和优秀商会，加大对商会负责人和从业人士的教育培训力度。对商会从业人员开展职称评定工作，推动商会人才职业化、专业化，向符合条件的商会专业人才发放人才补贴，积极创造条件，鼓励优秀人才到商会工作，不断提高商会工作人才队伍综合素质。

三是实行有限制的"一业多会"。在鼓励适度竞争的基础上，实行有限制的"一业多会"，如设立限制条件，要求发起成立的行业协会的会员数量要满足三个"20%以上"（会员数量达到行业企业数量的20%以上，会员产

值占行业总产值的20%以上，会员纳税额占行业总纳税额的20%以上）。在坚持自愿原则的基础上，逐步引导合并一批重复设立、行业相同、性质和功能相似、业务交叉重复、代表性不够强的行业协会商会，将过于小而散的"一业多会"适当整合壮大。确保成立的商会组织有代表性，能承担起服务行业发展的任务。

四是引导商会促进区域合作。鼓励商会组织在区域合作中发挥协同作用，整合区域内相关市场资源，探索在粤港澳大湾区鼓励行业协会商会共同制定区域行业发展规划标准、产品检测标准、市场自律准则等，努力打破行政区划瓶颈。在具有产业、产品和市场优势的经济发达地区，可以将有代表性的地方性商会组织依法重组、改造或升级为省域性、区域性或全国性的商会组织。根据产业分布实际情况，鼓励在国内或国际拥有显著产业优势的城市的龙头企业发起成立全国性行业协会商会；全国性行业协会商会可将总部设在产业集中、便于开展服务的城市和地区；积极创造条件，鼓励按市场化原则规范运作、行业代表性强、自身建设能力强的商会，加强与国际商会组织接轨。

B.4
广州青年关注的社会热点、难点问题调查研究

孙　慧*

摘　要： 本报告调研发现，广州青年具有积极向上的政治倾向，关心国家稳定与发展，密切关注国际国内问题；住房、就业创业、教育问题为青年最关注的三大问题；期待全面、完善的人才培养制度，更好激励青年成长成才；期待共青团组织多点着力，为青年成长成才搭建良好平台。同时还发现，广州青年存在"住房难""创业难""婚恋交友难"等问题。最后，本报告在实证调查的基础上，结合目前工作实际，提出了更好地服务青年、满足青年需求的具体措施。

关键词： 广州青年　就业　创业　婚恋

一　课题研究基本情况

本研究旨在准确把握时下青年的需求，了解青年关注的热点、难点问题，掌握青年思想动态和青年工作中出现的新问题，倾听最"接地气"的呼声，在此基础上，结合工作实际，提出更好地服务青年、满足青年需求的对策建议。

---
* 孙慧，广州市团校助理研究员，研究方向为青年群体、青年工作、青年政策。

（一）研究对象

本研究的调查对象为 18~35 岁的广州青年，既包括广州本地青年，也包括来广州工作、上学，居住半年以上的其他省区市的青年。样本涉及范围较广，主要分为在职青年、在校大学生两个群体。

（二）研究方法

1. 问卷调查

问卷调查采用自制调查问卷"广州青年关注的热点、难点问题研究调查问卷"，采用电子问卷与纸质问卷相结合的方法发放给青年填答，最后采用 SPSS 17.0 软件统计数据。

2. 座谈会

课题组先后赴华南师范大学、广船国际有限公司、共青团花都区委举行座谈会，更加翔实地了解青年关注的热点、难点问题及其需求，探索服务青年、满足青年发展需求的有效路径。

（三）样本基本情况

本次调查共回收有效问卷 312 份，有效回收率 89.14%。调查对象的年龄在 18 岁至 35 岁之间，平均年龄为 26.02 周岁，性别、职业身份等分布较为均匀，具体分布情况见表 1。

表 1　样本分布情况

单位：%

内容	类别	有效百分比
性别	男	43.0
	女	57.0
年龄	18~20 岁	6.4
	21~25 岁	42.8
	26~30 岁	36.1
	31~35 岁	14.7

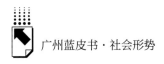

续表

内容	类别	有效百分比
婚姻状况	未婚	67.7
	已婚(含再婚)	32.3
学历	初中	1.6
	高中(含中专、中技)	5.5
	大专	21.3
	大学本科	66.5
	硕士及以上	5.2
政治身份	中共党员	30.1
	共青团员	46.8
	其他民主党派人士	1.0
	群众	22.1
职业身份	在校学生	26.1
	国家机关、党群组织、企业、事业单位负责人	9.8
	专业技术人员	14.7
	办事人员和有关人员	16.6
	商业、服务业人员	7.2
	生产、运输设备操作人员及有关人员	3.6
	个体户/私营企业主	3.6
	社会组织工作者	13.0
	自由职业者	3.9
	无业或失业人员	0.3
	其他	1.3

二 调查结果与分析

(一)广州青年对国家发展和社会问题的关注与看法

1. 广州青年具有积极向上的政治倾向,关心国家稳定与发展,密切关注国际国内问题

调查发现,七成左右的青年对国家大事和政治性话题比较关注,其中20.5%的青年对国家大事和政治性话题很感兴趣,49.4%的青年表示比较关

心，二者共计69.9%；13.5%的受访青年表示当重大政治事件发生时，会通过多种方式表达自己的观点和意愿；14.7%的青年表示内心常常会思考一些时政问题。真正不关心、不谈论时政的只占1.9%。我们在访谈中也发现，广州青年的政治参与积极性较高，会积极主动参与到社会热点事件的讨论当中，发表自己的见解，并持续跟进事件的发展情况。

通过青年座谈，我们发现国家的稳定和发展，仍是当前广州青年共同关心的问题。不少青年表示，在当前的国际形势下，一个国家如果没有稳定的局面，没有强大的经济做后盾，必然会受到西方国家的种种干预和制裁，青年自身的发展也就无从谈起。

2. 住房、就业创业、教育问题成为青年最关注的三大问题；男性、学生青年更关注就业创业问题，女性、在职青年则更关注教育问题

调查发现，57.5%的广州青年最关注的问题是住房问题；52.6%的广州青年最关注就业创业问题；教育问题排名第三，占比43.5%（见图1）。

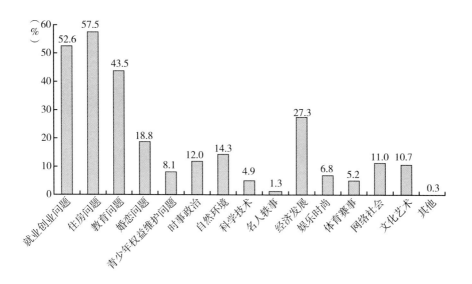

图1　广州青年最关注的问题

在性别差异方面，男性青年更关注住房问题（62.1%）、就业创业问题（55.3%）、教育问题（34.8%）等。女性青年更关注的也是住房问题

（54.9%）、教育问题（49.7%）、就业创业问题（50.3%）。

在职业差异方面，在职青年最关注住房问题（59.7%），其次为教育问题（47.5%），第三为就业创业问题（45.2%）。学生青年最关注的则是就业创业问题（75.0%），其次为住房问题（50.0%），第三为教育问题（32.5%）。

从表2数据可以看出，关注住房问题的男性比例比女性高7.2个百分点，而女性关注教育问题的比例高出男性近15个百分点；学生青年关注就业创业问题的比例高出在职青年约30个百分点，在职青年关注教育问题的比例高出学生青年15个百分点。

表2 不同群体青年最关注的问题

单位：%

	性别		职业类别	
	男	女	学生青年	在职青年
就业创业问题	55.3	50.3	75.0	45.2
住房问题	62.1	54.9	50.0	59.7
教育问题	34.8	49.7	32.5	47.5
婚恋问题	23.5	15.6	16.3	19.5
青少年权益维护问题	6.8	9.2	7.5	8.6
时事政治	13.6	11.0	12.5	11.8
自然环境	11.4	16.8	6.3	16.3
科学技术	6.8	3.5	6.3	4.5
名人轶事	0	2.3	3.8	0.5
经济发展	26.5	27.2	27.5	27.6
娱乐时尚	2.3	10.4	8.8	6.3
体育赛事	6.1	4.0	10.0	3.6
网络社会	11.4	10.4	10.0	11.8
文化艺术	9.8	11.6	17.5	8.6
其他	0.8	0	0	0.5

3. 九成以上的青年通过手机网络获知社会热点，提升自我是其关注社会热点的最主要动因

数据显示，广州青年获取社会热点消息的最主要渠道是手机网络，占比96.8%（见图2）。

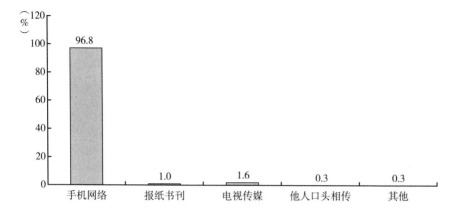

图2 广州青年获取社会热点消息最主要的渠道

在关注社会热点的原因方面，八成以上的广州青年表示是为了增加知识量，拓宽视野；接近六成的青年是为了增加经验，对自己以后的生活有所帮助；38.5%的人是为了紧跟时代潮流，不落伍。这些数据表明，广州青年关注社会热点的原因主要在于提升自我，促进自身的成长成才。还有32.7%的广州青年表示其关注社会热点主要是为了关心国家大事，从而增强自己的国家认同感和民族感（见表3）。

表3 广州青年关注社会热点的原因

	频数	有效百分比（%）
使自己紧跟时代潮流,不落伍	119	38.5
增加经验,对自己以后的生活有所帮助	179	57.9
增加知识量,拓宽视野,丰富日常生活,提高生活质量	262	84.8
关心国家大事,增强自己的国家认同感和民族感	101	32.7
增强与别人的交往,培养良好的人际关系	100	32.4
无聊,打发时间	25	8.1
报道铺天盖地,想不看都不行	29	9.4
其他	1	0.3

4. 对社会热点事件认知态度明确，评价正向积极

在调查中，我们设置了三道问题来了解广州青年对于一些社会热点事件

的看法与评价。研究发现，绝大部分青年对"洁洁良"等大学生发表的辱华、不爱国言论表示愤慨，67.5%的受访青年认为"这是价值观的扭曲，应该坚决制止"，36.8%的受访者表示"这是国外反华势力的渗透，应该严厉打击"。值得注意的是，有21.2%的受访者没有听说过这件新闻；1.3%的人认为这件事与自己无关，不关心；还有7.3%的人表示这是公民的言论自由权。

在对"中美贸易摩擦"的看法上，七成以上的受访青年表示中美贸易摩擦是"美国在挑战全球贸易规则"；45.1%的人认为"中美之间共同利益远远超过分歧"。总体来看，广州青年对于中美贸易摩擦的看法比较乐观，接近三成的人认为"美国言而无信终将成为最大输家"；10%左右的受访青年认为中国将从中获利。同时，也有部分受访青年对中美贸易摩擦对国家的影响表示了担忧，6.8%的人认为中国将遭受重大损失；2%左右的青年认为美国将从中获利（见表4）。

表4　广州青年对中美贸易摩擦的看法与评价

	频数	百分比（%）
贸易摩擦是美国在挑战全球贸易规则	222	72.1
美国言而无信终将成为最大输家	90	29.2
中美之间共同利益远远超过分歧	139	45.1
中国将遭受重大损失	21	6.8
美国将从中获利	6	1.9
中国将从中获利	25	8.1
不关心,对我无影响	11	3.6
没听说过,不了解	8	2.6

（二）广州青年的需求分析

1. 成长成才需求

（1）重视自身综合素质，迫切希望提升个人能力

在最迫切需要解决的问题方面，接近一半的青年迫切希望提升个人能力，四成左右的青年最迫切需要解决个人发展前景问题，21.9%的广州青年目前最迫切的需求是继续念书、进修（见表5）。从以上数据可以看出，当前广州青年最关注的是如何提高自身的综合素质，提高自己在就业市场中的竞争力，觅得一个较好的发展前景。

表5　广州青年最迫切需要解决的问题

迫切需要解决的问题	频数	有效百分比（%）
继续念书、进修	67	21.9
求职就业	80	26.1
有自己的住房	97	31.7
工作压力大	44	14.4
子女教育	42	13.7
个人能力提升	148	48.4
社交范围窄	24	7.8
人际关系紧张	6	2.0
身体状况不好	9	2.9
业余生活单调	20	6.5
父母养老	42	13.7
婚恋问题	34	11.1
收入增长缓慢	79	25.8
个人发展前景	114	37.3
小孩的照顾问题	13	4.2
夫妻感情问题	4	1.3
亲子沟通问题	5	1.6
婆媳/翁婿等关系问题	7	2.3
其他	1	0.3

（2）期待粤港澳大湾区给青年带来更多发展机遇

数据显示，广州青年对粤港澳大湾区对青年发展的促进作用寄予较高期望。77.2%的受访青年期待大湾区能给青年带来更广阔的就业创业市场；62.7%的青年希望大湾区能带来更频繁更融洽的青年交流合作；53.9%的青年则表示希望大湾区能带来更协调的生活、医疗、教育资源整合；42.3%的受访青年期待粤港澳大湾区可以为青年提供更方便快捷的旅行交通；还有41.5%的青年希望能依托粤港澳大湾区平台，获取更开阔的思想思维碰撞（见图3）。

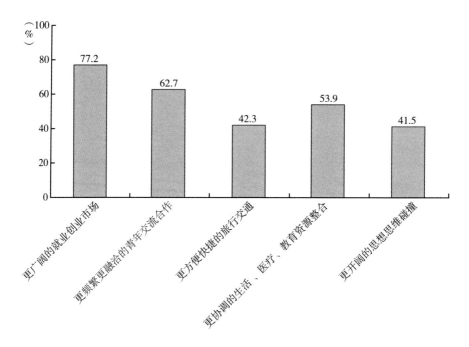

图3 广州青年对粤港澳大湾区的期待

在与青年开展座谈时，青年们也反复提及希望粤港澳大湾区的设立能给湾区青年发展带来新的机遇，期待湾区资源优势互补，给青年发展创造良好的环境，促进湾区青年共同发展。

（3）期待全面、完善的人才培养制度，更好激励青年成长成才

在激励青年成长成才方面，广州青年期待多元化的激励方式。具体来看，36.2%的受访青年认为最有效的激励方式是"建立全面、完善的人才培养机制"，27.5%的受访青年认为提供更多学习和培训的机会可以激励青年成长成才，15.7%的青年建议通过职务晋升或让员工享受职级待遇的方式激励青年，还有13.2%的受访青年认为领导的重视和扶持是激励青年成长成才的最有效方式，另外分别有4.5%和2.8%的人认为加强各类表彰、轮岗可以有效激励青年成长成才。

在群体差异方面，在职青年更认可"职务晋升或享受职级待遇""领导重视和扶持""加强各类表彰""轮岗"的激励效果；学生青年则更认可

"建立全面、完善的人才培养机制""提供更多学习和培训的机会"对青年成长成才的激励作用。在性别差异方面，男性青年更认可"建立全面、完善的人才培养机制""领导重视和扶持""加强各类表彰"对青年成长成才的激励作用，女性青年则更看重"提供更多学习和培训的机会"、"职务晋升或享受职级待遇"以及"轮岗"的激励效果（见表6）。

表6　激励青年成长成才的最有效方式与职业身份、性别交叉

单位：%

	职业类别		性别	
	学生青年	在职青年	男	女
领导重视和扶持	17.7	28.8	27.5	23.8
加强各类表彰	5.1	10.0	9.2	8.7
建立全面、完善的人才培养机制	78.5	68.0	77.9	66.3
轮岗	2.5	6.4	4.6	5.8
提供更多学习和培训的机会	68.4	49.8	51.1	55.8
职务晋升或享受职级待遇	21.5	33.3	29.8	32.0
其他	1.3	0	0.8	0

2. 就业创业需求

（1）提高薪酬待遇依然是广州青年职业发展中最迫切的需求

数据显示，25.8%的广州青年目前最迫切需要解决的是收入增长缓慢问题。具体到职业发展方面，六成以上的广州青年最希望获得的帮助是提高薪酬待遇，58.5%的受访青年希望获得专业技能培训，35.0%的人则希望在工作中有充分发挥自身才能的机会。拥有健全的青年人才培育机制、及时获得就业信息也占有一定比例，分别为25.8%、21.9%（见图4）。

（2）男性青年提高薪酬待遇的需求高于女性青年，学生青年及时获得就业信息与求职应聘技巧指导的需求高于在职青年

我们将性别、职业类别分别与职业发展方面青年最希望获得的帮助进行相关分析后发现，男性青年最希望获得的帮助是提高薪酬待遇，其次为获得专业技能培训；而女性青年最希望获得的帮助是专业技能培训，其次为提高薪酬待遇。在职业类别差异上，学生青年最希望获得的帮助是专业技能培

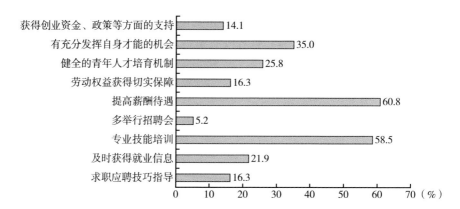

图4 广州青年职业发展中最迫切的需求分析

训，在职青年最希望获得的帮助则是提高薪酬待遇，并且高于学生青年
10.7个百分点。同时，数据显示，学生青年希望及时获得就业信息和求职
应聘技巧指导的比例显著高于在职青年，分别高出19.3个百分点和23.7个
百分点（见表7）。这是因为学生青年处于将要或正在找工作的状态，对于
就业信息和求职技巧的需求正处旺盛阶段。

表7 不同群体职业发展中最希望获得的帮助分析

单位：%

	性别		职业类别	
	男	女	学生青年	在职青年
求职应聘技巧指导	16.8	16.3	34.2	10.5
及时获得就业信息	22.9	20.9	36.7	17.4
专业技能培训	58.0	59.3	57.0	59.8
多举行招聘会	4.6	5.8	11.4	3.2
提高薪酬待遇	63.4	58.7	53.2	63.9
劳动权益获得切实保障	13.7	17.4	15.2	16.9
健全的青年人才培育机制	27.5	24.4	25.3	26.5
有充分发挥自身才能的机会	37.4	33.7	35.4	33.3
获得创业资金、政策等方面的支持	14.5	13.4	8.9	16.0

（3）期待政府从资金、审批、组织化等方面进行创业扶持

面对目前的创业环境，广州青年希望政府可以从多方面入手扶持促进青

年创业。其中"给予税收优惠"占比为50.1%，"拓宽融资渠道"占比为46.2%，"放宽贷款政策"占比为40.8%，"加强创业服务机构建设"占比为36.9%，"放宽新企业的审批及简化审批的程序"占比为28.4%，"提供与同行交流的平台"占比为26.6%，"成立创业者组织"占比为25.1%（见图5）。从结果来看，放宽贷款政策、给予税收优惠、拓宽融资渠道有助于缓解创业资金不足和营运成本较高的问题，放宽新企业的审批及简化审批的程序可以解决审批办事手续烦琐问题，成立创业者组织、提供同行交流平台可以提高创业组织化程度，增强创业社会资本。

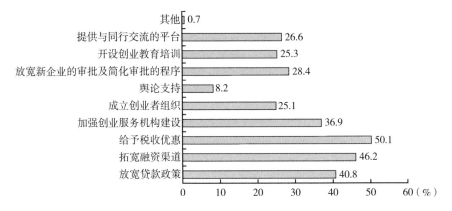

图5 "希望政府在哪些方面扶持促进青年创业"各项比例

（4）广州青年职场压力较大，压力主要源自需要不断学习更新知识

访谈资料显示，广州青年职场压力较大，经常需要加班加点，还需处理各种复杂的人际关系以及工作中出现的问题，身体基本处于亚健康状态。数据分析显示，不断学习更新知识的压力是广州青年职场中面临的最大压力；其次为待遇不好，收入太低；第三是职业发展受限、机会不多；另有24.2%的青年表示工作制度不完善，责、权、利不清是其工作中最主要的压力源（见图6）。

进一步将工作压力与性别、政治面貌、职业等变量进行交叉分析后发现，男性青年职场压力主要来自不断学习更新知识（46.6%），职业发展受限、机会不多（31.3%）；女性青年的职场压力则主要来自不断学习更新知识（48.8%），待遇不好，收入太低（33.1%）（见图7）。

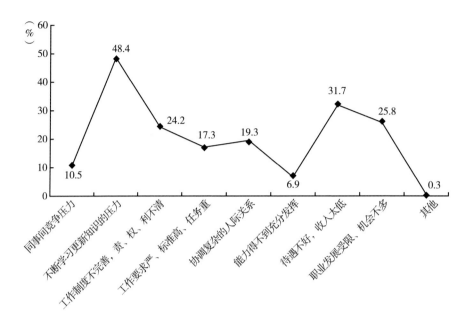

图6 工作中最主要的压力来源

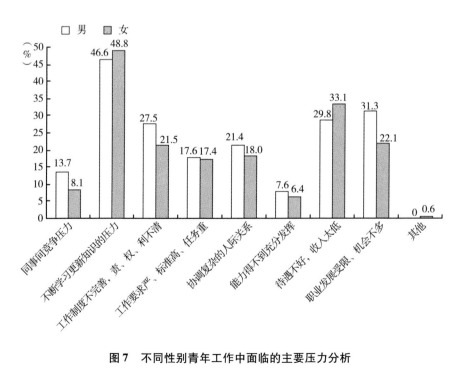

图7 不同性别青年工作中面临的主要压力分析

在职业差异方面，国家机关、党群组织、企业、事业单位负责人，专业技术人员，办事人员和有关人员，个体户/私营企业主，自由职业者的职场压力主要来自不断学习更新知识；商业、服务业人员，生产、运输设备操作人员及有关人员的职场压力主要来自工作制度不完善，责、权、利不清；社会组织工作者的职场压力主要来自待遇不好，收入太低（见表8）。

表8　不同性别青年工作中面临的主要压力分析

单位：%

	国家机关、党群组织、企业、事业单位负责人	专业技术人员	办事人员和有关人员	商业、服务业人员	生产、运输设备操作人员及有关人员	个体户/私营企业主	社会组织工作者	自由职业者	无业或失业人员	其他
同事间竞争压力	13.3	11.6	4.1	9.1	0	18.2	0	9.1	0	25.0
不断学习更新知识的压力	53.3	67.4	51.0	22.7	27.3	36.4	45.9	36.4	0	50.0
工作制度不完善，责、权、利不清	23.3	16.3	24.5	36.4	54.5	27.3	40.5	36.4	0	0
工作要求严、标准高、任务重	26.7	11.6	16.3	27.3	36.4	9.1	10.8	9.1	100.0	25.0
协调复杂的人际关系	10.0	11.6	14.3	18.2	9.1	9.1	16.2	27.3	0	0
能力得不到充分发挥	3.3	2.3	8.2	13.6	0	0	10.8	18.2	0	0
待遇不好，收入太低	33.3	25.6	26.5	36.4	45.5	9.1	51.4	18.2	0	25.0
职业发展受限、机会不多	23.3	32.6	36.7	31.8	36.4	36.4	10.8	18.2	100.0	0
其他	0	0	2.0	0	0	0	0	0	0	0

3. 婚恋交友需求

（1）近两成的青年最关注婚恋问题，男性青年对婚恋交友问题的关注度与需求度均高于女性

数据显示，18.8%的广州青年最关注的问题是婚恋问题；在需求方面，10%左右的受访青年表示目前最迫切的需求是解决婚恋问题，7.8%的人表

示社交范围窄是最迫切需要解决的问题，二者共计占比18.9%。在性别差异方面，男性青年关注婚恋问题的比例比女性青年高出近8个百分点。在最迫切需要解决的问题上，男性青年选择婚恋交友问题的比例大大高于女性青年。具体来看，20%左右的男性青年迫切需要解决婚恋问题，8.4%的男性青年迫切需要解决社交范围窄的问题；女性青年与之相对应的比例则分别为4.7%与7.6%（见表9）。由此可见，男性青年对于婚恋交友的需求更为迫切，女性青年则相对"淡定"，对于婚恋交友的需求远低于男性青年。

表9　不同类别青年对婚恋交友问题的关注及需求情况

单位：%

		总体	性别	
			男	女
最关注的问题	婚恋问题	18.8	23.5	15.6
目前最迫切需要解决的问题	社交范围窄	7.8	8.4	7.6
	婚恋问题	11.1	19.8	4.7

（2）交友圈子窄、工作繁忙成为青年婚恋交友的最大阻碍

数据显示，个人学习工作圈子封闭（43.1%）是影响青年婚恋交友的最大问题与阻碍；其次是交友机会太少（39.9%），第三是工作繁忙、闲暇时间不足（35.9%），另有20.6%的青年认为影响其婚恋交友的最大阻碍是交友平台缺乏，19.9%的青年则认为部分青年因为自身个性喜欢独处而影响了其婚恋交友（见表10）。

表10　广州青年婚恋交友的最大问题与阻碍

单位：%

	频数	百分比
闲暇时间不足	110	35.9
交友机会太少	122	39.9
交友平台缺乏	63	20.6
个人学习工作圈子封闭	132	43.1
商业交友中介平台不靠谱	33	10.8
交友技能不足	38	12.4
组织的交友活动太少	35	11.4

续表

	频数	百分比
交友技能障碍	38	12.4
个性喜欢独处	61	19.9
对自身条件缺乏自信	55	18.0
对社会交往缺乏信任	48	15.7
父母喜好或干涉影响	31	10.1

4. 对共青团组织的期待：多点着力，为青年成长成才搭建良好平台

本次调研显示，广州青年期待共青团组织通过多种方式为青年提供帮助，在服务青年发展方面发挥更大作用。一是助力青年职业发展，为青年提供晋升平台。67.5%的受访青年希望共青团组织能够为其学习或培训创造条件；49.0%的人希望共青团组织能够推优荐才，为青年提供职场晋升平台。二是畅通青年参与渠道，促进青年有效参与国家事务与社会活动。32.8%的广州青年希望共青团组织能够组织参加社会公益活动，24.2%的人希望共青团组织能推优入党，9.6%的受访青年希望共青团组织能够帮助其向党政反映利益诉求和呼声。三是打造青年自我展示平台，促进青年婚恋交友。18.2%的受访青年希望共青团组织可以提供展示才华的舞台，建议共青团组织多组织文艺体育活动（13.2%），为青年婚恋交友交流创造便利条件（9.3%）（见图8）。

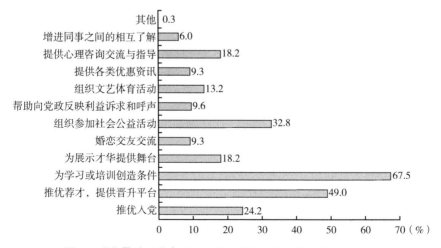

图8　"您最希望共青团组织在哪些方面提供帮助"各项比例

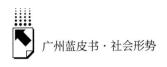

三 研究发现的主要问题

（一）"住房难"现象凸显，住房问题成为青年的一大"心病"

当前房价上涨成为全国各个城市的共同现象，过高的房价超出了普通消费者，尤其是刚迈入社会、参加工作的青年群体的支付能力。2018年"广州青年发展状况研究"的调查数据显示，拥有自有产权房的青年每月住房支出占收入的46.76%；租房的青年每月住房支出占收入的27.03%。在本次研究中我们也发现，广州青年最关注的问题即为"住房问题"，三成以上的青年明确表示目前最迫切的需求是"有自己的住房"，60.8%的青年迫切期望提高薪酬待遇，这也与青年"住房难"问题间接相关。

（二）交友机会不足、交友平台缺乏等因素严重影响青年婚恋交友，"剩男剩女"现象依旧明显

随着互联网技术的不断发展完善，青年婚恋交友的渠道选择越来越多元，这理应成为青年婚恋交友的利好消息。但在我们访谈中，青年普遍反映自己的交友圈子狭窄封闭，接触异性的机会相当少；加上平常工作繁忙，业余时间较少，基本没有途径去认识异性，更别说发展为恋人、夫妻关系了。我们的调查样本中，67.7%的青年处于未婚状态，可见广州青年对于婚恋交友的需求还是较大的。但从调查结果来看，多种因素制约与妨碍青年成功婚恋交友。其中最主要的因素即是工作生活的圈子较为封闭，加上闲暇不足等原因导致青年获得交友的机会不足；其次则是商业交友中介平台的不靠谱、组织的交友活动太少等因素造成青年交友平台缺乏；第三则是青年自身交友技能不足以及性格问题。

（三）网络负面效应井喷，影响青年成长成才

信息时代，网络已经彻底融入青年的生活。网络传媒在为当代青年带来

生活、工作、学习上的便利和心理上的满足的同时也产生了相应的负面影响。一是网络成瘾问题严重。调查显示，65%的受访青年表示周边青年群体中最常出现的负面现象是网络成瘾。访谈资料显示，在当代青年中以网络游戏成瘾和网络色情成瘾最为突出。二是信息诈骗现象频发。42.8%的受访者表示自己身边的青年群体遭遇过信息诈骗，其中以微信借贷、微信诈骗居多，近两年频频发生的女大学生裸贷事件也多是源自微信。三是网络暴力层出不穷。四成以上的青年认为身边青年群体经常会遭受网络暴力。移动互联网时代信息传播已经是病毒性的传播，很多未经证实的信息经由"键盘侠"评论转发形成网络谣言，引起不明真相的群众群起而攻之，甚至"人肉搜索"，对当事人进行网络暴力。

（四）广州青年创业面临资金缺乏、同行交流平台及教育培训不足等困难

本次调研显示，就业创业是青年的基本需求，六成多的广州青年迫切需要提高薪酬待遇，而提升就业质量、推动创新创业无疑是提高青年收入的主要途径。与此同时，广州青年的就业创业尚面临诸多困境。首先是启动资金短缺，青年自我积累有限，大多缺乏创业的"第一桶金"，他们迫切希望政府能在税收、贷款等政策层面优化青年创业的环境；其次是缺少畅通的信息渠道，缺乏管理经验和社会经验，他们迫切希望政府能加强创业服务机构建设、开设创业教育培训以及提供与同行交流的平台等。

四　对策与建议

（一）租住并举，分层分类解决青年住房难问题

1. 出台针对大学生或职场新人的"流动性租约"

租客在 12 个月内可以自由选择是否继续租住。这种租约无须缴纳任何押金，主要是为希望解决短期住房问题的大学生、正在接受职业培训者、学

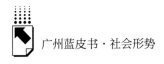

徒工、实习生或其他工作尚不稳定人士提供更便捷的租房方式。

2. 发放租金优惠券

由政府给有一定工作年限，且在工作地没有自有产权房的单身青年发放租金优惠券，优惠券可直接用来抵扣房租。

3. 推出青年住宅

以低于市场商品房的价格将住宅卖给满足一定条件的青年，若要脱手转卖，要原价卖回给政府，政府整修后再回流市场，与自由市场脱钩。

（二）需求为上，多措并举助力青年婚恋交友

1. 借势"互联网＋"，打造永不下线的线上阵地

当前，微信已成为青年最主要的社交平台，可根据青年这一特点充分发挥微信网络平台的作用。建议联合启动广州共青团"广州青年"官方微信公众号与市青宫"U友缘"微信号，打造服务广州青年婚恋交友的"双号"联动模式，助力婚恋交友工作。前者作为官方公众号，主要用来发布婚恋交友资讯以及进行活动宣传，吸引青年广泛参与，争取实现共青团组织与青年横向联系的面上覆盖；"U友缘"微信号则主要用来进行实时的指导交流，一对一、面对面接待青年婚恋咨询，探索实现共青团组织与青年纵向的点上深入。让共青团切实存在于青年的身边和"朋友圈"，努力打造永不下线的婚恋交友阵地。

2. 联合特色商家，打造丰富多彩的线下阵地

建议共青团组织联合市内比较有特色的清吧、城市书房、餐厅、咖啡吧、休闲点、景区等商家，将这些场所开辟成为青年婚恋交友的线下阵地。依托这些特色商家定期举办各类青年交友活动，为单身青年提供更多婚恋交友的机会；同时，借助线下交友活动为商家凝聚更多人气，为线下活动的可持续开展提供保障，实现共青团—青年—商家共赢。

3. 丰富活动内容，促进青年有效参与

活动内容和方式的制定实施要广泛征求青年意见建议，从青年需求出发，注重增强活动的丰富性与趣味性，为青年提供一个轻松愉悦的交友环境

与氛围，使青年可以充分展示自我，了解他人。在开展具体活动时要根据参加活动青年的人数和群体特征等灵活调整活动的进度与内容，使活动更好地贴合青年，满足青年交友需求，提高青年活动参与的积极性与有效性。

（三）规范网络行为，创建干净、整洁、有序的网络环境

1. 构建线上线下联动机制，降低青年网络依赖度

成长于网络时代的青年是新技术媒体的使用主体，他们通过互联网交友和娱乐的行为尤为突出。建议相关部门有针对性地构建线上线下联动机制，线上打造青年之声，线下建设青年家园，把线上的活动引导至线下，将线下的活动宣传到网络，推动交友、娱乐等网上行为走向真实世界，避免青年过度依赖虚拟网络。

2. 积极推进青少年网络教育工程建设，有效提高青少年网络素养

建议学校、家庭、社会三方联动，推进三者在教育理念、教育内容上的融合以及在教育资源上的整合，积极实施青少年网民素养教育工程，编写青少年网民素养教育读本，使网民面对纷繁复杂的网络信息具有正确选择、准确理解、合理评价的能力，不信谣不传谣，坚决反对网络暴力。

（四）创新青年就业创业机制，服务好青年就业创业

1. 整合提升和扩大创新创业大赛的水平和规格，全市统筹建立青年创业融资一体化机制

目前广州市范围内创业大赛主要有由市工信委主办的中国（广州）国际创新创业大赛、市科创委主办的"羊城科创杯"创新创业大赛、市人社局主办的众创杯大学生启航赛暨"赢在广州"大学生创业大赛、团市委牵头主办的"青创杯"广州青年创新创业大赛，大赛作为吸引创业人才、挖掘创业人才的重要平台，经过多年的沉淀，形成了一定的社会影响力，但因大赛扶持政策和激励措施分布过于分散，尚未形成合力，资源难以聚集，建议部门联动、整合资源、形成合力，把"青创广州"城市名片推向世界，聚天下英才于广州。在此基础上建立广州青年创业扶持的筹融资平台，扶持

青年创业项目；同时建议在政府预算中设立青年就业创业工作基金，吸引社会资金和企业资金参与，为青年创业和二次创业提供启动资金和发展资金。

2. 建设广州特色青年就业创业孵化基地，提供系统化落地扶持服务

对广州青年就业创业孵化基地进行分层分类管理，开展广州青年就业创业孵化示范基地第二批认定工作，重点聚焦广州"IAB"计划、"NEM"计划重点战略产业园区，打造满足广州产业发展及青年就业创业需求的示范基地；梳理盘活基地资源，汇总各基地所提供的优惠政策及特色服务，形成差异化的服务清单，对各类创业团队实现精准服务匹配和跟踪孵化扶持，强化各基地间的信息共享机制，推动园区内部形成产业联动，为创业青年提供真实惠、真服务、真帮扶；加强孵化基地动态管理，建立基地绩效考核机制，探索具有广州特色的运营管理模式。

3. 完善全市青年就业创业教育培训机制

建议将青年的就业创业培训纳入已有的技能职业培训政策序列，建立教育部门、共青团组织、青年创业组织等联动的就业创业培训模式，形成全市教育资源、组织资源、社会资源共同促进青年就业创业的合力。

民生保障篇

People's Livelihood Guarantee

B.5

粤港澳大湾区框架下广州环境竞争力
分析与提升对策

关 阳　李明光　王 进*

摘　要： 本报告通过对粤港澳大湾区城市环境竞争力进行评价，明确
广州环境竞争力的优劣势，为其发挥引领示范作用，有针对
性地提升环境竞争力，推动经济转型升级与高质量发展提供
决策参考。评价结果显示：（1）广州环境竞争力在大湾区中
排名第5，处于中游水平、落后于经济水平；（2）广州环境竞
争力分项较不均衡，优劣势明显；（3）与港澳深等领先城市
相比，广州的环境质量、基础设施和资源利用效率等指标相

* 关阳，广州市环境保护科学研究院环境政策研究中心高级工程师，主要研究方向为环境经济
政策与评价；李明光，广州市环境保护科学研究院环境政策研究中心主任、高级工程师，主
要研究方向为环境政策、环境规划与评价；王进，广州市环境保护科学研究院环境政策研究
中心工程师，主要研究方向为环境科学。

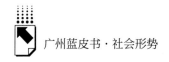

对落后；（4）广州应在提升环境质量、设施服务能力方面加快赶超发展，在提升环境创新、环境管理能力方面重点发力。

关键词： 粤港澳大湾区　环境竞争力　广州

提升环境竞争力是"绿水青山就是金山银山"的实现途径，是推动经济高质量发展的抓手。根据《粤港澳大湾区发展规划纲要》要求，广州要充分发挥国家中心城市和综合性门户城市引领作用，着力建设国际大都市。本报告开展广州环境竞争力研究的初心就是通过对粤港澳大湾区城市环境竞争力进行评价，明确广州通过环境吸引产业集聚、实现经济高质量发展的能力，掌握大湾区城市环境竞争力的总体态势，明确广州位置和优劣势，充分发挥广州等核心城市在大湾区的示范引领作用，有针对性地提升广州生态环境竞争力，推动经济转型升级与高质量发展，为广州生态环境保护及城市发展决策提供参考。

一　城市环境竞争力的评价体系构建

（一）评价指标

基于环境与经济关系以及"资源—能力"竞争力通用评价模型框架，结合系统分析，城市环境竞争力可以从以下五个分项进行评价。本报告提出的城市环境竞争力评价模型，以五个分项竞争力为一级指标，构建五大竞争力指数，综合评价得出城市环境竞争力指数。指标体系的构建与指标的选取原则是：科学性、系统性、准确性、简洁性、可比性、数据可得性以及动态引导性。

（1）环境资源竞争力指数，简称资源指数，表征城市环境资源丰富的程度。环境资源是城市、企业和居民的生存与发展需要，丰富且多样的环境资源有利于提升环境竞争力。土地、水及生态资源是主要的环境资源，本指标分别由土地面积、水资源总量以及植被覆盖率来表征城市环境资源的丰富程度。其中珠三角城市的植被覆盖率由森林覆盖率进行表征，香港的植被覆盖率由农地、林地、灌丛和红树林的面积占土地面积的比例进行表征，澳门的植被覆盖率由生态景观绿地占土地面积的比例进行表征。

（2）环境质量竞争力指数，简称质量指数，表征城市环境质量的优良程度。环境质量是人们生存的基础，是经济发展和社会稳定的必要条件，优良的环境质量能够吸引高端人才和产业投资。大气、水环境质量是城市环境质量的主要组成部分。由于我国内地关于空气综合质量指数的统计方法与香港（空气质量健康指数）和澳门（空气质量指数）不一致，不宜采用空气综合质量指数作为评价指标，建议采用污染物年均浓度作为指标。本报告选取了 PM2.5 和 NO_2 年均浓度作为空气质量的重要表征。水环境质量分别采用主要水体水质达标率和劣 V 类水体比例作为主要标准，主要水体水质达标的标准及劣 V 类水体达标的标准分别以广东省、香港和澳门各自的标准进行衡量。

（3）环境设施与服务竞争力指数，简称设施指数，表征城市环境设施及服务完备的程度。环境设施与服务是城市环境竞争力的重要内容。本指标考察城市建设环境基础设施，提高环境服务的能力和环境设施与服务的完备程度。清洁能源、污水处理能力、固体废物处理能力以及绿化建设是主要内容。考虑到绝大多数城市的生活垃圾集中处理率能达到 100%，指标分辨率下降，对于珠三角土地和能源资源比较稀缺的地区来说，垃圾焚烧是目前比较先进的处理方式，因此采用生活垃圾焚烧量占处理量的比例进行表征。

（4）环境技术与创新竞争力指数，简称技术指数，表征城市资源利用效率水平的高低以及生态环保方面创新潜力的大小。发展绿色技术，推动环保产业发展和科技创新是提升环境竞争力的重要内容和驱动力量。本指标考察绿色技术与创新能力的发展程度，用资源消耗指数以及创新能力指数来综合反映。主要以万元 GDP 用水量和万元 GDP 耗能量表征资源推动经济社会发展过程中的技术效应，环境创新能力采用汇丰（中国）发布的《2018 中国企业发展创新报告》中粤港澳大湾区城市的创新力指数作为湾区城市创新能力的综合表征。

（5）环境管理竞争力指数，简称管理指数，表征城市环境管理能力的大小和水平的高低。环境管理从依法行政（法治政府）和管理能力两方面进行评价。依法行政（法治政府）方面，直接使用第三方评价结果。环境管理能力指数是参考经济合作与发展组织（OECD）环境管理能力评价框架以及王金南等学者的研究成果，将湾区城市环境立法能力、环境规划能力、环境政策综合能力、环境投入保障能力、环境基础设施建设管理能力、环境管理机构能力、环境监测与污染源监控能力、项目评价与许可能力、环境执法能力、环境管理与科技研究能力、环境信息宣传教育能力、环境协调与监督能力等作为评估内容，采用等权与相对评估法进行综合评价。

粤港澳大湾区城市环境竞争力评价指标体系（2018年版）见表1。

表1　粤港澳大湾区城市环境竞争力评价指标体系（2018年版）

一级指标	二级指标	三级指标	单位	权重	
环境资源	土地资源	土地面积	平方公里	0.05	0.15
	水资源	水资源总量	亿立方米	0.05	
	生态资源	植被覆盖率	%	0.05	
环境质量	空气质量	PM2.5年均浓度	微克/立方米	0.075	0.25
		NO$_2$年均浓度	微克/立方米	0.05	
	水环境质量	主要水体水质达标率	%	0.075	
		劣Ⅴ类水体比例	%	0.05	
环境设施	清洁能源	清洁能源消费比例	%	0.05	0.20
	污水处理	污水集中处理率	%	0.05	
	垃圾处理	生活垃圾焚烧量占处理量比例	%	0.05	
	绿化建设	人均公园绿地面积	立方米/人	0.05	
环境技术	技术指数	万元GDP用水量	吨	0.05	0.20
		万元GDP耗能量	吨标准煤	0.05	
	创新能力	创新力指数		0.10	
环境管理	依法行政（法治政府）	法治政府指数		0.10	0.20
	管理能力	环境管理能力指数		0.10	

（二）评价方法

指标权重采取主观和客观相结合的方法确定。根据专家对环境竞争力评价指标体系权重的打分情况设置权重，结合习近平总书记生态文明思想、党的十九大报告及重要会议精神，对权重进行微调整。随后，报告以此权重的评价结果与采用蒙特卡洛模拟实验方法的排序结果进行比对，以此验证权重确定的合理性和评价结果的可靠性。

本评价采用极差标准化—加权综合法进行评价，即首先将原始数据进行极差标准化，然后与权重相乘计算标准化后的得分情况，其总和即为城市环境竞争力的总分。评分采用百分制。

单项指标得分计算方法为：

正向：
$$X_i = \frac{X_{i0} - x_{min}}{x_{max} - x_{min}} \times S_i \times 100 \tag{式1}$$

式1中：X_i 为某被评价城市第 i 项指标标准化后的得分，X_{i0} 为该被评价城市第 i 项指标的原始得分，X_{min} 为所有被评价城市中该项指标的最小原始值，X_{max} 为所有被评价城市中该项指标的最大原始值，S_i 为该项指标的权重。

逆向：
$$X_i = \frac{x_{max} - X_{i0}}{x_{max} - x_{min}} \times S_i \times 100 \tag{式2}$$

式2中：X_i 为某被评价城市第 i 项指标标准化后的得分，X_{i0} 为该被评价城市第 i 项指标的原始得分，X_{min} 为所有被评价城市中该项指标的最小原始值，X_{max} 为所有被评价城市中该项指标的最大原始值，S_i 为该项指标的权重。

综合得分的计算方法：
$$X = \sum_{i=1}^{16} X_i \tag{式3}$$

式3中：X 为某被评价城市环境竞争力指数得分（总分）；X_i 为该被评价城市第 i 项指标的得分。

（三）评价对象

评价对象是粤港澳大湾区的 11 座城市，分别是：香港、澳门、广州、深圳、珠海、中山、江门、佛山、肇庆、惠州和东莞。粤港澳大湾区是我国开放程度最高、经济活力最强的区域之一，在国家发展大局中具有重要战略地位。这 11 座城市总面积 5.6 万平方公里，占全国的 0.6%，湾区总人口数量达到 6898.9 万人，占全国的 4.96%；经济规模总量为 10.2 万亿元，占全国 GDP 的 12.3%，人均 GDP 达到 14.8 万元，约是全国人均 GDP 的 2.5 倍，人均 GDP 达到 10 万元以上的城市有 7 座。广州作为全国重要的中心城市、粤港澳大湾区的核心城市，其土地面积为 7434.4 平方公里，占湾区总面积的 13.3%，土地面积在湾区城市中位居第 4；人口数量为 1404 万人，占湾区人口总量的 20.4%，是湾区城市中人口数量最多的城市。广州经济规模（GDP）为 2.15 万亿元，占湾区经济总量的 21.1%，位居第 3，人均GDP 达到 15.3 万元，在湾区城市中位居第 4（见表 2）。

表 2 粤港澳大湾区城市土地、人口、经济等基本情况

城市	土地面积（平方公里）	人口（万人）	GDP（万亿元）	人均 GDP（万元）	GDP 增速（%）
广州	7434.4	1404.0	2.15	15.3	7.0
深圳	1997.4	1252.8	2.25	18.0	8.8
珠海	1736.5	176.5	0.27	15.2	9.0
佛山	3797.7	765.7	0.94	12.3	8.0
中山	1784.0	326.0	0.34	10.5	7.5
江门	9506.9	456.2	0.27	5.9	8.1
惠州	11200.0	478.0	0.38	8.0	8.0
肇庆	14891.0	408.0	0.21	5.2	5.0
东莞	2460.0	826.0	0.76	9.2	8.2
香港	1106.0	739.2	2.30	31.7	3.7
澳门	32.9	64.5	0.34	52.7	10.9
全国	9600000.0	139008.0	82.71	6.0	6.9

数据来源：国家统计局编《中国统计年鉴（2018）》，中国统计出版社，2018；各城市统计年鉴及年报（2018）。

在发展阶段上，其他三大湾区基本处于由服务型经济向创新型经济转轨的高级阶段，而粤港澳大湾区内部发展阶段不均衡。香港、澳门处于发达的服务型经济阶段，以贸易、金融、房地产业为主要行业，工业（制造业）比例很小，澳门博彩业压倒性地发达；湾区内地城市工业（制造业）都是首要行业，其中广州处于初步发达的服务型经济阶段，贸易、金融、房地产业等比较发达，教育、卫生业也成为主要行业，汽车制造业为最主要工业行业；深圳处于发达的工业化后期阶段，向创新型经济发展，是湾区内地城市中唯一一个科学研究和技术服务业进入主要行业的，信息传输、软件和信息技术服务业以及电子、电气设备制造业发达，有湾区最高的先进制造业和高技术制造业比例；珠海、佛山、中山、东莞等城市处于比较发达的工业化后期中段，电子、电气设备制造业等是主要工业行业；肇庆、江门、惠州等城市处于工业化后期初期阶段，农业还占有一定比例，食品制造、非金属矿物制造、金属制品业等在工业中还占相当比重。

二 评价结果

（一）广州环境竞争力在大湾区中排名第5，处于中游水平

广州环境竞争力在大湾区中排名第5，处于中游水平，排名低于香港、澳门特别行政区和深圳、珠海经济特区，得分45.5分，低于平均分2.6分，与排名第3的深圳相差9.0分，与排名第4的珠海相差6.9分，差距较大，领先于珠三角其他城市，但与"追兵"差距较小，仅领先第六名的中山1.2分。

（二）广州环境竞争力分项较不均衡，优劣势明显

从各分项竞争力来看，广州环境资源竞争力、环境技术与创新竞争力及环境管理竞争力等3项竞争力相对较强，都位居第4，但环境质量竞争力、环境设施与服务竞争力指数分别位居第10、第8（见表3），排名比较落后，特别是环境质量是广州环境竞争力的劣势和短板。主要优势指标为土地面

积、水资源总量、创新力指数、法治政府指数、环境管理能力指数。主要劣势指标为PM2.5年均浓度、NO_2年均浓度、主要水体水质达标率、劣V类水体比例、清洁能源消费比例等。

广州环境竞争力分项指数得分及排名情况见表3。

表3　广州环境竞争力分项指数得分及排名情况

	综合	资源指数	质量指数	设施与服务指数	技术与创新指数	管理指数
得分	45.5	7.9	6.8	7.4	13.6	9.9
排名	5	4	10	8	4	4

（三）广州环境竞争力排名落后于经济水平

从环境—经济角度分析，广州环境竞争力排名落后于经济总量排名和经济发展水平排名，但与两者排名基本相当，明显优于经济增长速度排名，表明广州日益重视环境竞争，近年来加大投入治理和建设环境，其力度基本与经济地位相适应，但环境竞争力优势尚未转化为经济发展速度优势，需要充分利用环境竞争力优势吸引高端发展要素。

（四）与领先城市相比，广州质量、设施和效率等指标相对落后

广州落后于香港、澳门、深圳和珠海的三级指标情况见表4。

表4　广州落后于香港、澳门、深圳和珠海的三级指标情况

指标分类	具体指标	单位	广州	深圳	珠海	香港	澳门
落后于全部城市指标	PM2.5年均浓度	微克/立方米	35.0	26.0	27.0	20.8	22.8
	NO_2年均浓度	微克/立方米	50.0	29.0	30.0	46.8	38.8
	清洁能源消费比例	%	24.4	47.8	32.6	72.0	73.1
	万元GDP用水量	吨/万元	30.4	9.0	21.0	4.3	2.7
落后于部分城市指标	主要水体水质达标率	%	53.8	28.6	100.0	83.8	100.0
	劣V类水体比例	%	30.8	71.4	0.0	0.0	0.0
	植被覆盖率	%	42.3	40.7	36.4	53.9	11.9
	城市污水集中处理率	%	95.0	96.8	96.4	93.5	100.0

指标分类	具体指标	单位	广州	深圳	珠海	香港	澳门
落后于部分城市指标	生活垃圾焚烧量占处理量比例	%	29.0	36.0	67.0	0.0	81.2
	人均公园绿地面积	平方米/人	17.1	16.0	19.8	0.7	4.4
	万元 GDP 耗能量	吨标准煤	0.28	0.19	0.33	0.04	0.03
	创新力指数		73.2	87.9	56.6	81.8	59.5
	法治政府指数		76.0	76.8	70.6	89.1	85.4
	环境管理能力指数		43.5	49.0	38.5	59.5	42.0

与排名前 4 的香港、澳门、深圳和珠海相比,广州均落后的指标有 4 个,分别是 PM2.5 年均浓度、NO_2 年均浓度、清洁能源消费比例、万元 GDP 用水量,主要是大气环境质量指标、基础设施指标及资源利用效率指标。落后于部分城市(3 个城市)的指标有主要水体水质达标率、劣 V 类水体比例、城市污水集中处理率、生活垃圾焚烧量占处理量比例、万元 GDP 耗能量、法治政府指数,主要是水环境质量指标、环境基础设施指标、资源利用效率指标、环境管理指标。

广州与香港相比,差距最大的是 PM2.5 年均浓度(2018 年香港 PM2.5 年均浓度为 20.8 微克/立方米,广州为 35.0 微克/立方米),落后 7.0 分,其次是法治政府指数和环境管理能力指数等 2 个指标,分别落后 5.1 分和 5.0 分,再次是清洁能源消费比例(2018 年香港为 72.8%,广州为 24.4%),落后 4.6 分。此外,在劣 V 类水体比例、万元 GDP 用水量、万元 GDP 耗能量等指标上也落后较多。

广州与澳门相比,差距最大的是 PM2.5 年均浓度(2018 年澳门为 22.8 微克/立方米),落后 6.0 分,其次是清洁能源消费比例(2018 年澳门为 73.1%),落后 4.7 分,再次是主要水体水质达标率,落后 4.0 分。此外,在法治政府指数、城市污水集中处理率、生活垃圾焚烧量占处理量比例等指标上也落后较多。

广州与深圳相比,差距最大的是 PM2.5 年均浓度(2018 年深圳为 26.0 微克/立方米),落后 4.4 分,其次是 NO_2 年均浓度(2018 年深圳为 29.0 微

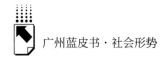

克/立方米，广州为 50.0 微克/立方米），落后 4.0 分，再次是创新力指数（2018 年深圳为 87.9，广州为 73.2），落后 2.8 分。此外，广州在清洁能源消费比例、环境管理能力指数等指标上也落后较多。

广州与珠海相比，差距最大的是主要水体水质达标率（2018 年珠海为 100.0%，广州为 53.8%），落后 4.0 分，其次是 PM2.5 年均浓度和 NO_2 年均浓度（2018 年珠海分别为 27.0 和 30.0 微克/立方米），分别落后 3.9 分和 3.8 分。此外，广州在劣 V 类水体比例、生活垃圾焚烧量占处理量比例等指标上也落后较多。

（五）广州与落后城市相比，也有短板需继续提升

与排名落后广州的其他六座城市相比，广州在环境技术与创新、环境管理等方面具有较强优势，但在环境质量上全面落后，如 PM2.5 年均浓度和 NO_2 年均浓度、主要水体水质达标率及劣 V 类水体比例等仅优于东莞，在环境设施与服务以及资源利用效率上整体优势很弱，如清洁能源消费比例仅优于惠州，城市污水集中处理率仅优于东莞和江门两座城市，生活垃圾焚烧量占处理量比例低于佛山、人均公园绿地面积仅优于佛山和中山两座城市，万元 GDP 用水量比东莞差，万元 GDP 耗能量比佛山差。

三　提升对策

（一）广州应在提升质量与设施服务能力方面加快赶超

一是要拓展天然气气源，完善城市燃气管网，加快天然气推广利用，尽快将清洁能源在终端能源上的消费比例提升到大湾区现有平均水平（43%）以上，争取达到 50% 以上的湾区前列水平。二是推进大气污染深度与合作治理，提升大气环境质量。包括推进电厂废气污染治理，优化交通系统规划建设，加强柴油车、船舶等移动源治理，与佛山更严格地合作治理等，尽快实现 PM2.5 年均浓度达到湾区平均水平（30 微克/

立方米）、NO$_2$ 年均浓度达到 40 微克/立方米的国家标准。三是加大水污染治理力度，改善水环境质量。加快划定水污染控制区，实施"一区一策"，完善污水收集处理系统，加强工业废水深度治理和生活污水集中处理，尽快实现全面消除黑臭水体和劣 V 类水体、主要水体水质全面达标的目标。四是加强生活垃圾焚烧处理系统建设，提高生活垃圾焚烧量比例至 74.6%（广州市生活垃圾设施建设十三五规划目标）；加快建设生活污水污泥焚烧设施、工业危险废物和医疗废物无害化处置设施，建设完备的固体废物处理设施。

测算表明，若广州能在环境质量、清洁能源消费比例、生活垃圾处理设施建设这三方面达到上述相关标准、规划目标要求，其他城市情况不变时，广州的环境竞争力排名将超越深圳和珠海，由第 5 名提升至第 3 名。

广州环境竞争力提升后的评价结果见表 5。

表 5　广州环境竞争力提升后的评价结果

城市	提升前排名	提升后排名	提升后综合得分	得分差距
香港	1	1	67.4	
澳门	2	2	63.6	3.8
广州	5	3	56.6	7.0
深圳	3	4	54.9	1.8
珠海	4	5	52.2	2.7
中山	6	6	44.0	8.2
肇庆	7	7	43.7	0.3
惠州	9	8	43.4	0.3
佛山	8	9	43.0	0.4
江门	10	10	34.8	8.2
东莞	11	11	33.1	1.7

（二）广州应打造绿色科技创新平台，争当绿色环保领跑者

广州应以绿色工业设计为引领，打造湾区乃至全国数量领先的绿色工厂、绿色产品、绿色园区和绿色供应链，加快形成新的绿色发展动力源、新

业态和增长极，争当湾区绿色环保领跑者。推动用能企业节能降耗，加强能源审计和节水工作，提升资源利用效率。打造全国重要、湾区排名前列的绿色科技创新平台，推进绿色创新融合发展。推动广州科技节点与"广州—深圳—香港—澳门"科技创新走廊联动发展。设立节能环保产业发展专项资金，积极培育和引进一批拥有核心关键技术，具有较强创新能力和国际竞争力的节能环保企业。抓住广州市绿色金融改革创新试验区建设机遇，通过绿色金融推进绿色创新。

（三）广州应全方位提升环境管理能力，建设湾区环境法治最强市

广州应制定综合性的生态环境保护条例、生态文明建设促进条例；制定或修订大气、噪声、固体废物、土壤、近岸海域等要素污染防治以及生态环境监督管理相关的单项法规，形成湾区领先的地方性法规体系。全面依法行政，健全宽严相济的执法机制。加强队伍建设，统筹规范生态环境督察执法。增强环境公安力量，推动环境资源检察、审判专门化。成立高规格生态环境委员会，实施生态环境目标考核和责任追究。增强中长期环境规划编制能力和滚动实施能力，探索政策环境评价。加大环保科技投入力度，开展前瞻性环境研究，建设数智环境资源管控系统，提升环境管理科技含量。建设以环境信用为基础的新型监管体系，强化联合奖惩机制，与行业协会、商会、NGO 等结成伙伴关系，建立公众咨询委员会定期听取意见。

B.6
2014～2018年广州消费品市场发展现状、问题及对策

广州市统计局贸易外经处课题组*

摘　要： 为精准研判消费品市场发展形势，本报告对广州市2014～2018年消费品市场基本情况、运行特点、影响因素进行了深度分析，研究发现新零售发展相对滞后、消费品有效供给不足、耐用消费品增速趋缓、消费环境有待改善等问题依旧存在，建议通过鼓励新兴业态发展、构建消费细分市场、培育新型消费热点、营造优良消费环境等多种方式促进消费品市场发展。

关键词： 消费品市场　社会消费品零售总额　市场结构

近年来，在深化改革、居民增收、促进消费等一系列政策引领下，广州市经济持续稳步发展，城乡居民收入水平不断提高，消费质量与消费层次全面提升，广州市消费品市场呈现繁荣活跃、稳定发展的良好态势。同时，一些影响广州市消费潜力进一步释放的问题依旧存在。本报告对2014～2018年广州市消费品市场基本情况和运行特点进行总结，对促进消费品市场发展的因素进行分析，并针对目前广州市消费品市场存在的问题提出对策建议。

---

* 课题组成员：黄子晏，广州市统计局贸易外经处副处长；肖坤强，广州市统计局贸易外经处调研员；胡泽量，广州市统计局贸易外经处科员。执笔人：胡泽量。

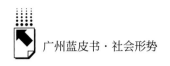

一 2014～2018年消费品市场基本情况

（一）市场规模持续扩大

2014～2018 年，广州市社会消费品零售总额（以下简称"社零总额"）不断增长，消费品市场规模稳步扩大。2018 年，全市实现社零总额 9256.19 亿元，是 2014 年的 1.3 倍（见表 1），2014～2018 年的年均增速为 9.6%。

表1 2014～2018 年广州市社零总额情况

单位：亿元

年份	总计	按行业分	
		批发和零售业	住宿和餐饮业
2014	7144.45	6230.64	913.81
2015	7987.96	6984.57	1003.39
2016	8706.49	7625.58	1080.91
2017	9402.59	8259.35	1143.24
2018	9256.19	8081.44	1174.75

注：2018 年，国家统计局调整了社零总额的统计口径。2014～2018 年社零总额增速按可比口径计算。

资料来源：《广州统计年鉴》（2015～2019 年）。

（二）社零总额由高速增长逐渐转向中高速发展

从总体走势来看，2014～2018 年广州市社零总额由高速增长转向中高速发展，逐渐步入高质量发展阶段。2014 年和 2015 年，社零总额保持高速增长，同比增速分别为 12.5% 和 11.0%。2016 年以后，社零总额增速回落至个位数，呈现稳中趋缓的态势，2016～2018 年社零总额增速分别为9.0%、8.0% 和 7.6%（见图 1）。

图1 2014～2018年广州市社零总额增速走势

资料来源：《广州统计年鉴》（2015～2019年）。

（三）商贸业市场主体发展壮大

近年来，供给侧结构性改革深入推进，减税降费等利好政策相继施行，商贸企业运营环境持续优化，行业发展活力整体增强，商贸业市场主体逐步发展壮大。

一是限额以上单位数量持续增加。2018年广州市限额以上批发和零售业法人企业为7514家，比2014年增加1145家，限额以上住宿和餐饮业法人企业为1534家，比2014年增加22家。其中，2018年零售额超10亿元的企业51家，超50亿元的企业7家，超100亿元的企业3家。

二是限额以上企业利润总额大幅增长。2018年广州市限额以上批发和零售业法人企业利润总额为606.28亿元，比2014年增长38.0%；户均利润总额为807万元，比2014年增长17.0%。限额以上住宿和餐饮业法人企业利润总额为23.35亿元，比2014年增长84.0%；户均利润总额为152万元，比2014年增长81.4%。

三是限额以上企业吸纳就业人数稳步增加。2018年末广州市限额以上批发和零售业法人企业从业人员为47.84万人，比2014年末增长8.5%；限额以上住宿和餐饮业法人企业从业人员为18.12万人，比2014年末增长8.3%。

（四）社零总额年均增速超北上深

在规模上，作为国际商贸中心城市，广州市消费品市场规模位于全国前列。2014～2018 年广州市社零总额均稳居全国主要城市第三位，仅次于上海市和北京市。

在增速上，2014～2018 年广州市社零总额年均增长 9.6%，增速在北京、上海、广州、深圳四个城市中居第一位，分别高于北京、深圳、上海 3.6 个、2.4 个和 1.4 个百分点。

二 2014～2018年消费品市场运行特点

(一)从行业结构看，批发和零售业占比近九成，且年均增速高于住宿和餐饮业

从行业构成来看，2014～2018 年，批发和零售业占社零总额的比重稳定在 87%～88%，占比近九成，构成社零总额的绝大部分（见表2）。

表2 2014～2018 年广州市社零总额分行业构成

单位：%

行业	2014 年	2015 年	2016 年	2017 年	2018 年
批发和零售业	87.21	87.44	87.58	87.84	87.31
住宿和餐饮业	12.79	12.56	12.42	12.16	12.69

资料来源：《广州统计年鉴》（2015～2019 年）。

从行业增速来看，2018 年批发和零售业实现社零总额 8081.44 亿元，2014～2018 年年均增速为 9.9%；住宿和餐饮业实现社零总额 1174.75 亿元，2014～2018 年年均增速为 7.4%，低于批发和零售业 2.5 个百分点（见表3）。

表3 2014～2018 年广州市社零总额分行业增速

单位：%

项目	2014 年	2015 年	2016 年	2017 年	2018 年	年均增速
总计	12.5	11.0	9.0	8.0	7.6	9.6
批发和零售业	13.2	11.2	9.2	8.3	7.9	9.9
住宿和餐饮业	7.8	9.8	7.7	5.8	5.8	7.4

资料来源：《广州统计年鉴》（2015～2019 年）。

（二）从商品结构看，消费结构持续优化，通信器材、汽车、升级类商品销售畅旺

近年来，随着居民收入水平不断提高以及消费观念逐渐转变，消费结构逐步进入转型升级阶段。居民消费从注重基本生活需求的满足转向追求质的提升。娱乐、文化、医疗保健、旅游等相关产业发展迅速，通信器材、汽车、升级类商品销售畅旺。

从限额以上批发和零售业法人企业商品零售额来看，一是通信器材类商品快速增长。2018年，广州市通信器材类实现零售额356.13亿元，比2014年增长98.2%，占限额以上批发和零售业零售额的9.2%，比重比2014年提高4.5个百分点。二是用类商品结构升级特征明显。2018年广州市化妆品类实现零售额123.19亿元，比2014年增长80.5%，占限额以上批发和零售业零售额的3.2%，比重比2014年提高1.4个百分点；金银珠宝类实现零售额80.49亿元，比2014年增长29.3%，占限额以上批发和零售业零售额的2.1%，比重比2014年提高0.5个百分点。三是汽车消费比重提升。汽车类实现零售额1138.73亿元，比2014年增长3.8%，占限额以上批发和零售业零售额的29.3%，比重比2014年提高0.5个百分点。

（三）从业态结构看，新兴业态蓬勃发展，实物商品网上零售额比重翻番

随着现代化物流配送体系的日益完善，移动互联网、大数据、人工智能等新技术进一步向传统产业渗透，网络零售持续快速发展，满足体验式与便捷化消费需求的新零售业态不断涌现。

2018年，广州市全市限额以上批发和零售业实物商品网上零售额1034.93亿元，同比增长18.4%，增速高于同期社零总额增速10.8个百分点，占限额以上批发和零售业商品零售额的29.3%，比重较2014年（14.3%）提高了一倍多。

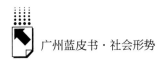

（四）从空间结构看，9区社零总额年均增速高于全市平均水平，7区社零总额占全市比重提升

从增速上看，2014～2018年，社零总额年均增速高于全市平均水平的共有9个区，分别是番禺区、荔湾区、海珠区、白云区、从化区、增城区、花都区、南沙区、黄埔区，年均增速分别高于全市平均水平0.3～4.3个百分点。2014～2018年社零总额年均增速低于全市平均水平的有天河区、越秀区，年均增速分别低于全市平均水平2.4个和1.3个百分点（见表4）。

表4　2014～2018年广州市社零总额年均增速分区情况

单位：%

	2014年	2015年	2016年	2017年	2018年	2014～2018年年均增速	与全市年均增速相比
全市	12.5	11.0	9.0	8.0	7.6	9.6	—
荔湾区	17.1	5.2	9.6	11.0	8.0	10.1	0.5
越秀区	9.7	9.3	8.8	7.5	6.0	8.3	-1.3
海珠区	12.2	14.6	8.6	8.0	8.4	10.3	0.7
天河区	9.7	9.6	4.2	6.2	6.3	7.2	-2.4
白云区	13.5	11.0	10.5	9.0	8.3	10.4	0.8
黄埔区	17.1	17.5	13.7	12.3	9.2	13.9	4.3
番禺区	14.2	11.1	10.1	7.6	6.5	9.9	0.3
花都区	14.2	12.5	12.1	9.0	9.0	11.3	1.7
南沙区	12.8	16.8	14.8	9.0	6.0	11.8	2.2
从化区	16.3	13.8	10.9	8.3	6.5	11.1	1.5
增城区	10.5	11.3	11.3	7.1	16.4	11.3	1.7

注：2014年，广州市行政区划调整，原黄埔区、原萝岗区合并为新黄埔区，增城、从化撤市设区。表中黄埔区2014年增速由原黄埔区、原萝岗区合计数得出；从化区、增城区2014年数据为原从化市、原增城市数据。

资料来源：根据《广州统计信息手册》（2015～2019年）整理。

从比重上看，2018年占全市社零总额比重比2014年提高的有7个区，分别是越秀区、海珠区、南沙区、增城区、番禺区、花都区、黄埔区，比重分别提高0.1～3.8个百分点；占全市社零总额比重下降的有4个区，分别是从化区、天河区、白云区、荔湾区，占全市比重分别下降0.3～2.7个百分点。

表5　2014～2018年广州市社零总额分区比重变动情况

单位：%

	2014 年	2015 年	2016 年	2017 年	2018 年	2018 年比 2014 年比重增减（百分点）
全市	100.0	100.0	100.0	100.0	100.0	—
荔湾区	9.5	9.0	9.1	8.9	6.8	-2.7
越秀区	14.6	14.3	14.3	14.2	14.7	0.1
海珠区	10.3	10.0	9.9	10.4	10.5	0.2
天河区	21.4	21.9	20.9	19.1	20.0	-1.4
白云区	12.6	12.6	12.8	12.9	11.1	-1.5
黄埔区	6.3	6.7	7.0	8.8	10.1	3.8
番禺区	13.0	13.0	13.1	13.1	13.5	0.5
花都区	4.9	4.9	5.1	5.1	5.7	0.8
南沙区	2.0	2.2	2.3	2.3	2.3	0.3
从化区	1.6	1.6	1.6	1.6	1.3	-0.3
增城区	3.8	3.8	3.9	3.6	4.0	0.2

注：2014 年，广州市行政区划调整，原黄埔区、原萝岗区合并为新黄埔区，增城、从化撤市设区。表中黄埔区 2014 年比重为原黄埔区、原萝岗区合计数；从化区、增城区 2014 年数据为原从化市、原增城市数据。

资料来源：根据《广州统计信息手册》（2015～2019 年）整理。

三　促进广州市消费品市场稳步发展的因素

（一）人口总量增长，市场规模扩大

人口是消费的主体，广州市依托于优越的地理位置和产业特色，对外来人口有着较强的吸引力，人口总量的持续增长带动消费品市场规模不断扩大。2014～2018 年，广州市常住人口总量稳步增长，2018 年末，广州市常住人口为 1490.44 万人，比 2014 年末增加 182.39 万人，增长 13.9%。

（二）收入水平上升，消费能力提高

广州市居民收入和消费水平提高，为消费品市场的发展提供了基础条件。2018 年，广州市城市和农村居民人均全年可支配收入分别为 59982 元

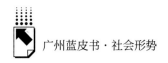

和26020元，比2014年分别增长39.6%和47.3%；城市和农村居民人均全年消费支出分别为42181元和20634元，比2014年分别增长26.3%和60.4%；城市居民恩格尔系数由2014年的32.9%稳步下降至2018年的32.1%，农村居民恩格尔系数由2014年的42.9%下降至2018年的38.3%。

（三）年龄结构变化，消费热点涌现

近年来，广州市60岁以上的老年人口和18岁以下的少儿人口比例进一步上升，人口年龄结构的变化，使得母婴、教育、医疗、养老方面的需求增长，从而形成新的消费热点，促进与之相配套的消费品需求上升。2018年末广州市户籍人口中，少儿人口占比为20.0%，比2014年末上升2.7个百分点；老年人口占比为18.3%，比2014年末提高1.6个百分点。

（四）消费观念更新，市场结构升级

随着居民财富不断积累和人口素质稳步提高，广州市居民消费观念和消费方式不断更新，生活方式发生变化。居民对娱乐文化、医疗保健等升级型消费的需求大幅增加，消费日益呈现个性化、多样化特征，消费品市场结构由基本生存型向发展享受型转变。2018年，广州市城市和农村居民人均教育文化娱乐消费支出比2017年分别增长4.1%和11.2%，增速分别高出人均消费支出增速0.3个和2.2个百分点；广州市城市和农村居民人均医疗保健消费支出比2017年分别增长6.2%和11.8%，增速分别高出人均消费支出增速2.4个和2.8个百分点。

四 2014~2018年消费品市场存在的问题

（一）新零售发展相对滞后

在北京大学光华管理学院发布的《新零售城市创新指数报告》中，广州市新零售城市发展综合指数低于上海、北京、深圳、杭州，位于全国主要

城市中第五位。总部位于上海的盒马鲜生作为消费场景的创新者，融合了超市、餐饮、生鲜的形态，实现"线上＋线下"的全面融合；北京便利蜂24小时自助便利店，利用物联网、大数据、人工智能、图像识别等技术，将线下连锁业态和线上全渠道进行整合，同时推出打印、洗衣等便民服务，实现了便利店业态的转型升级。

与之相比，广州市在新零售方面的探索相对有些滞后。零售企业缺乏品牌化建设和差异化打造，营销手段以低价竞争为主，形式较为单一，营销理念和管理手段创新性不足，技术和人才的支撑不足。尽管一些实体零售企业通过引进电子支付，线上下单等方式进行转型，但是颠覆性和创新性还有待加强，运用新技术优化供应链管理、运用大数据分析消费者行为模式、运用智能化手段增强消费者体验等措施尝试不足，制约了零售企业线上线下融合进程，阻碍了零售业转型升级步伐。

（二）消费品有效供给不足

目前，广州市消费品市场供给的设计研发、创新能力、产品质量仍旧落后于消费结构升级的需要，居民对高品质、高端产品和优质服务需求旺盛，出现严重的购买力外流现象，同时，低端市场商品同质化严重，竞争激烈，高端供给不足与低端供给过剩的问题依然同时存在。

广州市居民收支增速对比也表明，居民收入在稳步增长的同时，消费支出意愿偏弱，居民消费潜力释放不充分。2018年，广州市城市和农村居民人均可支配收入比2017年分别增长8.3%和10.8%，城市和农村居民人均消费支出比2017年分别增长3.8%和9.0%，增速分别低于人均可支配收入4.5个和1.8个百分点。

（三）耐用消费品增速趋缓

随着广州市汽车保有量和居民耐用消费品拥有量趋于饱和，汽车、家电、家具等消费品的增速逐渐变缓。从限额以上批发和零售业零售额增速来看，汽车类、家用电器和音像器材类、家具类、建筑及装潢材料类商品零售额增速由 2014 年的 19.6%、22.0%、24.9% 和 54.6%，降低到 2018 年的 6.4%、－9.4%、－12.1% 和－1.0%。

近年来，广州市居民家庭洗衣机、电冰箱、彩色电视机等耐用品的拥有量都已接近饱和，2018 年末，广州市城市居民家庭平均每百户彩色电视机、照相机、计算机、微波炉拥有量分别比 2017 年下降 0.8 个、1.5 个、0.8 个和 15.9 个百分点。随着耐用品消费转向存量更新阶段，耐用消费品对社零总额的拉动作用减弱，急需培育新的消费增长点。

表6　2018 年末广州市城市居民家庭平均每百户耐用消费品拥有量

项目	拥有量	比 2017 年增长（%）
家用汽车（辆）	48	9.1
洗衣机（台）	102	2.0
电冰箱（台）	103	0
彩色电视机（台）	131	－0.8
照相机（架）	66	－1.5
空调器（台）	239	0.8
计算机（台）	122	－0.8
移动电话（部）	263	1.2
微波炉（台）	58	－15.9

资料来源：《广州统计信息手册（2019 年）》。

（四）消费环境有待改善

一方面，广州市部分商圈业态落后、经营不善，无法满足消费者的需要。城市综合体发展不均衡，管理模式有待优化，且存在一定的同质化现象，目标客户群高度重合。商业布局规划还不尽合理。商业区交通基础设施、公共配套设施、绿化景观设施还不够完善。

另一方面，部分消费品的质量难以保证，虚假宣传仍旧存在，售后服务仍需改善。监管体制尚不适应消费新业态、新模式的迅速发展，质量和标准体系仍滞后于消费提质扩容需要，信用体系和消费者权益保护机制还未能有效发挥作用。

五 促进消费品市场发展的对策建议

（一）鼓励新兴业态发展，促进商业模式创新

借助第四次经济普查相关资料，充分调研现阶段广州市新零售发展的实际状况，为相关政策的制定提供参考依据，多措并举推动广州市新零售发展。

发挥政府引领作用。加强新零售发展的顶层设计，引领零售企业实施错位发展，鼓励企业依据自身属性寻找比较优势，探索适合自身的新零售发展路径；为市场主体提供实质性助力措施，继续推行结构性减税，对新零售企业给予一定的专项补贴，广泛扶持有活力和能力的企业。

发挥龙头企业带动作用。探索龙头企业在新零售发展可复制可推广的先进经验，发挥龙头企业在协作引领、技术示范、知识溢出和营销网络等方面的带动作用，持续推进中小企业在新零售方面的实践性体验。

发挥协会纽带作用。充分发挥零售业相关协会和第三方机构的行业纽带作用，为新零售企业发展提供技术、系统、管理、咨询等支撑服务；通过策划商业会展、主题论坛等形式，为零售商、供应商、互联网运营商及专家学者等相关主体搭建交流合作、信息共享的平台，整合各类资源，促进新零售企业发展。

营造公平营商环境。通过加大力度打击制售假冒伪劣商品、商业欺诈、侵犯知识产权等违法行为，完善互联网经营者的资格认证审查和监管，促进线上线下零售企业公平竞争，建立有效的守信激励和失信惩戒机制，为新零售发展营造公平健康的营商环境。

（二）构建消费细分市场，把握消费升级趋势

构建消费细分市场，满足基本需求。构建更成熟、涵盖中高低档的消费细分市场，从各层次收入群体及消费环境出发，对接好消费需求，根据不同

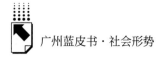

收入群体的现实需要来引导生产，增加优质产品有效供给。着力保证基本消费品经济、实惠、安全，保障居民基本消费需求获得较好满足。

把握消费升级趋势，增加品质供给。研究消费升级特点，激发企业不断提升产品质量和培育品牌的动力，加大技术和研发投入，攻克核心环节，在商品种类、质量、差异化等方面有所提升，满足居民多样化和个性化的中高端需求。通过制度创新、技术创新和产品创新培育形成新供给，实现商品消费向品质消费的跨越，为消费品市场提供更多高质量、高性价比的商品和服务，逐步改变目前消费品市场存在的结构性过剩与短缺并存现状。

（三）提升传统消费品质，培育新型消费热点

推动传统消费品创新升级。推动绿色、环保、智能消费，为传统商品增添"新元素"。促进汽车消费优化升级，加强新能源汽车的补贴和相关配套基础设施建设，发展可穿戴智能设备、智能家居等新型家用信息产品，促进耐用品消费。

着力培育消费新热点。加大对居民关注的健康、文化、医疗、教育等新型消费产业的投入力度，积极培育网络消费、定制消费、体验消费、智能消费、时尚消费等消费新热点，鼓励与消费者体验、个性化设计、柔性制造等相关的产业快速发展。

促进消费领域融合发展。强化商品消费与服务消费之间的融合互动和协同发展，促进旅游、文化、娱乐、健康、餐饮等行业之间的集聚和融合，以服务消费的增长带动相关实物商品的增长，提升配套消费品的质量水平。

（四）科学引导市场布局，营造优良消费环境

优化升级商圈功能。推动北京路、天河路等有影响力的大型商圈改造升级，补齐发展短板，加快国际化、高端化、体验化、品牌化建设步伐。积极引进国际知名品牌旗舰店、体验店、折扣店，积极培育本土知名品牌，发挥好品牌集聚、产业融合、资源整合的优势，使之向国际消费体验中心、休闲娱乐中心、文化时尚中心方向发展，打造商旅文融合发展的高地。

有序规划商业布局。根据区位交通、人口分布、消费水平、产业基础等综合因素，构建业态类型丰富、层次结构优化、空间布局合理、服务功能多样、经营管理独特的商业网络体系，促进传统商贸业向现代商贸业转型升级。加强重点商业区交通基础设施、公共配套设施、绿化景观设施、地下商业空间建设，营造宜购的消费空间。

深度净化消费环境。围绕重点领域切实开展消费者权益保护工作，健全消费者权益保护工作部门协作机制，强化重点领域监管，创造"敢于消费、乐于消费"的环境。提高消费者维权意识和维权能力，畅通消费者诉求渠道，建立常态化的消费者满意度调查机制和消费后评价体系。

B.7
中美贸易摩擦对广州市企业用工影响及对策建议

刘伟贤 *

摘　要： 本报告通过分析广州市就业形势数据，结合 2019 年末广州市部分企业用工现状及其影响因素调查，研判未来发展趋势，并从提振企业发展信心、推动公共就业服务智能化建设、促进劳动者素质与产业深度融合、提高风险防范应对能力、提高市场配置效能五个方面提出"稳就业"的对策建议。

关键词： 人力资源市场　企业用工　广州　中美贸易摩擦

一　广州市2019年就业形势综述

2019 年，广州市经济运行延续总体平稳、稳中向好的发展态势，实现地区生产总值 23628.60 亿元①，按可比价计算，比上年增长 6.8%，增速比上年提升 0.6 个百分点。其中，第一产业增加值 251.37 亿元，增长 3.9%；第二产业增加值 6454.00 亿元，增长 5.5%；第三产业增加值 16923.23 亿元，增长 7.5%。三次产业比重为 1.06∶27.32∶71.62。与此同时，广州市围绕稳中求进工作总基调，贯彻中央"六稳"工作部署，推进《广州市人民政府关于进一步促进就业的实施意见》出台，全面聚焦高质量发展，主

＊ 刘伟贤，广州市人力资源市场服务中心经济师、职业信息分析师。
① 数据来源于广州市统计局。

动调结构、促转型，扎实推进"六稳"工作，稳定就业总量，改善就业结构，提升就业质量，使就业形势基本保持稳定。广州市人力资源和社会保障局公布数据显示，2019 年 1～12 月，广州市城镇登记失业率为 2.15%（同比提升 0.25 个百分点），控制在 3.5% 的目标以内。但值得注意的是，与往年相比，广州市经济增速稳中趋缓，面临较大下行压力，中美贸易摩擦对广州市企业经营的影响仍然持续。

2019 年度，广州市人力资源市场服务中心公布数据显示，全市 463 家抽样监测人力资源服务机构进场登记供需总量为 543.97 万人次。其中，登记招聘总量 341.44 万人次，登记求职总量 202.53 万人次（见图 1）。广州市岗位空缺与求职人数比率①为 1.69，显示广州市劳动力供给偏紧态势延续，但保持在合理区间。

二 中美贸易摩擦对广州市企业用工影响——基于调查数据

2019 年末，通过互联网直报 + 手工填报 + 走访座谈等多种形式，对国民经济 20 个行业共 567 家企业进行调查，数据显示结果如下②。

（一）企业经营状况

1. 三成企业受到中美贸易摩擦影响，主要表现为产品销售受到冲击和利润下降、对美贸易萎缩

调查发现，三成（32.86%）企业表示受到中美贸易摩擦影响，受影响的主要方面为：产品销售受到冲击（62.90%）、企业生产利润下降（58.06%）、

---

① 岗位空缺与求职人数比率 = 岗位总数/求职总数。
② 样本分布如下：制造业占 32.04%，批发和零售业占 15.04%，住宿和餐饮业占 7.96%，租赁和商务服务业占 7.08%，房地产业占 4.96%，交通运输、仓储和邮政业占 4.43%，居民服务和其他服务业占 4.07%，信息传输、软件和信息技术服务业占 3.72%，其他样本占 20.7%。涉及用工总量 45.88 万人。

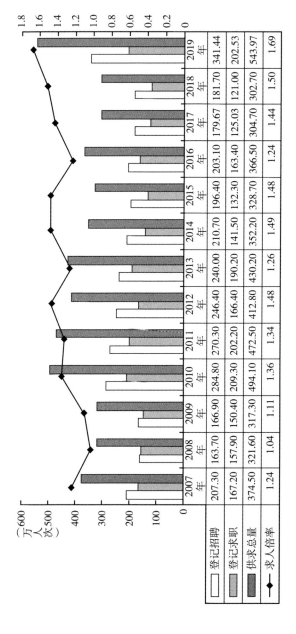

图 1 2007~2019 年人力资源市场供需总量及岗位空缺与求职人数比率

	2007年	2008年	2009年	2010年	2011年	2012年	2013年	2014年	2015年	2016年	2017年	2018年	2019年
登记招聘	207.30	163.70	166.90	284.80	270.30	246.40	240.00	210.70	196.40	203.10	179.67	181.70	341.44
登记求职	167.20	157.90	150.40	209.30	202.20	166.40	190.20	141.50	132.30	163.40	125.03	121.00	202.53
供求总量	374.50	321.60	317.30	494.10	472.50	412.80	430.20	352.20	328.70	366.50	304.70	302.70	543.97
求人倍率	1.24	1.04	1.11	1.36	1.34	1.48	1.26	1.49	1.48	1.24	1.44	1.50	1.69

资料来源：广州市人力资源市场服务中心公布数据。

对美贸易萎缩（43.55%）。其他方面的影响还有：关键技术被"卡脖子"（9.68%）、涉美零部件供应不足（8.06%）、企业裁员（4.42%）、（部分）停产停工（4.42%）、其他（8.06%）（见表1）。在受影响的个案情况走访中，某漂染有限公司表示：该司主营各类针织服装面料生产制造，美国订单约占企业总订单量的八成。自2018年10月以来，企业订单量呈现断崖式下跌。2019年上半年订单量比2017年同期下降30%，美国市场主要客户要求订单单价同比下降7个百分点，2019年销售收入估算同比下降将在40%以上。某电子有限公司主营电子、手机零配件制造，70%的客户来自美国。自2018年10月中美贸易摩擦以来，企业订单量逐渐下降。2019上半年企业订单量比2017年同期下降40%，连续出口额同比下降超过15%。

表1　企业受中美贸易摩擦影响的主要方面及占比（多选）

主要方面	占比(%)
产品销售受到冲击	62.90
企业生产利润下降	58.06
对美贸易萎缩	43.55
关键技术被"卡脖子"	9.68
涉美零部件供应不足	8.06
企业裁员	4.42
（部分）停产停工	4.42
其他	8.06
回答本题企业数(家)	187

2. 受影响企业积极采取多项措施应对，对未来发展持谨慎观望态度

受影响的企业积极采取措施"组合拳"自救，应对不利影响。其中，48.92%的企业通过开辟新的市场，减少对美市场依赖；25.27%的企业降低对美进口贸易量；23.19%的企业调整产品结构，减少涉美零部件进口；18.28%的企业表示在逐步转型；14.52%的企业加大技术攻关，致力扭转"卡脖子"现象，8.06%的企业"减员增效"，17.74%的企业表示仍在观

望。但23.43%的企业预计2020年企业发展仍将继续受到中美贸易摩擦影响，50.27%的企业表示"说不清"。在发展预期上，仅约55.46%的受访企业对2020年企业发展前景持乐观态度（见表2）。

表2 受访企业对2020年发展预期

选项	2020年企业是否会受到 中美贸易摩擦影响？（家）	对2020年企业发展 前景是否乐观？（%）
是	23.43	55.46
否	26.30	13.95
说不清	50.27	30.59

（二）企业用工及招聘状况

1. 企业内部人力资源配置有所优化，普工占比下降，研发、销售等其他人员占比上升

从企业在岗职工结构看，567家受访企业2019年在职职工总数为45.88万人，在职职工平均年龄为33.8岁，企业职工队伍呈现年轻化。按职工类别结构观察，普工占49.60%，技能（技术）人员占10.18%，管理人员占6.09%，其他人员（包括但不限于研发、销售、电商运营、客服、营销、物流配送等）占34.13%。主要原因是不少企业发展需求逐步向产业链附加值较高的研发、销售两端转变，对处于产业链中端、附加值较低、人工成本较高的生产环节进行人力资源优化配置，以提升企业市场竞争力。

2. 2019年下半年企业招聘行为倾向于谨慎，招聘需求缩减，以补员为主

数据显示，2019年下半年，567家受访企业月平均员工流失率仅为5.93%，尽管如此，企业招聘行为仍普遍倾向于谨慎，招聘规模普遍偏小。50.27%的企业招聘规模在20人以下，中等招聘规模（21～100人）企业需求占23.86%，100人以上招聘规模的企业仅占12.03%，13.84%的企业表示无招聘需求（见图2）。

笔者在原因访谈中发现：超过八成（80.25%）的企业表示招聘以补员

为主要目的，远远高于企业发展扩张（45.86%）、人力资源储备（36.67%）、企业转型升级（23.46%）、组织架构调整（9.70%）等发展性需要。同时，企业员工流失率仅为5.93%，员工流动性较往年同期有所减弱，也在一定程度上降低了企业招聘需求。此外，部分制造业企业受中美贸易摩擦影响，生产经营出现阶段性困难，用工需求受到一定的抑制。

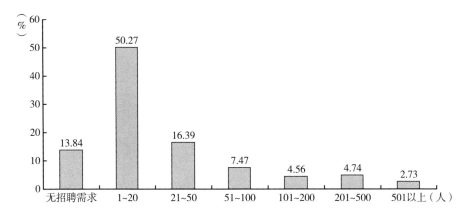

图2 2019年下半年企业招聘规模分布

但与此同时，不同行业用工出现分化现象。如物流、电子制造、信息服务、物业服务等行业，具有招聘规模大、员工流动性大、招聘需求占用工规模比例偏高等特点。如广州美维电子有限公司，2019年下半年招聘需求为5000人，招聘规模占在职员工规模的比例高达76.92%。广州市新邦物流服务有限公司，2019年下半年招聘需求为3000人，招聘规模占在职员工规模的比例为60%。

3. 六成企业感受到"招聘难"，结构性矛盾是首因

60.81%的受访企业感受到2019年下半年存在"招聘难"问题，其中，69.26%的企业对影响招聘难易的因素判断是"结构性就业矛盾"，其次归因依次为：缺乏所需人才（占50.97%）、人才流动性太大（49.38%）、企业薪酬竞争力不足（49.03%）、劳动力总量不足（17.11%）、人力资源配置效能太低（14.46%）。

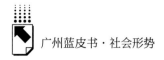

按企业对缺工工种类型的提及率排序，一线生产工人（41.08%的企业提及，下同）仍然高居企业需求首位，其次是技术人员（22.67%）和销售人员（14.34%），还有电商客服人员（7.95%）、管理人员（6.98%）、设计研发人员（6.98%）等。

4. 企业综合施策应对人力资源困境，但自评措施成效不佳

为应对人力资源困境，企业采取了联合院校培养人才、网络招聘、内部员工推荐等多种办法综合施策，但总体上超过五成企业自评措施成效不佳（见表3）。

表3　企业应对人力资源困境措施办法与成效交叉分析

单位：%

选项	采取此措施企业占总样本比重	认为措施有效满足企业需求的样本占比
依靠网络招聘解决	71.78	35.99
鼓励内部员工推荐	60.67	42.30
参加现场招聘会	57.32	38.10
录用或联合院校培养人才	53.81	38.10
采取劳务派遣或劳务外包方式用工	40.82	33.33
其他	30.95	26.19

但与之相对，不少企业也在实践中摸索出行之有效的做法。如广汽本田汽车有限公司以待遇和内部擢升机制留才。该司通过予以员工相当于17.5个月月薪的年薪水平，外加商业保险、住院比例报销等更优于劳动法规定的福利待遇吸引人才。同时，该公司内部擢升机制完善，因此近三年企业员工规模维持在11000人左右，离职率均保持在2.5%~4%的较低水平。广州天创时尚股份有限公司以技术改造和品牌文化促进人力资源转型升级、解决用工问题：该企业2018年引进全国第一条鞋业自动化生产线，岗位需求减少20%~40%，产量提升30%，同时积极打造企业品牌，向创意包装、高端销售等高质量发展道路转型。

5. 2020年企业计划招聘薪酬平均值是5561元/月，与2018年广州市城镇私营单位就业人员平均工资基本持平

薪酬水平在一定程度上反映企业对市场发展的预判及工资支付能力和意愿。调查发现，2020 年企业计划招聘薪酬的 10 分位（偏低位）值为 3500 元/月，90 分位（偏高位）值为 8000 元/月，平均值是 5561 元/月（见表4），与统计公布数据中 2018 年广州市城镇私营单位就业人员平均工资基本持平①。

表 4 按百分位②法统计的 2020 年企业计划招聘薪酬

单位：元/月，个

样本量	平均值	10 分位 （偏低位）	25 分位 （较低位）	50 分位 （中位数）	75 分位 （较高位）	90 分位 （偏高位）
540	5561	3500	4000	5000	6000	8000

注：经剔除无收入、无填答样本及无效值，共 540 份有效数据。

三 广州市企业用工面临的问题及趋势研判

（一）受外部环境等多种叠加因素影响，广州市企业用工承受一定下行压力

2019 年以来，世界经济环境的变化，尤其是中美贸易摩擦事件的持续发酵，对广州市经济产生了一定的冲击，进而对就业领域产生了不利影响。这种影响可能体现在两方面：一是贸易摩擦对部分涉美企业生产经营产生直接影响，部分对美外贸依赖度较高的企业可能出现经营困难导致用工减少；二

---

① 据市统计局公布数据，2018 年，广州市城镇私营单位就业人员年平均工资为 66719 元。http：//tjj. gz. gov. cn/gzstats/tjgb_ qtgb/201906/625e12e442404eab97cc55ce3691367e. shtml。

② 由于平均数受极端值的影响，而百分位数反映了数据的相对水平，我们采用百分位数（10 分位、25 分位、50 分位、75 分位、90 分位）统计。分位数：表示被调查群体中有 n% 的数据小于此数值。如 10 分位（偏低位）表示样本中有 10% 的数据小于此数值，反映市场的偏低水平。90 分位（偏高位）表示样本中有 90% 的数据小于此数值，反映市场的偏高水平。

是全球产业链调整布局导致部分企业相应调整生产计划。但从长远看，随着广州市产业的优化调整、企业逐步向微笑曲线两端转型、现代服务业加快发展步伐，广州市经济发展的回旋空间仍然较大，中美贸易摩擦对广州市企业用工的总体影响仍然可控。但调研时已是第四季度，正值企业制定来年人力资源招聘计划的重要节点，调研发现半数企业对未来发展前景研判存在不确定性并持观望态度，这必然会对2020年上半年企业用工增势产生一定的影响。

（二）未来一段时间企业用工存量规模可望保持平稳，但新增需求将有所放缓

总体上看，广州经济体量较大、增长拉动就业的回旋能力仍然较强，现代服务业等经济新动能发展比较迅速，将进一步带动就业岗位增加。因此，尽管广州市2020年上半年企业用工在发展中存在一些隐忧，但广州市委市政府及各有关部门坚决贯彻落实中央和省委精神，坚持新发展理念与稳中求进工作总基调，积极应对国际经济环境不确定性给广州市经济和就业领域带来的新问题、新挑战。广州市深入落实进一步促进就业的实施意见，降低企业生产经营成本，加大重点行业和重点用工企业服务力度，确保了就业形势总体稳定。省、市"促进就业九条"等惠企惠民新政的实施，给企业和劳动者带来新一轮利好，既提振了企业发展信心，又改善了营商和就业环境；"一带一路""粤港澳大湾区""乡村振兴"等重大倡议、战略的实施从中长期看给广州带来重要的战略机遇和发展动能，这些将成为广州市就业形势稳定的重要基石，预计未来一个阶段企业用工规模可望保持平稳。但也应该看到，尽管样本企业近三年生产经营规模保持基本稳定，但经济不明朗形势下企业扩大生产规模的意愿并不明显，部分制造业企业逐步实现了机器人自动化生产，减少了用工数量，都将对广州市企业下阶段的用工需求产生影响。因此，预计未来短期内广州市企业新增用工需求将有所减少。

（三）对转型发展中的结构性就业矛盾需要高度重视

调研中发现，在当前我国经济减速换挡、结构优化调整、动力加快转换

的关键时期，对结构性就业矛盾问题需要高度重视。调研中，有60.81%的受访企业感受到2020年下半年存在"招聘难"问题。超过八成（83.33%）的样本企业表示"就业难与招工难并存"的结构性矛盾是企业当前用工面临的突出问题。

如在已经或部分实现机器人自动化生产的先行先试企业中，有34.38%的企业表示遇到"机器自动化生产配套的技术工人紧缺"难题，有34.38%的企业表示"自动化技术不成熟，未有效提升生产力"。如乐金显示（中国）有限公司作为采取机器人自动化生产减少人力成本的典型企业，2017年年末其产品销售在大型TFT-LCD市场实现了29.2%的市场占有率。但该企业表示实施自动化生产后适用型的设备人才短缺成了最大制约因素。与此同时，现代服务型企业如会展经济服务商、电商等面临相当突出的服务提升与行业人才素质不匹配的结构性矛盾。以上情况表明，产业转型发展中的结构性就业矛盾是制约企业高质量发展的主要因素，需要我们高度关注。部分企业缺乏人力资源规划和储备意识，也有可能是阶段性用工矛盾的重要成因。如调研中，明确招聘需求目的为"进行人力资源储备"的企业仅占36.67%，即超过六成的企业仍缺乏人力资源规划前瞻意识，也是人才储备不足、阶段性用工矛盾突发的主因。预计未来随着广州市企业核心竞争力意识增强，重点投入研发、强化品牌建设，以数字化、智能化为方向，逐步向产业链、价值链和创新链高端转型，广州市用人需求实现质的飞跃，普工需求将有所减少，新技术技能型人才、复合型人才需求规模将不断扩大，未来广州市就业结构性矛盾将有可能更为突出，需要引起政府相关部门高度重视。

四　展望与对策建议

从发展环境看，2020年，广州市就业形势既有有利机遇，也面临风险挑战。风险挑战是：自2018年起中美贸易摩擦不断升温，已经成为用工企业发展所必须面对的长期挑战。劳动者素质与市场需求不相匹配、企业急需技术技能人才短缺，技术进步、结构调整对就业的挑战等问题预计将更加突出，"稳就业"工作压力不断增大。有利机遇是：粤港澳大湾区上升为国家战略，可以预见，广深港澳在产业融合、就业创业、公共就业服务等方面必将实现更大范围接轨，终将为广州市进一步稳定就业、优化就业结构、提升就业质量打开重要的窗口。与此同时，广东省委印发《中共广东省委全面深化改革委员会关于印发广州市推动"四个出新出彩"行动方案的通知》，要求广州市全面提升城市中心功能，建设先进制造业强市，打造全球定制之都，建设现代服务业强市，创建国家级营商环境改革创新实验区，建设世界级高铁枢纽、世界级都市数字交通体系等战略部署，也必将引领广州市产业结构和就业结构不断优化升级，为推动实现更高质量就业提供更广阔的空间。

（一）加大惠企政策宣讲和落地力度，提振企业发展信心

一方面，要加大省、市"促进就业九条"等惠企新政宣传力度，加快印制重点用工企业就业政策服务宣传单，广泛组织惠企政策宣讲、提供咨询服务，向社会多角度、全方位解读"促进就业九条"措施新政；另一方面，要正确引导企业和劳动者知晓政策、运用政策，增强政策红利获得感和幸福感，帮助重点用工企业有效缓解燃眉之急，进一步稳定就业和促进充分就业。另外，要加大省、市"促进就业九条"等惠企政策服务力度，强化政企互动，落实服务台账、专员定期追踪回访等细化服务，为企业提供更贴心、精准的服务，增强企业对公共就业服务的获得感。

（二）深化公共就业服务供给侧改革，推动公共就业服务智能化建设

加大公共就业服务供给，提升公共就业服务效能是促进高质量就业的重要抓手。而信息网络化建设是新时代发展的必然要求，也是调研中企业对公共就业服务更高质量发展的主要诉求。当前，公共就业服务机构应适应市场变化，与时俱进，聚焦关键环节，深化供给侧改革，为"稳就业"保驾护

航。一是融入"互联网思维",深化公共就业服务供给侧改革。通过顶层设计、再造服务流程,创新人力资源服务移动 App、线上线下招聘、个性化定制人力资源服务,为供求双方提供均等化、普惠性、跟进式的"互联网 + 人力资源服务"的模式。二是加快推动公共就业服务智能化建设,广泛推行"互联网 + 公共就业"的服务模式,逐步建成服务大厅、自助终端服务一体机、网站、移动应用"四位一体"的公共就业服务综合平台,为用人单位和劳动者提供智能化服务。实现公共就业服务由"面对面"向"指尖服务"转变。三是加强人才队伍建设,构建学习型、专业型的专业服务人才队伍。

(三)重视产业转型中的结构性矛盾,促进劳动者素质与产业深度融合

要重视和把握产业转型发展中人才需求的新动向、新特点、新归类,做好劳动者的技能转型和提升工作,形成具有当地特色的人才培养策略,在人才培养和引进方面走在前列,为经济发展提供人才保障。以产业引领,促进劳动者素质和产业深度融合,构建和谐劳动关系。面向入穗异地务工人员相对集中的企业和顶岗实习学生数量较多的企业,提供系统、专业、规范的岗前教育培训指导,协助企业稳企稳岗,协助转型中的企业开展职工技能转型和技能提升工作,构建和谐劳动关系。

(四)加强就业形势监测,提高风险防范应对能力

首先,在研判未来就业形势时,要更多关注国际经济形势变化对省、市宏观经济的影响及对就业领域的影响,及早提出应对策略,警惕和防范外部经济不确定性导致的总需求不足所产生的周期性失业风险。其次,继续保持对广州市重要节点如春节前后返岗返乡人员情况的监测和务工人员流动性的关注,引导劳动力有序流动。再次,要强化人社数据与政务信息管理局、经贸等职能部门的数据共享,提高形势分析的科学性与权威性。最后,要加强人力资源市场供需运行情况分析,加强就业与劳动关系、社会保险等业务协

同，及时研判形势走势，做实做细应对预案，对务工人员大量失业、企业大量缺工、"招工难、就业难"结构性矛盾加剧等情形，分类施策，灵活运用加强用工调剂、省内外劳务协作和加强针对性技能培训等方式妥善应对，防范化解就业领域风险，维护社会稳定。

（五）加强信息发布和就业引导工作，提高市场配置效能

继续强化广州作为就业福地的市场信息发布和引导工作。首先，强化宣传广州各种服务保障异地务工人员的就业服务措施，正面宣传一批优秀用工企业典型，增强广州作为中国"南大门"的就业福地地位和就业吸引力，吸纳更多的务工人员入穗就业。其次，推进标准化、智慧化、便民化公共就业服务，通过完善网办服务、简化办事流程、提升公共就业服务信息化程度，打造"互联网＋公共就业服务"品牌，实现公共就业服务的智能化、高效化。最后，及时发布准确权威的市场供求信息，引导提升劳动者合理流动，提高供需配置效能。

B.8
2015～2019年来穗农民工生活满意度评价

褚珊珊*

摘　要：　2015～2019年，来穗农民工生活满意度水平连续五年显著提升，在业余生活、身体健康、工作、收入、居住、子女教育、生活现状等方面的满意度得分均有提高，本地身份认同感加强，定居意愿增强，但实现定居仍面临房价高、收入低、落户难等障碍。建议通过优化就业服务、加强技能培训、推进基本公共服务均等化、保障农民工合法权益等措施，促进农民工劳动技能提升、就业和生活状况改善，推动来穗农民工更好地融入城市生活。

关键词：　来穗农民工　生活满意度　定居意愿　本地身份认同

2019年5月，中共中央国务院印发的《关于建立健全城乡融合发展体制机制和政策体系的意见》指出，"提升城镇包容性，推动农民工特别是新生代农民工融入城市"。农民工对城市生活的满意度的高低，是衡量其是否融入城市的重要方面。2015～2019年，国家统计局广州调查队采用分层、多阶段随机抽样的方式，在越秀、天河、白云、黄埔、番禺、花都、南沙、增城8个区随机抽取450户农民工及其随迁家属进行问卷调查和走访，全面及时反映广州市农民工就业创业、劳动保障权益落实、基本公共服务均等化、城镇落户以及社会融合等方面的情况。调研结果显示，来穗农民工连续五年生活满意度提高，本地生活意愿和本地身份认同感增强，但定居仍面临三大障碍。

---

* 褚珊珊，国家统计局广州调查队居民收支处二级主任科员，研究方向为城乡居民收入、农民工监测、农民工市民化。

一 样本总体情况

根据国家统计局在《农民工市民化进程动态监测调查方案》中的界定，农民工为居住在城镇地域范围内，户口性质为农业户口（或者目前是非农户口或居民户口但2006年之前是农业户口）且户籍不在本街道（乡、镇）的外来人员。根据调查结果，本次调查的农民工样本主要有以下变化特征。

（一）平均年龄上升，受教育水平提高

新生代农民工①作为调查样本的主体，比重呈下降趋势（见图1）。2015～2019年，40岁及以下农民工占比由近七成下降到近六成，分别为68.4%、65.6%、63.3%、60.0%、62.9%；41～50岁农民工所占比例2015～2018年从13.6%增加到15.8%，但2019年降为13.3%；51岁及以上农民工占比连续增加，从7.1%、8.2%、10.7%增加到12.4%、12.7%。平均年龄从35.7岁上升到37.5岁，平均年龄上升明显。

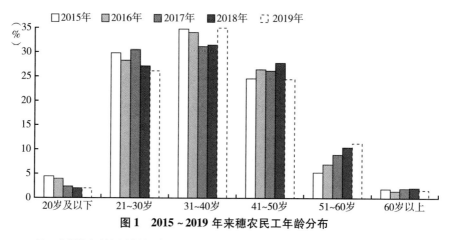

图1 2015～2019年来穗农民工年龄分布

注：本报告中所有图表均根据本次调研结果整理所得。

---

① 新生代农民工，是指20世纪80年代以后出生、年龄在16岁以上、在异地以非农就业为主的农业户籍人口。另因样本数量较少，研究结论仅限于所调查的450户农民工家庭，暂不能用于推论总体。

受教育水平的提高，使初中及以下学历占比由60.5%下降到47.6%；高中及以上文化程度所占比例到2019年超过五成。受职业教育发展影响，中等和高等职业教育学历的占比增长较快，由9.3%增加到18.0%；大学专科学历占比持续上升，由9.4%增加到12.9%；本科及以上学历由5.6%下降到3.3%（见表1）。

表1　2015～2019年来穗农民工学历占比情况

单位：%

		2015年	2016年	2017年	2018年	2019年
学历	初中及以下	60.5	60.9	58.3	51.5	47.6
	普通高中	15.2	16.2	18.7	22.2	18.2
	中等职业教育	6.9	8.4	7.8	11.1	12.7
	高等职业教育	2.4	1.6	2.0	1.6	5.3
	大学专科	9.4	9.8	9.6	10.0	12.9
	本科及以上	5.6	3.1	3.6	3.6	3.3

（二）男性农民工占六成，有配偶农民工占比减少

来穗农民工性别结构比较稳定，男性占比保持在六成左右，女性占比在四成左右。2015～2019年，有配偶农民工比例持续下降，分别为76.0%、74.0%、70.9%、72.0%、68.2%，未婚和离异比例均有所增加，其中未婚占比由22.2%上升到25.1%，离婚占比由1.6%上升到6.0%（见图2）。

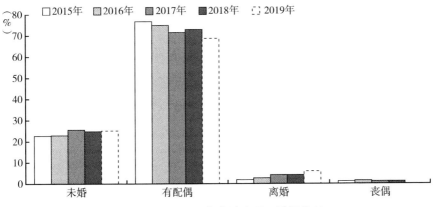

图2　2015～2019年来穗农民工婚姻状况

109

（三）外省农民工占七成，就业向第三产业转移

五年调查结果显示，来穗农民工来源较稳定，约七成来自外省。其中，湖南、广西、四川、江西、河南五省区作为来穗农民工主要来源地，其来穗农民工占外省流入农民工的七成左右。来自本省其他地市的农民工比例稳中有降，由30.0%下降到28.2%。

在就业方面，来穗农民工总体就业趋势由制造业、建筑业等第二产业向商业、服务业等第三产业转移。在行业分布中，制造业占比由44.5%下降到35.1%，建筑业占比由11.8%下降到7.3%，合计下降13.9个百分点；批发和零售业占比由7.3%上升到13.6%，租赁和商业服务业占比由4.7%上升到7.0%，合计上升8.6个百分点。在职业分布方面，生产制造有关人员占比由37.9%下降到29.3%，社会生产服务和生活服务人员占比由23.8%上升到34.8%。

（四）长期在本区城镇区域居住的农民工比例增加

在本区城镇区域居住五年以上的农民工已接近六成，比例分别为49.8%、50.2%、50.4%、56.7%、57.6%，呈逐年上升趋势；居住3~5年的比例由13.3%增加到14.2%；居住3年以内的比例呈减少趋势，比例由36.9%下降到28.1%（见表2）。持有居住证的比例由67.9%增加到87.2%。

表2 2015~2019年来穗农民工在本区城镇区域居住时间

单位：%

	2015年	2016年	2017年	2018年	2019年
1年以内	15.1	10.7	16.4	11.3	11.3
1~2年	11.6	14.0	9.8	9.8	9.1
2~3年	10.2	9.6	10.4	8.9	7.7
3~5年	13.3	15.6	12.9	13.3	14.2
5~10年	24.0	22.4	25.1	22.7	23.3
10年以上	25.8	27.8	25.3	34.0	34.3

二 指标体系构建及生活满意度分析

（一）指标体系构建及计算

生活满意度综合评价指标体系包含三个一级指标，其中生活满意度中二级指标划分为非常满意、比较满意、一般、不太满意、非常不满意五个等级；本地生活意愿中生活适应度划分为非常适应、比较适应、一般、不太适应、非常不适应五个等级；定居意愿划分为已经定居、有、不确定、说不清四个等级；身份认同划分为是、说不清、不是三个等级（见表3）。

表3 2015～2019年来穗农民工生活满意度评价指标体系

一级指标（A）	二级指标（B）
生活满意度（A1）	工作满意度（务工）（B1）
	收入满意度（务工）（B2）
	工作满意度（自营）（B3）
	收入满意度（自营）（B4）
	健康状况满意度（B5）
	业余生活满意度（B6）
	子女教育满意度（B7）
	居住条件满意度（B8）
	生活状况满意度（B9）
本地生活意愿（A2）	生活适应度（B10）
	定居意愿（B11）
本地身份认同（A3）	是否认为自己是本地人（B12）

对二级指标中的非常满意（非常适应）、比较满意（比较适应）、一般（一般）、不太满意（不太适应）、非常不满意（非常不适应）分别赋予100、80、60、40和20的分值，记为 P_i ，$P_i = i$，（$i = 1，2，\cdots，5$）。

（1）二级指标指数计算

$$S_n = \sum_{i=1}^{5} Y_{ni} P_{ni} / 5 \sum_{i=1}^{5} Y_{ni} \quad n = 1, 2, \cdots, 9$$

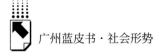

S_n 为第 n 个二级指标的满意度评价指数。

（2）一级指标指数计算

一级指标指数计算中生活满意度评价计算方法为：

$$Q_m = \sum_{n=1}^{q} \sum_{i=1}^{5} Y_{ni} P_{ni} / 5 \sum_{n=1}^{q} \sum_{i=1}^{5} Y_{ni} \qquad m = 1, 2, 3$$

Q_m 为第 m 个一级指标的满意度评价指数。q 为第 m 个一级指标下二级指标的个数。本地身份认同只有一个二级指标，结果与二级指标相同。

（二）来穗农民工生活满意度提高

来穗农民工生活满意度综合评价测算结果显示，2015～2019 年来穗农民工对广州生活满意度逐步提高，生活满意度得分总体上升，由 69.1 分提高到 72.4 分；本地生活意愿度逐年增强，由 62.6 分提高到 67.7 分；本地身份认同度总体上升，由 46.4 分提高到 48.1 分，中间略有波动（见表 4）。

表 4　2015～2019 年来穗农民工生活满意度评价分值

单位：分

指标	2015 年	2016 年	2017 年	2018 年	2019 年
生活满意度	69.1	69.7	73.1	73.5	72.4
业余生活满意度	86.0	90.6	94.3	95.8	94.9
健康状况满意度	77.6	79.6	80.0	81.1	—
子女教育满意度	71.4	71.9	74.0	73.5	73.8
务工工作满意度	69.8	68.3	72.6	72.6	73.6
居住条件满意度	66.9	68.7	71.6	72.8	72.7
生活现状满意度	65.8	66.7	70.5	72.2	71.7
务工收入满意度	64.2	63.6	66.8	69.1	67.8
自营工作满意度	62.6	61.8	65.7	65.6	63.9
自营收入满意度	57.7	56.3	62.2	58.7	60.6
本地生活意愿度	62.6	62.9	65.3	67.1	67.7
生活适应度	73.7	75.7	78.0	80.1	79.8
定居意愿度	51.5	50.0	52.6	54.1	55.6
本地身份认同度	46.4	45.3	48.2	46.6	48.1

注：2019 年因调查方案修订，健康状况满意度相关指标从调查方案中删除。

从生活满意度综合评价的构成指标来看，工作、收入、健康状况、业余生活、子女教育、居住条件和生活现状等指标的得分均呈上升趋势。其中，业余生活和健康状况满意度最高，业余生活满意度评价保持在86分以上，近三年更是提高到95分左右；健康状况满意度保持在77分以上；其次是子女教育、务工工作、居住条件和生活现状满意度，基本保持在65～75分；第三是务工收入、自营工作和自营收入满意度，一直在70分以下，尤其是自营收入满意度，一直在60分左右，分值偏低（见表4、图3）。

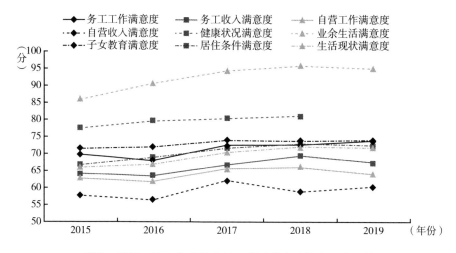

图3　2015～2019年来穗农民工生活满意度综合评价趋势

1. 业余生活和健康状况满意度较高

互联网和经济社会发展为人们的业余生活提供了丰富多彩的选择。2015～2019年，来穗农民工业余生活满意度评分普遍高于其他各项指标，并由86.0分提高到94.9分（见表4、图3）。

（1）业余生活满意度最高。首先，上网是来穗农民工业余时间的主要活动。随着智能手机和网络的普及，上网越来越方便。2015～2019年，来穗农民工业余时间选择上网的比例由18.5%逐年增加到22.0%，并在2016年超过看电视，成为业余生活的最主要活动。互联网普及和网络基础设施建设发展迅速，衣食住行、日常生活、文化娱乐等需求均可以通过网络实现，这对居民业余生活产生了深远影响。2018 年广州互联网宽带接入端口 1214.31 万个，同比增长 10.5%；移动互联网用户 3129.16 万户，同比增长 13.9%。[①] 网上消费行为和网上娱乐活动越来越多，上网成为业余活动首选。其次，选择朋友聚会和休息的比例较大。2015～2019 年，业余时间选择朋友聚会的比例在 15.1% 至 18.3% 之间浮动；选择休息的比例在 2015～2018 年由 13.5% 逐步下降到 11.1%，但在 2019 年回升到 14.3%。再次，业余时间看电视的比例由 19.8% 下降到 12.3%（见表 5）。与之相关，来穗农民工家庭中有电视机可以使用的比例由 2015 年的 61.9% 逐年下降到 2019 年的 45.8%；业余时间选择逛街购物的比例由 5.4% 增加到 8.6%；选择参加文娱体育活动、参加学习培训和读书看报等活动的比例较小，但整体呈增加趋势。

表 5　2015～2019 年来穗农民工业余时间主要活动的占比情况

单位：%

	2015 年	2016 年	2017 年	2018 年	2019 年
上网	18.5	19.2	20.9	20.9	22.0
朋友聚会	15.3	18.3	15.5	16.9	15.1
休息	13.5	12.7	12.5	11.1	14.3
看电视	19.8	16	14.8	19.0	12.3
做家务	10.8	8.7	9.4	7.1	9.9
逛街购物	5.4	7.0	7.6	7.7	8.6
照顾小孩	8.6	8.5	9.9	5.8	8.1
参加文娱体育活动	3.9	3.5	2.0	5.0	4.0
读书看报	1.5	3.3	2.8	2.7	3.5
参加学习培训	0.6	2.1	0.8	1.4	1.5
其他	2.1	0.7	3.8	2.4	0.7

　　来穗农民工工作条件较为艰苦，工作时间长、业余时间少，更需要上网、看电视、朋友聚会等休闲放松活动；受文化素质和经济条件限制，对学习培训、读书看报等自我提升活动的参与意愿不强，需求度不高；另外，广

---

① 广州市统计局、国家统计局广州调查队编《2019 广州统计年鉴》，中国统计出版社，2019。

州市积极探索实施"来穗人员服务周""来穗人员朗读者大赛""书法摄影比赛"等主题的服务项目，创造条件，鼓励来穗人员积极参与社会活动，丰富业余生活。总的来说，来穗农民工业余生活需要基本能够得到满足，满意度较高。

（2）身体状况满意度得分居第二。医疗卫生服务水平的提高为居民身体健康提供了保障，带动来穗农民工健康状况满意度由2015年的77.6分提高到2018年的81.1分（见表4）。近几年来，广州市提高公共卫生服务覆盖率，提升基层医疗服务水平。根据广州统计年鉴数据，2015～2018年，广州市各类医疗卫生机构由3724家增加到4598家，增长23.5%。其中，基层医疗卫生机构由3219家增加到4162家，增长29.3%；社区卫生服务中心（站）由315家增加到331家，增长5.1%；诊所、卫生所、医务室由1199家增加到1668家，增长39.1%。同时，推进异地就医直接结算取得显著成效，作为地方典型经验受到国务院通报表扬；推进移动支付实现全市覆盖，老百姓就医缴费更便捷。医疗卫生机构的增加和医疗服务的便捷使农民工就医更为方便。2015～2018年，农民工到社区医院就医的比例由24.1%增加到40.0%，到本地综合/专科医院就医的比例由6.9%增加到33.3%。

2. 子女教育、务工工作、居住条件、生活现状满意度居中等

（1）在子女教育方面，满意度评分保持在71分以上，总体呈上升趋势（见表4）。首先，政策保障扩大了随迁子女在本地接受教育的比例。2016年，广州市印发《广州市人民政府办公厅关于进一步做好来穗人员随迁子女接受义务教育工作的实施意见》（穗府办函〔2016〕174号），明确通过保障性入学和积分制入学的方式落实来穗人员随迁子女接受教育工作，进一步提高异地务工人员子女在公办学校接受义务教育的比例。2018年，全市共受理约3.81万名符合条件的来穗人员随迁子女申请义务教育学校起始年级学位，安排约2.87万名符合条件的随迁子女入读义务教育学校起始年级，占申请总人数的75%，超过既定目标15个百分点。同时，通过补助、补贴方式积极为来穗人员随迁子女减轻教育成本。首先，适龄儿童、少年不论

其户籍是否属广州市、是否符合保障性入学和积分制入学条件，均可自行报名入读义务教育民办学校。其次，来穗人员对广州基础教育水平较为满意。2019年调研显示，73.6%的随迁学生家长认为子女所在的学校师资非常好或比较好，26.4%的认为师资一般，不满意的比例为0%。第三，大部分随迁子女可就近上学，交通方便。2019年调研结果显示，59.8%的随迁子女上学路程时间在15分钟以内，35.6%的在15～30分钟，4.6%的需要30分钟以上。

（2）在务工工作方面，满意度评分由69.8分提高到73.6分（见表4）。随着社会法治化建设的完善和人民生活水平的提高，农民工法律维权意识越来越强，更注重用人单位的工作环境和福利待遇。农民工签订书面劳动合同的比例越来越高。2015～2019年，这一比例分别为64.8%、65.5%、76.7%、73.3%、76.8%；遇到拖欠工资的比例保持在0.6%～2.2%的较低水平；为吸引就业，部分企业提高了工资水平和福利待遇，农民工的生活补贴得到提高。其中，有免费工作餐或伙食补贴的比例保持在48.9%～55.9%；有免费住宿或住宿补贴的比例在35.6%～45.9%。权益保障、工作福利和环境的改善以及收入的增加使来穗农民工对务工工作更为满意。

（3）在居住条件方面，满意度评分由66.9分提高到72.7分（见表4）。近年来，农民工在住房性质、居住样式、居住面积、合住情况等方面均有所改善。一是农民工居住性质选择自由度较高。广州多层次住房供给体系逐步完善，梯度式私房租赁市场发达，有利于农民工根据自身条件和意愿选择合适的住房。2015～2019年，农民工租赁私房的比例由64.7%上升到70.4%；单位或雇主提供住房的比例由26.9%下降到21.8%（见表6）。二是居住单元房的比例增加，由2015年的44.4%上升到68.4%，居住工棚的比例则由5.6%下降到2.4%。三是居住面积总体稳定，独户居住增加。2015～2019年户均居住面积保持在32平方米左右，2018年最高达到35.2平方米。独户居住比例由81.6%提高到83.1%。四是政府稳妥面向来穗务工人员推出公租房。广州市本级公共租赁住房自2016年起面向两类来穗务工人员供应：一是来穗时间长、稳定就业的来穗务工人员；二是高技能人才或者获得荣誉称号的来穗务工人员。2018 年，推出 1021 套面向来穗务工人员的公共租赁住房，有 769 户获配公租房，2019 年计划推出 420 套来穗务工人员公共租赁住房。

表6　2015～2019 年来穗农民工住房性质占比情况

单位：%

	2015 年	2016 年	2017 年	2018 年	2019 年
租赁私房	64.7	68.0	67.3	71.1	70.4
单位/雇主提供住房	26.9	24.7	23.6	21.6	21.8
租赁公租房或廉租房	2.6	3.3	4.0	3.5	2.9
自购商品房	3.8	2.7	3.8	1.8	3.8
自购保障性住房	0.0	0.0	0.2	0.2	0.0
其他	2.0	1.3	1.1	1.8	1.1

（4）在生活现状方面，来穗农民工对目前在广州的生活越来越满意，满意度评分由 2015 年的 65.8 分提高到 2019 年的 71.7 分。自 2016 年印发实施《广州市来穗人员融合行动计划（2016～2020 年）》以来，广州市采取各项措施促进来穗人员在政治、经济、文化、生活等各方面全方位融入广州。一是完善政策法规体系，为来穗人员生活提供政策制度保障。包括来穗人员服务管理体制机制、基本原则思路、积分制服务、房屋租赁、慈善医疗和救助办法等，具有广州特色的来穗人员公共服务政策体系进一步完善。二是为来穗人员精准提供基本公共服务。逐步建立健全"以居住证为载体、以积分制为办法"的基本公共服务提供体系。2019 年度广州市积分制入户指标在原计划基础上又增加了 1000 个，总量达到 8000 个。来穗人员凭积分可以享受入户、随迁子女教育、公租房等基本公共服务。三是深入推进来穗人员融合行动计划。广州市开展了一系列关爱来穗人员主题活动：通过融合试点创建，引导来穗人员参加社区治理，设立完善"春风行动""冬日暖阳""关爱小候鸟""圆梦计划""来穗人员融合大学堂""融合服务周"等融合服务项目促进来穗务工人员更好地融入本地生活。这一系列措施提高了广州的温度和亲和力，使来穗农民工更有归属感、幸福感、获得感，生活满意度得到全面提升。

3. 自营收入、自营工作、务工收入满意度较低

在满意度评价指标中，自营农民工对收入和工作的满意度最低，评分为61～66分。对工作不满意的主要原因是收入低，工作时间长、强度大。自营农民工经营项目80%以上是投资额10万元以下1～2人参与的家庭作坊，投资来源90%以上为自筹。经营规模较小，抵御风险能力较差。在收入方面，2015～2019年，自营农民工平均月收入增长了25.3%，分别为4949元、5509元、5395元、7231元、6201元，但年均增长率仅为5.8%（见图4），远低于广州农村居民人均可支配收入10.2%的年均增长率（2015～2018年）。在工作时长方面，2019年自营农民工平均每周工作6天，每天工作9.3个小时，工作时间长，工作压力比较大。

工资性就业农民工（简称雇员农民工）收入满意度高于自营农民工，得分在64～70分。2015～2019年，雇员农民工平均每月现金收入由3759元增加到5013元，增长33.4%，年均增长7.5%（见图4）。与自营农民工相比，收入绝对值低但增长率高。2019年，雇员农民工平均每周工作5.8天，每天工作8.7个小时，工作压力略小于自营农民工。

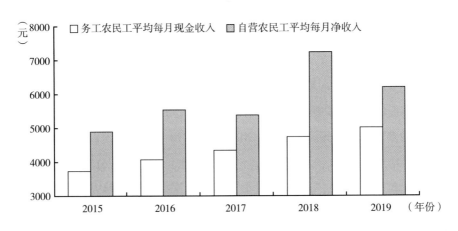

图4　2015～2019年来穗务工农民工及自营农民工收入情况

受教育水平和职业技能的不足限制了农民工的职业发展和就业竞争力，使他们只能选择条件和待遇较差的工作岗位。2019年调研结果显示，来穗

农民工83.8%的为高职以下学历，其中47.6%的为初中及以下学历，受教育水平整体较低；83.1%的农民工无任何职业资格证书或技术等级证书；只有23.6%的农民工接受过就业训练，80%以上的务工农民工没有接受过职业介绍、职业指导、社区就业岗位开发及其他公共就业服务，90%以上的自营农民工没有接受过公共创业服务。长时间高强度的工作、学习意识淡薄、公共就业创业服务参与少等使农民工无法利用业余时间参加学习培训活动，阻碍了其个人素质和职业技能的提升，成为生活和收入水平提高的主要障碍。

总体来说，广州公共服务水平的提升，法治、社会保障体系的完善为来穗农民工生活水平的提高提供了有力支持，使其对业余生活、身体状况、子女教育、居住条件、工作、收入等各方面的满意度均有所提高。但农民工较低的受教育水平和技能水平，限制了其就业的选择和收入的增加，导致其就业和收入方面的满意度虽有提高但仍处于较低水平。

（三）来穗农民工身份认同感提升，定居意愿增强

与生活满意度提升对应，来穗农民工对本地生活越来越适应，身份认同感和定居意愿增强。2015～2019年，来穗农民工对本地生活适应度评分由73.7分提高到79.8分。对本地生活表示非常适应和比较适应的比例由66.2%逐年上升，2019年达到85.6%；定居意愿评分由51.5分提高到55.6分。已定居和有定居意愿的比例由36.2%增加到44.2%，没有定居意愿的比例由36.2%下降到29.3%；认同自己是本地人的比例由10.9%增加到16.2%（见表4）。

近年来，广州在推进基本公共服务均等化方面出台多项政策，在保证资源平衡的同时，使农民工在政策上享受更多的权利。2018年，出台了《广州市来穗人员积分制服务管理规定（试行）》《关于进一步加强外来人口服务管理工作的意见》。作为对《广州市来穗人员融合行动计划（2016～2020年）》的补充和完善，2019年出台了《关于进一步完善来穗人员融合行动计划的通知》。此外，还有《广州市房屋租赁管理规定》《广州市慈善医疗和应急救助实施办法》等各部门相关配套政策，进一步完善了具有广州特色的来穗人员公共服务政策体系，使来穗人员享受基本公共服务有了政策支撑

和制度保障。另外，通过推进公共服务发展，提升网格化服务水平，开展融合服务和关爱来穗务工人员活动，组建来穗人员志愿者服务队等为来穗务工人员提供更好的服务，促进来穗务工人员更好地融入城市，适应城市生活，更公平地享有城市基本公共服务。

三　来穗农民工实现定居意愿面临三大障碍

虽然满意度提升，适应性增强，定居意愿和身份认同感增强，但是来穗农民工实现定居仍有障碍。通过 SPSS 多重响应分析，住房贵、收入低、户口进不来是来穗农民工定居的三大障碍（见表7）。

表7　2015～2019 年来穗农民工在城市定居的主要障碍

单位：%

在城镇定居的主要障碍	2015 年	2016 年	2017 年	2018 年	2019 年
住房贵	28.8	32.4	32.8	36.1	36.3
收入低	29.1	27.2	27.4	28.9	29.8
户口进不来	12.6	13.3	13.2	13.8	12.3
子女入学升学难	10.0	9.4	10.8	8.0	7.8
老人无法照料	7.4	7.8	7.1	6.1	7.6
没有归属感,难以融入城市生活	3.4	2.9	2.1	1.7	1.9
没有障碍	2.5	1.4	1.6	1.7	1.7
不能均等享受社会保障	2.8	2.7	2.8	2.2	1.3
不适应城市生活方式	2.7	1.3	1.5	0.9	0.9
老家承包地、宅基地不好处理	0.7	1.6	0.8	0.6	0.3

（一）住房贵成为来穗农民工定居的首要障碍

认为住房贵是定居主要障碍的比例由 28.8% 增加到 36.3%。来穗农民工打算购买商品房的比例逐年增加，2015～2019 年打算购买商品房的农民工由 49.7% 增加到 66.0%。但过高的房价使购房打算较难实现。2015～2019 年，来穗农民工实际自购商品房的比例只有 1.8%～3.8%。通过租房解决居住问题的比例保持在 20% 左右。虽然自 2016 年以来，广州市每年向来穗人员提供千套左右公租房，但是对相对庞大的需求来说只是杯水车薪。打算购买保障性住房或申请公租房（廉租房）的比例由14.1%下降到8.5%（见表8）。

表8　2015～2019年来穗农民工解决居住问题措施

单位：%

		2015年	2016年	2017年	2018年	2019年
打算如何解决居住问题	购买商品房	49.7	60.8	61.0	63.0	66.0
	自己租房	20.2	18.2	23.5	22.4	19.0
	其他	16.0	7.7	7.0	3.1	6.5
	购买保障性住房	9.8	4.2	5.3	7.3	5.5
	申请廉租房或公租房	4.3	9.1	3.2	4.2	3.0

（二）收入低是来穗农民工定居的第二障碍

29.8%的来穗农民工认为收入低是定居的主要障碍。结合物价水平增幅计算，2018年城镇居民基本生活成本为27616元。2018年广州工资性就业农民工（不包含家人）人均现金收入为29209元，勉强支付城镇居民基本生活成本。另外还需要负担家庭成员生活的费用等，一旦收入降低将无法负担基本的生活费用。另外，如前文所述，农民工整体受教育水平和技能水平较低，在劳动力市场上竞争力不足，较难实现收入长期稳定增长的预期。

（三）户口无法进入是来穗农民工定居的第三障碍

12.3%的来穗农民工认为户口进不来是其定居广州的主要障碍。95%以上的来穗农民工户口登记地在外省和本省其他地市。一方面，2016～2019年，农民工愿意转为本地城镇户口的比例由20.2%增加到23.1%，但是农民工因在学历、技能、工作岗位等方面存在差距，所以较难满足积分入户加分的条件；另一方面，有六成以上的农民工不愿意和不确定是否将户口迁到城镇（见表9），主要原因是目前户口仍与相关权益绑定：2019年，来穗农民工中有58.2%的拥有农村承包地，83.3%的有农村宅基地，32.4%的有农村集体收益分配权。在城市相关权益无法保障的情况下，更多农民工倾向于保留农村户口。

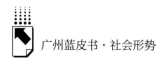

表9　2016～2019年来穗农民工城镇落户意愿

单位：%

	2016年	2017年	2018年	2019年
已在城镇落户	0.7	2.7	2.2	3.8
愿意转为本地城镇户口	20.2	25.3	23.8	23.1
愿意转为老家县城的城镇户口	7.1	7.8	7.1	8.2
愿意转为其他地方的城镇户口	0.9	1.3	0.7	1.3
不确定	31.8	28.0	28.7	28.9
没有意愿	39.3	34.9	37.6	34.7

生活满意度提升、适应性增强、定居意愿增强使较多农民工愿意留在城市，2015～2019年，65%以上的农民工打算在现居住城镇定居。但是城市定居障碍叠加子女就学、照顾老人的需求等现实因素，使打算在现居住城镇落户的来穗农民工比例由72.4%下降到67.5%，返回老家城镇定居的比例则由23.9%增加到31.0%（见表10）。

表10　2016～2019年来穗农民工定居计划

单位：%

		2015年	2016年	2017年	2018年	2019年
计划定居地	现居住城镇	72.4	65.0	73.3	66.7	67.5
	老家城镇	23.9	28.7	23.5	29.2	31.0
	其他地方	3.7	6.3	3.2	4.2	1.5

四　对策建议

（一）加强公共就业服务和职业技能培训，提升来穗农民工技能水平

一是推进公共就业创业服务向基层延伸。积极引导、鼓励农民工就业于较为密集的工厂企业和农民工居住较为集中的街道、社区居委等基层单位，

及时向农民工提供免费的政策咨询、求职登记、职业介绍与就业指导等系列服务。二是针对农民工特性，建立健全公共就业服务平台，促进"互联网＋公共就业"的服务形式转变，实现公共就业服务网络化，做到信息全面、规则透明、劳资对称，提升公共就业服务质量。三是完善政府、工会、企业协作机制，提升农民工工作技能。政企合作，构建各类劳动力技能培训普惠制度，推进农民工技能提升和储备计划，实施技工教育倍增计划；开发适应当前广州市产业调整升级的职业培训标准，注重开发适应流动人口劳动力、高技能人才培养和技工教育的远程培训课件。引入职业教育培训机构协同开展培训，推动培训项目与市场需求相对接、与岗位需求相对接、与生产实际相对接。

（二）围绕民生热点，继续推进来穗人员基本公共服务均等化

一是不断优化来穗人员积分制公共服务提供机制，简化办事流程。做好来穗人员廉租房、公租房、保障房承租等工作，继续将来穗时间长、稳定就业的来穗务工人员、高技能人才或者获得荣誉称号的来穗务工人员纳入公租房保障范围，放宽社保缴纳年限等条件限制，逐步增加市本级公共租赁住房可供应房源，按一定比例向来穗务工人员分配公共租赁住房。二是进一步整合各方资源，拓展来穗人员公共服务内涵，提升公共服务质量水平，扩大公共服务惠及面。加强农民工综合服务体系建设，为农民工提供就业、维权、婚姻、生育、教育等多方面服务。三是优化全市区域的基本公共服务资源，着力完善城中村、城郊接合部、工业区等区域的公共服务设施，全面提升各区域的人口承载力和人口吸引力，通过完善的公共服务、优惠政策照顾、引导流动人口向人口承载潜力大的区域分流，实现区域协调发展，以缓解市区、城镇区流动人口总量大、管理难度大的压力。

（三）落实最低工资标准制度，保障农民工合法权益

结合广州市经济发展和物价水平，完善并严格执行最低工资标准制度，促进农民工工资合理增长，让农民工充分享受到经济社会发展的成果。在保

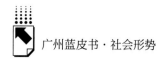

障农民工合法权益的基础上，各级部门加大监管力度，在劳动合同签订、社会保险购买、规范工时制度、落实休息休假权益等方面，进一步保障农民工的合法权益，改善农民工工作条件。

（四）积极组织各类社会活动，引导农民工更好融入城市生活

一方面，针对农民工最关心、最直接、最现实的融合需求，科学设立融合目录，通过政府购买服务等方式发挥社会组织作用，为来穗农民工提供专业化、精准化、品质化融合服务。推动企业、社会团体以及农民工聚集度较高的社区居委会更积极地举办文化、生活交流活动，利用小区空地、邻近公园或城市广场等开展文体活动，丰富农民工业余生活，进一步提高其归属感和本地身份认同度。另一方面，建设促进农民工社会融入的社区综合服务中心，提供职业技能培训服务、就业服务、法律援助服务、随迁子女就学经办服务、居住证等公共证件办理服务咨询等，进一步提高农民工对相关政策的知晓度。

B.9
广州公派留学菁英计划九年成果分析

广州留学人员服务中心课题组*

摘　要： 菁英计划留学资助项目是全国首个地方性公派留学项目，着重为广州市经济社会发展自主培养一批具有国际水平的高层次青年人才。该计划实施九年以来，取得了丰硕成果。本调研通过分析菁英计划项目实施的主要举措及成效、存在的问题及障碍，对比研究同类型公派留学政策，从创新人才选拔、人才评价、人才激励、人才服务体制机制等方面提出建议，进一步优化菁英计划留学资助项目。

关键词： 菁英计划　公派留学　广州

人才是实现民族振兴、赢得国际竞争主动的战略资源。2011 年，为贯彻落实"科教兴市"和"人才强市"战略，广州设立全国首个地方性公派留学项目——菁英计划留学资助项目（以下简称"菁英计划"），瞄准广州经济、社会发展的重点领域，选派优秀学生到公认的教育、科技发达国家和地区一流高校，学习相关专业，师从在国际学术界有较大影响力的导师攻读博士学位或进行联合培养。通过跟踪管理，培养各领域的拔尖人才，使广州在未来城市发展的激烈竞争中获得先发优势。

---

* 课题组组长：汪宏飞，广州留学人员服务中心主任。课题组成员：郭宁，广州留学人员服务中心项目部部长；朱梅，广州留学人员服务中心项目部八级职员；陈哲羽，广州留学人员服务中心项目部主管。

实施至今，菁英计划取得了突出成绩，为广州培育了一批批优秀的国际青年人才，他们在各行业领域发挥着中坚骨干作用。当前，加快建设粤港澳大湾区国际科技创新中心，将为广州在更高水平参与国际科技合作和竞争、抢占全球创新高地提供空前机遇。粤港澳科技创新合作需要国际高端创新机构、创新人才和各类创新要素的高度集聚，广州比历史上任何时期都更加渴求人才，尤其是具有国际视野、能力卓著的留学人员。

菁英计划实施九周年成果调研，既是对政策实施情况的一次回顾评估，也是直面未来的一次前行指引。为此，在广州市"菁英计划"留学项目领导小组办公室和广州留学人员服务中心（以下简称"留服中心"）的指导下，课题组主要采取了统计调查、问卷调查、集中座谈、实地考察及文献研究等方法展开本次调研工作。其中，面向菁英学员、派出单位开展问卷调查，共回收260份有效问卷；邀请20名回穗服务的菁英学员举办座谈会；赴北京、天津和西安等重点城市考察，比较分析国内其他城市同类型公派留学的相关政策与经验做法，系统梳理调研成果，形成本报告。

一 主要举措及成效

2011年实施至今，菁英计划资助了317名菁英学员，基本符合项目预期，已成为广州培养国际青年人才的重要抓手，成为广州与海内外高校、科研机构、企业加深合作的重要渠道。

（一）主要举措

1. 目标定位清晰，不断优化政策设计

顺应和满足广州市人才发展形势与产业结构的实际需求，及时调整与优化政策，着力打造"走向全球、享誉全国"的独具品牌特色的地方性公派留学项目，培养一批具备国际视野的"高精尖缺"青年英才，服务于广州

市实现"广聚英才"、打造国家创新中心城市和国际科技产业创新中心的建设目标。

一是聚焦青年人才。培养对象侧重于高校在校生、广州地区企事业单位在职人员,在校生年龄原则上不超过35周岁,在职人员年龄不超过40周岁,主要是为广州培养青年后备人才。

二是聚焦"高精尖缺"人才。培养对象主要是国家"985工程"高校及港澳台地区名列全球前200名高校的在校生;培养专业方向聚焦广州重点产业领域;选派就读的海外高校和学习的学科领域集中在学科前沿、科研实力突出、师资一流的全球前150名的国际知名高校或排名前50名的学科领域。

三是突出自主培养。针对广州市经济社会发展的重点领域实际所需"下单",发动各大高校、科研院所、企事业单位按需"接单",使人才培养实现"量身定做",形成了"自主遴选、自主培养、为我所用"的订单式人才培养模式。培养方式包括意向培养、定向培养两种,即赴国外攻读博士学位研究生或联合培养博士研究生,培养周期较长,分别为36~60个月和12~24个月。

2. 完善支持体系,优化资助资金结构

截至2018年,广州市财政针对菁英计划累计投入约10967.937万元,人均投入约40.6万元,其中资助经费支出占总投入的95.78%。一是完善资金资助方式。由最初市财政和用人单位共同承担(定向培养留学人员的资助由市财政承担60%,用人单位承担40%),调整为由市财政全额承担定向培养人才的资助经费,进一步降低了用人单位的培养成本,提升了用人单位参与菁英计划培养人才的主动性、积极性。二是优化资助资金结构。资助内容由最初的生活费、差旅费、签证费、学费,调整为只对菁英人才的生活费、差旅费进行资助,即1次往返国际旅费、每月1.3万元的生活补贴。

3. 加大宣传力度,创新政策传播方式

一是扩大宣传范围。每年重点面向高校、科研院所、市属企事业单位开展专场宣讲。在北京、上海、重庆、成都、长沙、武汉、杭州等知名高校集中的城市进行巡回宣传推广，宣传周期从短期（2~5天）集中宣讲延长至2个月，宣传力度逐年加大，政策的知晓度、美誉度日趋增强。二是宣传方式多样化。利用大众网络、广播、电视报纸等媒体资源，进行重点推介报道；与高校、企事业单位联合举办项目宣讲会、招才引智洽谈会等活动。据调查，85.71%的菁英人才通过学校或所在单位获知菁英计划，39.46%的菁英人才通过"导师、同学、朋友、同事介绍"获知（见图1）。

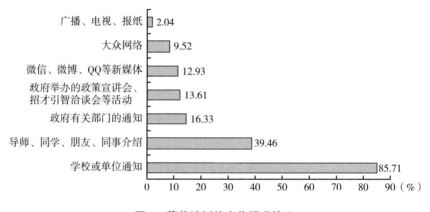

图1 菁英计划的宣传渠道情况

4. 健全服务体系，大力提升服务水平

留服中心在项目的选拔、评审、公示及学生在国内外的一系列服务管理方面开展了大量工作，力争为菁英人才提供全链条、精准化、一对一的精细化服务。一是形成了全链条留学服务体系。项目申报前，为菁英人才提供项目申报、评审、答辩等相关事宜的全过程咨询；申报成功后，协助其办理留学协议签订、户口档案挂靠、购买出行机票，组织参与行前培训等。在国外留学期间，通过QQ、微信和邮件等渠道，由专职人员与人才保持24小时即时沟通，及时为其解决海外留学生活中遇到的各种困难。据调查，51.02%的菁英人才表示，全面化管理服务使其在异国他乡深切地感受到祖国的温暖（见图2）。按期回穗后，协助菁英人才回定向培养单位或推荐意向就业，并为意向创业者提供创业辅导、创业政策咨询、融资服务、法律咨询等，或推荐参与教育部留学人员创新创业大赛、广东省"众创杯"创新创业大赛。

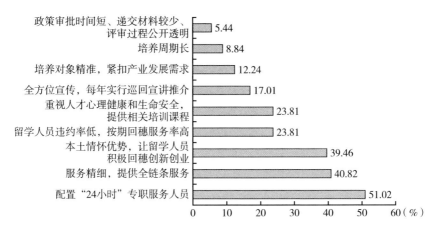

图2　菁英计划的调查反馈情况

二是搭建常态化的沟通交流平台。针对学成回国的菁英人才，精心策划不同类型的"菁英荟"系列活动，活动内容覆盖就业创业辅导、学术研讨交流、联谊互动等，如2017年"互联网+共享经济"下运营管理国际研讨会、中瑞蝴蝶多样性与进化研讨会、菁英学子花都行、菁英学子南沙行、"菁英学子"走进广药集团、青年专家职业提升发展规划分享会等等，从学习、工作及生活等多方面满足菁英人才不同时期不同的需求，让人才安心在广州扎根发展。为进一步服务在穗菁英人才，2017年挂牌成立了广州市菁英计划留学人员回国服务联谊会，由优秀人才担任理事和监事，为会员提供就业推荐、创业指导、项目合作、人才交流等服务，建立常态化的联系沟通机制。

（二）取得成效

1. 突出国际视野，壮大菁英人才队伍

2011年实施至今，菁英计划资助了317名菁英学员（含定向培养学员10人），其中"联合培养博士研究生"178人，"攻读博士学位研究生"139 人。

一是性别分布比较平衡。男女所占比例分别是 55.19%、44.81%。

二是总体偏年轻。主要集中在 26~35 岁这个年龄段，其中，26~30 岁的菁英学员占比最高，达 46.30%，其次是 31~35 岁，占比 43.33%（见图 3）。

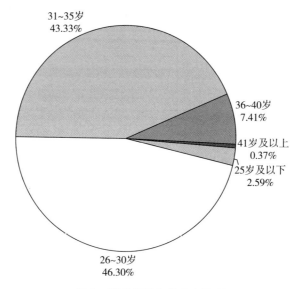

图 3 菁英学员年龄分布情况

三是留学国家集中在欧美。菁英学员主要赴美国、英国、德国、荷兰、澳大利亚、加拿大等国家留学（见图 4），覆盖哈佛大学、牛津大学、剑桥大学、帝国理工学院、苏黎世联邦理工学院等世界排名前 100 位的国际知名大学。

四是留学专业以工学、医学和理学为主。留学专业以工学（计算机应用技术、精细化工、人工智能、半导体器件与材料等）、医学（临床医学、基础医学、神经外科等）和理学（数学、化学等）为主（见图 5），这与广州近年来致力于培养一批符合 IAB + NEM 产业发展，服务于战略新兴产业、先进制造业的优秀人才密切相关。

五是派出单位主要为高校、医疗卫生机构等。菁英学员留学前主要集中在具有博士学位授权点的高校，占比 95.19%。返穗后，仍是超过一半的人

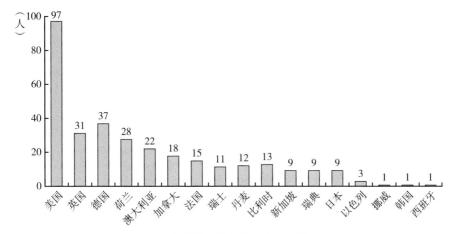

图 4　菁英学员的留学国家分布情况

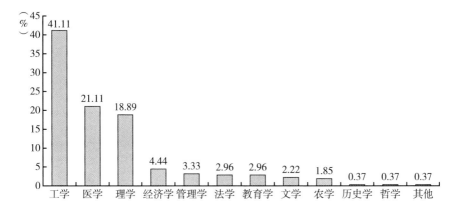

图 5　菁英学员留学专业分布情况

选择留在高校就业，在企业和医疗卫生机构就业的占比均为18%，而在科研院所就业的菁英学员仅占5%（见图6）。

2. 精准服务需求，形成合作共赢局面

立足于广州经济建设急需和紧缺的人才，菁英计划每年瞄准先进制造业、现代服务业和战略性新兴产业等重点领域培养一批优秀青年人才，为广州在未来发展和竞争中获得先发优势。

一是增强了人才与现代经济体系匹配度。据统计，项目实施至今，已

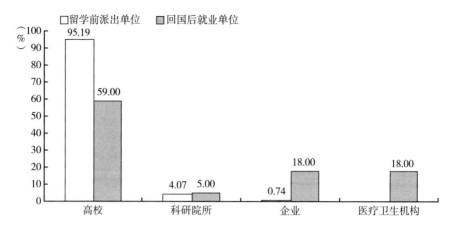

图6 菁英学员的留学前派出单位和回国后就业单位分布情况

持续为广州输送覆盖 IAB 和 NEM 重点领域的 153 名优秀青年人才。其中,新一代信息技术、人工智能领域占比 11.85%,生物医药领域占比 38.52%,新能源、新材料领域占比 32.22%,经管社科领域占比 17.41%(见图7)。

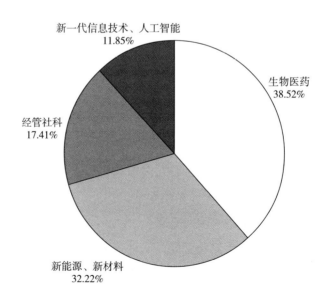

图7 菁英学员的专业领域分布情况

二是用人单位对菁英学员的满意度较高。截至 2019 年 6 月，学成返穗人员已有 153 人，其中 100 人分别在高校（59 人）、医院（18 人）、科研院所（5 人）和企业（18 人）就业，9 人创业。返穗菁英学员的就业、创业情况较好，根据近年来年度考核反馈表内容总结以及座谈和访谈所了解的情况，回国学员个人和用人单位普遍双向满意，据问卷调查，78.46% 的用人单位表示菁英计划优化了单位的人才队伍结构，各有 60.77% 的用人单位表示菁英计划提高了单位整体的科研和学术研究水平，增强了与政府部门的合作关系。菁英计划为企事业单位发展提供人才储备，降低了用人成本和风险，起到了"人才蓄水池"的作用。

二　存在的主要问题及障碍

菁英计划实施九年以来，取得了丰硕成果。但对标广州市打造人才高地工作实践要求，对标粤港澳大湾区建设要求，仍有需要进一步完善的地方。具体体现在以下几方面。

（一）政策资助范围有待进一步扩大

培养人数有待增加，九年时间平均每年资助约 35 人。培养方式相对单一，针对企业在职人员特点的培养方式相对欠缺，资助对象主要为高校在校生。学成回穗人员深入企业一线的较少，政策设计需进一步契合产业发展需求。

（二）培养激励机制有待进一步健全

成长性激励机制仍有待建立，尤其是针对在资助期或履约期间取得的重大科技成果或荣誉，缺少物质或精神奖励。长效培养机制需要进一步强化，对于技术前景好的菁英人才科研项目，缺乏持续性的跟踪扶持。

（三）服务保障机制有待进一步完善

服务侧重前端，中后端服务仍有待进一步强化，缺乏抓手来开展海外人

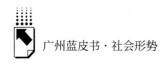

才服务。此外，相关组织管理与服务部门缺乏更加有力的服务抓手，对社会化、市场化人才服务力量的撬动作用不足，尚未形成资源整合优势和有机服务网络。

三 同类型公派留学政策对比研究

目前，从国家层面来说，已出台了《国家公派出国留学研究生管理规定（试行）》《"香江学者计划"实施细则（暂行）》等专项公派留学政策，对中专以上（含中专）学历的优秀人才进行选派培养。从地方层面来说，山东、云南、山西、广州等地方除了深入贯彻实施国家公派留学政策，纷纷出台了地方性公派留学专项政策，支持更多的本地优秀青年人才赴海外培养进修，助力地方经济社会发展、实现人才强省（市）战略目标。

课题组从政策设计、政策管理方面深入对比国家和地方公派留学政策之间的差异，为下一步优化菁英计划提供借鉴。

（一）政策设计

1. 政策覆盖面

国家公派留学政策的覆盖面最广，设置国家建设高水平大学、艺术类人才特别培养项目、乡村振兴人才培养专项、国际组织人才培养项目等10个留学项目，涵盖了高级研究学者、访问学者、博士后、赴国外攻读博士学位研究生、联合培养博士生、赴国外攻读硕士学位研究生、联合培养硕士生和本科生等优秀青年人才。另设"香江学者计划"品牌项目，支持获得博士学位的优秀年轻科研人员赴香港开展博士后研究工作，推动内地与香港人才交流建设。云南、山东、广东等地主要针对高级研究学者、访问学者、博士等高层次人才开展留学项目，具体如表1所示。

表1 各类公派留学政策的覆盖面情况

地区	留学项目名称	资助对象
国家	国家公派高级研究学者、访问学者、博士后项目，国家建设高水平大学公派研究生项目，优秀本科生国际交流项目，高校合作项目（青年骨干教师出国研修项目），地方和行业部门合作项目，国际组织人才培养项目，国际区域问题研究及外语高层次人才培养项目和政府互换奖学金项目，艺术类人才特别培养项目，乡村振兴人才培养专项，国外合作项目	高级研究学者、访问学者、博士后、赴国外攻读博士学位研究生、联合培养博士生、赴国外攻读硕士学位研究生、联合培养硕士生、赴国外攻读学士学位本科生和本科插班生
	香江学者计划	博士后
云南省	"双一流"学科建设成组派出出国留学项目、高级翻译官出国研修项目（英语）、"一带一路"建设出国留学项目、南亚东南亚辐射中心建设项目	高级研究学者、访问学者
山东省	教育系统省政府公派出国留学项目和"省校联合培养计划"、非教育系统政府公派出国留学项目	博士后、访问学者（高级科研人才、高级医疗卫生人才、高级技能名师）、高层次人才（企业高级管理人才、政府高级管理人才、高级财经人才）
山西省	全额资助；与行业或高校合作资助："科研团队"合作项目、"1331 工程"合作项目、"青培计划"合作项目、"天使计划"合作项目、"职业教育骨干教师能力提升"合作项目、"英语教师能力提升"合作项目、"联合培养博士研究生"合作项目	高级研究学者、访问学者、联合培养博士生
广州市	菁英计划	赴国外攻读博士学位研究生、联合培养博士生

2. 政策申请条件

针对同类申请对象，云南省、山东省、山西省、广州市的申请条件和国家设置的申请标准总体上保持一致，如高级研究学者的年龄均不超过55周岁，且教学科研人员应为教授或博士生导师；联合培养博士生的年龄不超过35周岁，且为在读博士研究生。

不同之处表现在两方面。（1）访问学者。山东省针对教育系统和非教育系统的公派访问学者，设立两套与国家不一样的申请标准，其中，教育系统内的要求硕士及以上学历,非教育系统的则对学历无具体要求,只对外语水平有限制。山西省对访问学者总体年龄要求是不超过 50 周岁,但各个细分项目的要求有所不同,如"青培计划"合作项目要求年龄不超过 40 周岁,"天使计划"合作项目护士申请时年龄不超过 40 周岁。(2)博士研究生。广州对"赴国外攻读博士学位研究生"申请者的年龄进行了分类限制,在读学生的年龄不超过 35 周岁,在职人员不超过 40 周岁,门槛较国家(不超过 35 周岁)更低;在学历要求方面,国家的范围更加广泛,除了具备学士或硕士学位,在读博士一年级学生也可申请,而广州市的不包括在内。

3. 政策资助

(1)资助内容。国家和地方公派留学政策的资金使用范围主要包括往返国际旅费、生活费、医疗保险等。此外,国家针对部分特殊人群,可额外提供学费资助。(2)资助力度。国家资助额度不超过 55 万元,由国家财政拨付,出国前预拨付 3~6 个月的资助,其后委托驻外使馆定期每 3 个月拨付一次。而"香江学者计划"由港方和内地方各资助 30 万元港币(人民币),按月发放;云南省财政和派出单位均承担不同额度的培养经费,委托派出单位在留学人员出国前一次性拨付;山东省的培养经费支出方式与云南省一致,其中省财政最高资助 12 万元,派出单位最低资助 3 万元;山西省分全额资助、与行业或高校合作资助两种,其中合作资助一般按照省筹资金与推选单位 1:3 的比例资助;广州则由市财政支出,最高拨付 78.8 万元,每半年拨付一次,相比而言,资助力度最大(见表 2)。

表 2 各类公派留学政策的资助情况

地区	项目名称	资助金额	资助内容
国家	国家公派留学项目	根据留学的国家,分一类和二类国家资助,其中一类国家(包括美国、加拿大、澳大利亚、英国、瑞士等)资助 5 万~55 万元;二类国家(包括俄罗斯、乌克兰、波兰等)资助 4 万~40 万元。由驻外使馆每三个月拨付一次	出国和回国的国际旅费;奖学金(伙食费、住宿费、注册费、交通费、电话费、书籍资料费、医疗保险费、交际费、一次性安置费、零用费和学术活动补助费等);对部分人员可提供学费资助;其他有关费用

续表

地区	项目名称	资助金额	资助内容
国家	香江学者计划	(一)港方按月支付"计划"获资助人员的经费,每人30万元港币。 (二)内地支付"计划"获资助人员的经费,每人30万元人民币,内地派出单位按月转拨给获选人员	生活开支、住房补助、医疗保险、科研补助及往返旅费
云南省	"双一流"学科建设成组派出出国留学项目	省教育厅按照教育部和国家留学基金委员会的规定,委托派出单位在留学人员出国前一次性拨付	往返国际旅费、国外生活费(含医疗保险)
	高级翻译官出国研修项目(英语)	省教育厅与派员单位按6:4配套比例共同承担。按照教育部和国家留学基金委员会的规定,委托派出单位在留学人员出国前一次性拨付	往返国际旅费、学费、生活费、食宿费等
	"一带一路"建设出国留学项目	省教育厅按照教育部和国家留学基金委员会的规定,委托派出单位在留学人员出国前一次性拨付	往返国际旅费、国外生活费(含医疗保险)
	南亚东南亚辐射中心建设项目	省教育厅按照教育部和国家留学基金委员会的规定,委托派出单位在留学人员出国前一次性拨付	往返国际旅费、国外生活费(含医疗保险)
山东省	教育系统省政府公派出国留学项目	资助人民币5万~10万元	资助经费由出国留学人员包干使用
	"省校联合培养计划"	省财政每人资助5万元,派出单位应参照国家留学基金委员会的资助标准给予出国留学人员不少于5万元的资助	
	非教育系统政府公派出国留学项目	博士后,省财政每人每年资助12万元; 访问学者,省财政每人每年10万~12万元,单位3万~5万元; 高层次人才,省财政每人每年10万~15万元,单位5万元以上	往返国际旅费和资助期限内的部分学费、伙食费、住宿费、注册费、交通费、书籍资料费、签证费、学术活动补助、医疗保险费等

续表

地区	项目名称	资助金额	资助内容
山西省	高级研究学者、访问学者	全额资助	资助经费由出国留学人员包干使用
		"科研团队"合作项目、"1331 工程"合作项目、"青培计划"合作项目、"天使计划"合作项目、"职业教育骨干教师能力提升"合作项目、"英语教师能力提升"合作项目:省筹资金与推选单位按照1:3 的比例资助	资助经费由出国留学人员包干使用
	与行业或高校合作资助	"联合培养博士研究生"合作项目:省筹资金资助一次往返机票,推选单位资助奖学金费用	往返机票、奖学金费用
广州市	菁英计划	国际旅费标准为欧美地区 0.8 万元,日韩及大洋洲地区为 0.6 万元。生活费的资助标准为 1.3 万元/月。每半年拨付一次	往返国际旅费、生活费

4. 政策培养周期和回国服务周期

从培养周期看,国家最长培养 60 个月,最少 3 个月;山东省最长培养 12 个月,最少 6 个月;云南省最长培养 12 个月,最少 3 个月;山西省最长培养 12 个月,最少 3 个月;广州市最长培养 60 个月,最少 12 个月(见表3)。其中,在"赴国外攻读博士学位研究生""联合培养博士生"同类公派项目中,广州的培养周期最长。

从回国服务周期看,山东省和国家公派留学政策保持一致,规定公派留学人员回国后至少服务 2 年,云南省是至少 2 年。广州要求服务不少于 3 年或 5 年,服务周期较长。

表3　各公派留学政策的培养周期和回国服务周期情况

地区	资助对象	培养周期	回国服务周期
国家	高级研究学者	3 ~ 6 个月	至少 2 年
	访问学者	3 ~ 12 个月	至少 2 年
	博士后	6 ~ 24 个月	至少 2 年

续表

地区		资助对象	培养周期	回国服务周期
国家		赴国外攻读博士学位研究生	36～48个月	至少2年
		联合培养博士生	6～24个月	至少2年
		赴国外攻读硕士学位研究生	12～24个月	至少2年
		联合培养硕士生	3～12个月	至少2年
		赴国外攻读学士学位本科生	36～60个月	至少2年
		本科插班生	3～12个月	至少2年
山东省	教育系统	访问学者	6个月或12个月	至少2年
	非教育系统	博士后	6个月或12个月	至少2年
		访问学者	6个月或12个月	至少2年
		高层次人才	6个月或12个月	至少2年
云南省		高级研究学者	6个月、6～12个月、成组派出(6个月)	至少2年
		访问学者	3个月、6个月、6～12个月,成组派出(6个月)	至少2年
山西省		高级研究学者	3～6个月	—
		访问学者	3～12个月	
		联合培养博士生	6～12个月	
广州市		赴国外攻读博士学位研究生	36～60个月	不少于5年
		联合培养博士研究生	12～24个月	不少于3年

（二）政策管理

各类公派留学政策均对公派留学人员"出国前—留学期间—回国服务期间"建立了系统化的管理体系。

1.建立担保人和保证金制度

各类公派留学政策通过制定保证金和担保人制度来约束留学人员按期回国服务。其中，国家规定留学人员签订《资助出国留学协议书》和两位担保人做担保即可；山东省、云南省在要求个人缴纳保证金的同时还规定两位担保人需缴纳保证金；山西省因采用省筹资金与推选单位合作资助方式，推

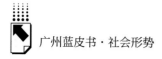

选单位承担了担保责任；而广州市的约束行为较国家、云南省、山东省更为严格，在回穗服务期满之后才可退还保证金。

2. 建立进修考核制度

留学期间，公派留学人员必须定期书面报告境外学习（学术）进展情况。其中，国家和广州市分别委托驻外使馆、广州留服中心进行管理监督，山东省和云南省相关管理部门直接对接个人。在考核周期方面，国家是每年度考核一次，广州市是每半年一次，云南省和山西省则是每3个月考核一次。

3. 建立违约赔偿制度

各类公派留学人员若有违约行为，如不能按期回国服务、服务期不符合协议规定等行为，个人不仅需全额返还培养经费，并支付资助经费总额30%~50%的违约金，担保人还承担连带责任。其中山东省的违约金占资助经费总额的比例最高，达50%。此外，仅广州市规定在服务期间，每年还需提交留学回国人员年度考核表及社保缴纳证明或纳税证明，保障个人切实有效在穗服务。

四 下一步总体思路与建议

人才是实现民族振兴、赢得国际竞争主动权的战略资源。广州作为粤港澳大湾区四大中心城市之一，被寄望充分发挥作为国家中心城市的引领作用，肩负推动建设"粤港澳大湾区国际人才新高地"的重任。菁英计划留学项目作为广州自主培养国际高层次青年人才的重点项目，将着重为广州经济社会发展培养造就一大批具有国际水平的战略科技人才、科技领军人才和高水平创新团队。立足新时期人才工作的新形势与新要求，提出以下思路和建议。

（一）总体思路

全面贯彻党的十九大精神，以习近平新时代中国特色社会主义思想为指导，深入贯彻习近平总书记关于人才工作的系列指示精神，紧紧围绕"发展是第一要务，人才是第一资源，创新是第一动力"的要求，以服务粤港澳大湾区战略、人才强市战略为统领，立足大湾区，立足广州，配置资源、谋划发展，以更开放的意识、更广阔的胸怀、更远大的目标，在全球发展的坐标系中思考和谋划人才发展。聚焦菁英人才等优秀青年人才培养与服务工作，做优做强菁英计划留学项目，广聚天下英才，推动实现人才"引得进、用得好、留得住和出成果"，为打造"国际人才港"提供坚实的智力支撑和人才保证。

（二）进一步优化菁英计划留学资助项目

一是鼓励自由探索培育高潜力青年科研人才。选取青年科技人才自主选题赴国外高校、科研院所开展原创性自由探索研究。管理部门只需对其科研成果进行鉴定和评价即可结项，并推荐其在科研基地和团队展开创新活动。二是契合产业发展培育产业创新青年人才。每年支持广州市重点产业领域的部分优秀青年人才开展 3～12 个月的国际短期培训，市财政按照用人单位实际给付资助 40% 的比例给予支持。三是定向培养党政紧缺公共管理青年人才。每年遴选在市属事业单位工作的专业能力强的党政紧缺专业青年人才，在海外顶级政府管理类院校开展 12～24 个月的学历教育，市财政全额承担资助经费。

（三）创新菁英人才选拔机制

一是打造菁英人才培养共同体。联合菁英计划合作高校、用人单位以及培养导师，通过资源对接、政策宣讲、学习考察等方式，共同推进计划实施。遴选导师、博管办等博士人才培养相关人员，聘任"菁英大使"，赋予其培养候选人推荐权。二是实施菁英人才"蓄水池"工程。勾画满足广州产业发展需要的菁英人才需求地图，引领菁英人才培养方向。依托菁英人才培养共同体，精准实时掌握高校硕士、博士生源信息，建构菁英人才储备库。

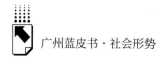
（四）创新菁英人才培养机制

一是打造菁英人才合作交流平台。建立菁英人才成果管理信息发布系统和成果展示与利用系统，促进资源共享共用。探索菁英人才实施联合创新项目，开展前沿性、交叉性学术探究，以悬赏揭榜方式解答广州市高校、科研机构和企业一线的科研命题。举办青年学者峰会、粤港澳大湾区青年人才国际论坛，推动建立粤港澳大湾区青年人才交流互访机制。二是打造菁英人才研修营。充分发挥导师传帮带作用，面向全市产业领军人才、海归等各类高层次人才，征集聘任200名"创新导师"。

（五）创新菁英人才评价机制

一是建立菁英人才同行评议机制。利用大数据和人工智能技术，记载其参加各类专业培训、学术研修以及所发表的科研论文、发明专利等数据，追踪其学习成长轨迹，构建菁英人才的"知识图谱"。组织同行专家对菁英计划进展进行检查，建立菁英人才的全程跟踪评议机制。二是研究建立菁英计划培养质量监测和评价体系，探索菁英计划培养质量动态评价管理机制。评价的内容包括项目的执行情况、研究成果情况、人才培养情况、国际合作与交流情况和资助经费的使用情况，突出评价菁英人才创新能力、履职行为和工作绩效。

（六）创新菁英人才激励机制

一是建立菁英人才长效激励机制。每年遴选5个科研项目，给予持续性的跟踪扶持和服务。对于特别优秀的科研项目，优先推荐参加其他人才项目评选。二是加强对菁英人才的精神激励。依托神州学人等重点宣传平台，面向海内外推介菁英人才创新创业典型，以菁英计划品牌感召天下英才。

（七）创新菁英人才服务机制

一是大力支持菁英计划留学人员回国服务联谊会发展。基于"民办非营利、市场运作、政府扶持"的原则，为广州市建言献策，定期组织国情研修、政策宣讲、讲座沙龙、产学研对接等活动，推动协同创新。二是强化广州市领军人才与企业协同创新联盟作用。搭建人才与专业服务机构的线上线下对接平台，提供知识产权、资本对接、市场推广等领域的专业服务，引导、支持菁英人才创新创业。

法治建设篇

Legal Construction

B.10

2019年广州生态文明法治建设
调研报告[*]

谢　伟^{**}

摘　要： 2019 年，广州市生态文明法治建设稳步前进，在生态文明建设的多个领域里取得了显著成绩，为实现《广州市生态文明建设规划纲要（2016—2020 年)》提供了有力的保障，但也存在诸多与广州实现"生态文明城市"目标不相适应的问题，本报告意在梳理和总结 2019 年广州市在生态文明法治建设方面的进步和成绩，同时发现和洞察影响广州市生态文明

---

* 本文为2018年度教育部人文社会科学研究规划基金项目"粤港澳大湾区环境行政执法冲突和协调"（项目编号：18YJA820025）、2018年度广东省哲学社会科学规划项目"粤港澳大湾区环境影响评价制度研究"（项目编号：GD18CFX01）的阶段性成果。

** 谢伟，广东财经大学法学院副教授，法学博士，主要研究方向为生态文明建设、生态环境法治。

法治建设的不利因素，进一步为加速广州市生态文明建设进程提供更加有力的法治保障。

关键词： 生态文明建设　立法　执法　司法　公众参与

生态文明建设是中国特色社会主义现代化建设"五位一体"总体布局的重要一极。习近平总书记指出，"只有实行最严格的制度、最严密的法治，才能为生态文明建设提供可靠保障"。2019 年广州市以建设生态文明城市为目标，按照党中央、国务院和广东省委、省政府的决策部署，在生态文明法治建设上取得了显著成绩，为广州市建设生态文明示范城市提供了坚强保障。

一　广州市生态文明建设立法进展调研

生态文明立法是生态文明建设的法治基础，对生态文明建设具有引领性、规范性作用，可以推动和保障生态文明建设依法实施。2019 年广州市根据国家生态文明建设立法进展，结合广州市具体情况，同时废止了五项已经严重滞后，或者与上位法相矛盾的生态文明建设方面的立法，主要是《广州市环境保护条例》（1997 年 5 月 31 日制定，2015 年 12 月 3 日修订，2019 年 1 月 30 日废除）、《广州市大气污染防治规定》（1992 年制定，1997 年、2004 年、2015 年三次修订，2019 年废除）、《广州市野生动物保护管理若干规定》（1992 年制定，1997 年、2012 年、2015 年三次修订，2019 年废除）、《广州市环境噪声污染防治规定》（1994 年制定，1997 年、2001 年、2015 年三次修订，2019 年废除）、《广州市固体废物污染环境防治规定》（2001 年制定，2015 年修订，2019 年废除）。

党的十八大以来，我国加强了对生态文明建设立法的修订和完善工作，强化生态文明立法的严格性、严厉性，贯彻从严治理环境的原则，相继修订了一系列生态文明建设的相关立法,比如 2018 年我国修订了《野生动物保护法》《大气污染防治法》《环境噪声污染防治法》等法律,确定了一些新的环境行政管理措施,使得广州市相应环境立法所设定的行政管理措施、法律责任追究机制、公众参与规定等与这些新修订的国家立法规定不一致。同时,这次广州市废止的五部法规制定时间多在 20 世纪 90 年代,当时我国刚刚建立社会主义市场经济体制,经济、社会发展水平还比较低,特别是国家环境立法、执法、司法以及公众环境意识等都处在比较初级的发展阶段,如今广州市已经成为粤港澳大湾区的核心城市,经济、社会发展日新月异,旧的立法已经难以满足新时代的需求,滞后于经济、社会和环境的发展,尤其是习近平生态文明思想的形成,极大地促进了我国生态文明建设的发展。广州市在 2016 年制定了《广州市生态文明建设规划纲要(2016—2020 年)》,明确提出森林城市、绿色城市、生态城市的建设目标。在这个背景下,必须对广州市不适应新时代生态文明建设需要的立法进行彻底修订与完善。

二 广州市生态文明建设的行政执法进展调研

众所周知,环保靠政府。生态文明建设的主力军是生态环境行政主管部门,主要推动和实现力量是生态环境行政执法。2019 年广州市生态环境行政主管部门按照一系列生态环境法律法规和规章赋予的行政权,在污染防治、生态建设、行刑联动等领域取得重大进展。

(一)贯彻落实打赢污染防治攻坚战的战略部署

2019 年是广州市打赢蓝天、碧水、净土污染防治攻坚战的关键一年。在蓝天保卫战方面,广州市针对大气污染最大的三个来源强化了排放控制措施和目标量化。首先是燃煤排放源控制。按照《广州市煤炭消费减量替代三年行动计划(2018—2020 年)》,要求 2019 年煤炭消费量约减少 95 万吨,同时完成 20 蒸吨每小时以上、65 蒸吨每小时以下高污染燃料锅炉淘汰或清洁能源改造，开展全市生物质锅炉全覆盖执法检查。其次是机动车尾气排放源控制。广州市针对各种类型车辆采取了有针对性、差异化的控制措施。比如，《广州市柴油货车污染防治作战方案（2018—2020年）》要求2019年务必有针对性地开展柴油货车超标排放专项治理，切实执行《广州市人民政府关于划定禁止使用高排放非道路移动机械区域的通告》，建立登记管理系统，加强对非道路移动机械使用的监管；对于2万多辆城市出租车，则要求一律淘汰高排放的燃油动力出租车，政府出资帮助出租车公司改造为以电力驱动为主的新能源出租车；对建筑废弃物运输车辆则严格按照新修订通过的广州市地方环境标准——《建筑废弃物运输　车辆标志与监控终端、车厢规格与密闭》执行，强化对建筑废弃物运输车辆的管理，要求运输车辆必须实现全封闭运输，未实现全封闭运输的车辆不能获得建筑垃圾处置核准，从而严控建筑废弃物运输过程中的抛洒滴漏。再次是船舶排放源大气污染控制。作为一个世界排名前列的国际大型集装箱货轮远洋运输港口城市，同时又是珠江水系航道船舶运输的重要港口，广州市的大气污染有相当一部分来源于船舶排放，而且一艘船的大气污染排放量远远超过一辆重型卡车。为此，2019年广州市加大了对船舶大气污染排放源的检控力度，要求加强船舶燃油抽检频次，抽检船舶燃油至少1000艘次。最后，对其他主要大气污染源也采取了更加务实有效的控制措施。比如，广州市2019年对在建工地扬尘污染控制频率达到每天检查约100个工程，生态环境、城管、交通、住建、水务等相关监管部门联动执法，确保所有工地坚决落实"6个100%"扬尘控制措施。

在碧水保卫战方面，按照中央环保督察给出的督察建议，广州市认真整改落实，专门制定了《广州市水污染防治强化方案》和《广州市全面剿灭黑臭水体作战方案（2018—2020年）》。明确要求流溪河、白妮河和东北江干流等重点河流的一级支流水质2019年基本达到Ⅳ类，同时强化黑臭河涌监督性监测和入河排污口监管工作，分析水质变化，保证城市建成区基本消除黑臭水体。生态环境行政主管部门加大了检查监控力度，截至2019年12月4日，广州147条纳入生态环境部监管平台的黑臭水体已经全部消除黑

臭，全市12个国考、省考断面全部消除劣Ⅴ类。同时，注重提高城镇污水处理效能，制定并开始实施《广州市城镇污水处理提质增效三年行动方案（2019—2021年）》。

在净土保卫战方面，按照《广州市土壤污染治理与修复规划（2017—2020年）》要求，在2018年建立污染地块清单的基础上，2019年广州市生态环境局发布了《关于加强土壤污染重点监管单位环境管理的通知》，公布了更新后的土壤污染重点监管单位名单，要求重点监管单位定期报送土壤污染防治推进工作表，规定了加强重点单位土壤环境管理的具体措施，强制性要求重点单位落实土壤污染防治的主体责任。可见，广州市的土壤污染防治执法从确定污染地块清单到明确土壤污染重点监管单位，具体化了监管对象，落实责任到人，增强了土壤污染治理的针对性和实效性。

另外，广州市在固体废物污染防治、城市生活垃圾处理方面都有显著进展。按照《广州市贯彻落实广东省固体废物污染防治三年行动计划实施方案（2018—2020年）》，2019年广州市固体废物污染防治工作取得明显成效，强化了固体废物依法依规申报登记工作、危险废物规范化管理工作。2019年是《广州市深化垃圾分类处理三年计划（2019—2021）》的启动年，广州市在城市生活垃圾分类处理、提高生活垃圾分类处理效率方面取得了标志性进步，按照该计划，广州市要创建600个生活垃圾分类示范小区，而该计划也获得了广州市民的大力支持，广州市城市生活垃圾分类有条不紊、稳步推进。

除了废止五部地方性法规，2019年广州市因应大气污染源解析结果，修订了《广州市机动车排气污染防治规定》（1997年制定，2007年、2019年修订）。根据广州市生态环境局公布的2018年度广州PM2.5来源解析结果，广州PM2.5来源主要为燃煤和机动车，占比分别达到了22.2%和16.8%。实际上，2013~2014年、2014~2015年、2015~2016年的大气污染源解析结果都证明了机动车影响占比较高。为增强对机动车排气污染控制的有效性，2019年修订的条例增加了多样化的现场检查机动车污染排放规定，比如"抽检"和"路检"规定。抽检是指环境保护行政主管部门应当在公共汽车始末车站和公路客运、货运站场等机动车停放地对在用机动车进行排气污染抽检。而路检则是指公安机关应当会同环境保护行政主管部门对在道路上行驶的机动车进行排气污染抽检。这两种检查手段的运用将有效提高对机动车污染排放的检查威慑力，倒逼机动车驾驶员高度关注机动车污染排放控制。同时，还通过机动车登记上牌和迁移上牌的强制性措施，要求机动车必须达标排放，否则可能无法在公安机关登记。

总结 2019 年广州市生态文明建设立法进展，可以发现广州市在"生态建市"目标下逐渐健全本市的生态文明建设立法体系，更加强调生态文明建设立法的科学性、严谨性、时效性，及时进行立法的"立改废"工程，不仅遵守和符合上位法的要求，也回应社会公众关切，构建回应型立法。然而，广州市生态文明建设立法的一个显著不足是缺乏适应区域性、流域性生态环境治理的相关立法，特别是在"构建绿色一带一路"、推进粤港澳大湾区生态文明建设的背景下，构建适应区域性、流域性生态环境治理需要的相关立法，满足广州市作为"一带一路"和粤港澳大湾区重要城市的立法需求。比如，加强和粤港澳大湾区城市立法机构的合作，制定粤港澳大湾区协调环境污染治理和实施生态保护的区域性、流域性立法。

（二）河湖长制实施效果评审总结提高

河湖长制是中国特色社会主义生态文明建设的创新性制度构建，是在深入全面总结以往我国河流污染治理的失败教训，借鉴发达国家河流污染防治的有益经验基础上建立的，已经写入了《水污染防治法》，成为一项法律制度。尽管该制度总结了河流治理的中外历史和现实的成功经验和失败教训，但作为一项新制度，该制度究竟能否应对新时代河流污染防治日趋复杂、问题日益多元化的挑战，涉及区域经济、政治、社会治理结构、治理能力和治理水平等复合性因素，还需要河流治理效果的实践检验，并在此基础上不断总结改进。

2019 年，广州市河长制办公室根据《广州市全面推行河长制湖长制工作考核办法（试行）》和《广州市全面推行河长制湖长制 2018 年考核实施方案》，对全市 11 个区的河湖长进行了考核。确定黄埔、天河、越秀 3 个区考核等次为优秀，南沙、花都、增城、海珠、从化、荔湾、白云、番禺 8 个区考核等次为良好。按照习近平生态文明思想，对河湖长制的年度考核结果将与考核对象奖惩任免直接挂钩，作为考核党政领导干部任期绩效的重要依据。①

河湖长制的有效实施极大地促进了广州市黑臭水体的治理。由各级党政领导干部担任河湖长制度的实施，使河湖污染治理和水生态环境保护具体到人，尤其是责任分解到各级党政领导干部，是党政同责、一岗双责、严肃问责在水生态环境保护领域的具体运用，这项创新性制度取得了良好实施绩效。2019 年，根据生态环境部公布的地级及以上城市地表水考核断面水环境质量排名，广州已经成功脱离水环境质量较差的后 30 位城市名单；在广东省 2018 年度全面推行河湖长制工作考核中，广州位列全省第二，综合等级考核等次为优秀。

通过检查考核评比，也发现了河湖长制实施中存在的一些突出问题。主要是基层河湖长的水污染防治责任意识和勇于解决水污染治理难题的精神还有待提高，对不负责任的基层河湖长的处理还存在"好人主义"，执纪问责力度不够，影响了河湖长制的实施绩效，这是以后应重点有针对性改进的问题。

（三）环境信息公开化水平持续提升

环境信息公开是保证生态环境行政执法、保障环境法治监督体系的有效运行，特别是保证公众参与环境法治监督、保证社会舆论监督的基础性条件。由于生态环境行政主管部门和作为被监管者的污染企业之间以及公众和生态环境行政主管部门、污染企业之间的信息不对称，如果污染企业不能及时告知污染排放的相关信息，则生态环境行政主管部门无法有效行使行政执

---

① 毛梓铭：《2018 年度"河湖长制"考核结果出炉》，《广州日报》2019 年 8 月 27 日。

法权；如果生态环境行政主管部门和污染企业不能充分公开各类环境信息，包括污染源排放信息、环境监测信息、环境行政执法信息等，公众就无法获得监督的信息来源，也就无法有效监督污染源是否达标排放、环境行政主管部门是否依法行政。正是从这个意义上讲，环境信息公开程度也是环境法治的一个重要指标之一。

2019年广州市环境信息公开内容更加全面、覆盖面更宽，取得了两方面的效果。一方面，能够为生态环境行政主管部门和公众提供依法监督的环境信息依据；另一方面，能够充分反映出生态环境治理效果。比如，广州市2019年确定和公布了780家重点排污单位（剔除重复单位，实际有618家污染排放源）需要主动公开环境信息，发布了《关于印发2019年广州市重点排污单位名录的通知》，明确要求重点排污单位必须公布包括环境影响评价信息、排污许可证信息、防治污染设施的建设和运行情况、环境应急信息等内容。同时，如果把这份名单与2018年的1147家相比，重点排污单位名录减少了529家，其中，大气污染监管重点排污单位下降幅度最大，从2018年的535家减少到2019年的237家，这反映出广州市大气污染治理成效显著，仅仅一年时间就有298家重点排污单位减排达标，脱离重点排污单位名录；水污染治理也成绩斐然，从2018年的242家减少到2019年的189家。① 这两个数字充分说明广州市污染防治攻坚战特别是大气和水污染防治取得了良好绩效。

另外值得一提的是广州市对企业环境信用评价结果的公布。企业环境信用评价是运用社会公众力量监督污染企业主动承担环境社会责任、自觉履行环境法定义务、持续改进影响环境行为、形成清洁生产模式的重要手段。为此，2014年环境保护部、国家发展改革委、中国人民银行和银监会联合发布了《企业环境信用评价办法（试行）》作为评价的具体操作性法律依据。

---

① 参见《2018年广州市重点排污单位名录发布：共1147家》，中国水网，2018年4月9日，http：//www.h2o-china.com/news/view？id=273136&page=1，最后访问日期：2019年11月25日；杜娟：《2019年广州市重点排污单位名录公布618家企事业单位需主动公开环境信息》，《广州日报》2019年4月1日。

广州市 2019 年在本项工作方面的进步主要体现在两个方面。一是在 2018 年对纳入市级环境信用评价范围的 347 家企业进行环境信用评价的基础上，2019 年广州市扩大了企业环境信用评价的范围，对依法纳入市级环境信用评价范围的 2930 家企业进行了环境信用评价，并发布了市级企业环境信用评价结果。从数字比对中，可以发现"环保诚信企业""环保良好企业"的比例都有下降，而"环保警示企业"（黄牌企业，347 家）占 11.8%，"环保不良企业"（红牌企业，349 家）占 11.9%，① 与 2018 年的 4.4% 和 3.7% 相比有较大幅度上升。数字统计分析结果说明广州市污染企业的环境信用还需要进一步提升，评价范围扩大之后问题更加明显；另外，运用信息化技术使得评价结果信息公开更加广泛、影响更大。2019 年该评价结果被推送至广州市公共信用信息管理系统、广州市政府信息共享平台，并在市生态环境局网站、"信用广州"网站等向社会公布，从而使得评价结果对评价企业的影响更大，而对公众监督评价企业环境信用进而使其承担环境责任也有很大的帮助。

（四）环境行政执法和刑事司法衔接联动务实推进

继 2016 年广州市公安局食品药品犯罪侦查支队更名为广州市公安局食品药品环境犯罪侦查支队之后，广州市持续加大对环境违法犯罪行为的打击力度，而其中一个重要难题是环境行政执法和刑事司法的有效衔接和联动。环境污染具有潜伏性、缓发性、复合性、隐蔽性、迁移性、转化性等特征，环境污染行为和环境损害后果之间的因果关系判断也极为复杂，难以准确定论。因此环境行政违法行为的认定本身就比普通行政违法行为认定更复杂，而由于环境行政违法行为构成要件和环境犯罪构成的差异，以及环境行政主

---

① 参见《广州市环境保护局关于公布 2017 年度市级企业环境信用评价结果的通知》，广州市生态环境局，2018 年 9 月 30 日，http://www.gz.gov.cn/gzgov/xypjxx/201905/a5c6c7c4b4a944l9912166618748e23b.shtml，最后访问日期：2019 年 11 月 25 日；《广州市生态环境局关于公布 2018 年度市级企业环境信用评价结果的通知》，广州市生态环境局，2019 年 12 月 25 日，http://sthjj.gz.gov.cn/tzggwj/content/post_5541927.html，最后访问日期：2019 年 12 月 25 日。

管部门和检察、公安等环境司法相关部门的不同工作机制、办案程序、取证标准、证据认定等，环境违法犯罪行为立案难、取证难、质证难、移送难、执行难等问题严重影响到环境行政执法和环境刑事司法的联动，使得许多原本符合刑法关于污染环境罪犯罪构成的犯罪行为因没有及时从行政执法部门移送到刑事司法部门而难以得到应有的处罚，削弱了刑法对环境违法犯罪行为的威慑力。为此，2017年环境保护部、公安部和最高人民检察院联合发布了《环境保护行政执法与刑事司法衔接工作办法》，对环境行政执法和环境刑事司法衔接和联动做出了规定。

为强化对环境污染违法行为的法律责任追究，广州市生态环境行政主管部门一方面加大了对环境行政违法行为的责任追究力度，根据生态环境部的通报确认，2019年1~6月，广州市环境行政处罚案件数量在全国排名第二位，五类案件数量在全国排名第六位。① 另一方面，和广州市公安局加强了对环境污染违法行为从行政执法到刑事司法的联动和衔接。目前，广州市生态环境行政主管部门和公安机关已经初步构建了从环境行政执法到环境刑事司法对接的无缝链条。双方建立了多层次、多渠道的联系，不断强化生态环境领域行刑衔接"绿色通道"工作机制，建立了精准出击联合执法、重点案件专题协商、监管信息及时共享的"环保+公安"执法模式。仅2019年1~8月，广州市生态环境行政主管部门就向公安机关移送适用行政拘留环境违法案件25宗，移送涉嫌环境污染犯罪案件29宗，持续的严格执法大幅提高了企业违法成本，企业守法意识不断增强，有效地保障了环境质量和环境安全。②

---

① 参见《生态环境部通报2019年1~6月环境行政处罚案件与〈环境保护法〉配套办法执行情况》，生态环境部，2019年8月23日，http://www.mee.gov.cn/xxgk2018/xxgk/xxgk15/201908/t20190823_729906.html，最后访问日期：2019年12月26日。"五类案件"是指按日连续处罚案件、查封扣押案件、限产停产案件、移送行政拘留案件、移送涉嫌环境污染犯罪案件。

② 参见《"环保+公安"双剑合璧联手打击生态环境领域刑事案件》，国际环保在线，2019年10月8日，https://www.huanbao-world.com/a/quanguo/guangdong/122555.html，最后访问日期：2019年12月20日。

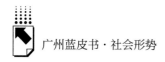

随着我国生态环境行政执法部门和司法部门加大对环境违法犯罪行为的打击力度，环境违法者的环境污染行为更加高科技化、更加隐蔽化、更加"专业化"，新型污染物、污染类型和污染行为不断出现，对生态环境行政执法部门和环境司法机关对环境污染行为的认定提出了新的挑战，要求生态环境行政执法部门和司法机关进一步强化合作，开展多种形式的深度合作，联手应对新型复合性污染违法犯罪行为。

（五）生态文明建设持续稳步推进

生态文明建设不仅针对生态环境污染防治，还应包括为实现生态修复、生态保持、生态健康等实施的生态建设工程。广州市早在2003年就启动了"青山绿地、碧水蓝天"大型生态建设工程，确立了建设生态城市的总体目标，从此以后广州市的绿地面积持续稳步扩大，特别是建成了3500公里城市绿道，其覆盖面积、线路里程都居广东省首位；广州市立体绿化居全国首位，绿化天桥达349公里，持续成为全国最长天桥绿化景观领先单位。由于广州在城市生态建设上取得的巨大成绩，2011年广州市荣获联合国环境规划署颁发的"中国区环境规划示范城市优秀案例"奖。

尽管绿道建设为花城广州增添了一道亮丽风景线，但随着人们生活水平的提高，人们需要更加高端、更加美丽、更加宜居宜游宜业、集山水林田湖草于一体、生态生活生产空间融合的优美环境。为此，2019年广州市开始了另一个重大城市生态建设工程，即所谓"碧道"建设，碧道生态工程建设是落实习近平生态文明思想中关于优化国土空间开发布局，实现生产空间集约高效、生活空间宜居适度、生态空间山清水秀的具体措施。碧道不同于绿道，如果说绿道侧重于陆地上的绿色建设，碧道则倾向于水环境的绿色建设；绿道蕴含了人文历史元素，而碧道则包含了城市绿色文化、生态文明建设成果；绿道是一条风景线，而碧道则是站在生态系统角度提供一个立体化美景；碧道是以江河湖海及滨水空间为载体的开敞空间廊道，以生态、共享、统筹理念为引领，提高水环境与安全质量，营造生物栖息和公共休闲场所，促进水、岸、城、乡联动提升，形成碧水清流的生态廊道、人与自然和谐的共享廊道、水陆统筹联动的发展廊道。以往建设的绿道主要是用于陆地上的林荫小道，可供人们散步休闲和骑行，却缺乏对山水林田湖草统筹安排的系统性思维，不符合生态系统运行规律，碧道建设正是要综合考虑生态、安全、文化、景观、经济等多元化复合性功能，综合考量蓝天、绿地、碧水等生态系统，特别是依托珠江作为广州碧道的主廊道，联动广州流溪河等江河开发建设"水清岸绿、鱼翔浅底、水草丰美、白鹭成群"的生态廊道。① 可以预见，碧道工程将为花城广州再添一道人与自然和谐美好、山水林田湖草相伴而生、相得益彰的大美风景，其将成为广州一张全新的"生态名片"，广州的生态建设也将因为碧道的建成而百尺竿头更进一步，广州在全国乃至世界范围内的生态城市建设方面将更上一层楼。

总结 2019 年广州市生态文明建设行政执法进展，可以发现该市虽然在生态环境行政执法上有很大进步，但同样缺乏的是适应区域性、流域性行政执法需要的突破。2019 年广州和佛山两地生态环境行政主管部门专门就加强生态环境治理合作进行了座谈，但并未形成制度性实施机制，目前的合作依然是建立在 2009 年的《广州市佛山市同城化建设环境保护合作协议》基础上。在"一国两制三法系"格局下，粤港澳大湾区较容易实现的是生态环境行政执法合作，这也是三地频繁制定多层次的府际环保合作协议的主要原因所在。广州市生态文明建设行政执法理应在这方面率先突破，在不断完善本市执法手段、执法机制、执法效能基础上，强化广州市和粤港澳大湾区其他城市在生态文明建设行政执法方面的合作。毫无疑问，《粤港澳大湾区发展规划纲要》明确提出要推进大湾区生态文明建设，广州市应抓住这一国家战略机遇，不仅在经济社会发展上融入大湾区，在大湾区各项经济社会制度建设和实施上发挥引领和示范作用，也应在生态文明建设上发挥引领和示范作用，这不仅包括加强本市的生态文明建设，而且涵盖了与大湾区其他

---

① 参见《以珠江为主廊道，广州今年布下超百公里碧道任务，每区 5 公里以上》，《南方都市报》2019 年 5 月 26 日。

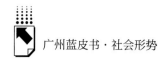
城市生态文明建设的协调与合作，而生态文明行政执法合作可能是最容易突破的领域。

三 广州市生态文明建设的司法保障进展调研

司法是法治的重要组成部分，是彰显法治价值、保障依法行政、维护公平正义的最后一道防线。生态文明建设是处于社会主义初级阶段的中国所经历的前所未有的挑战，生态文明法治是实现生态文明建设目标和目的的坚强保障，而司法则是其中的必备要素。党的十八大以来，在以习近平同志为核心的党中央坚强领导下，我国的生态环境司法有历史性进步，相继发布了多个生态环境法律方面的司法解释，其中特别突出的是关于环境司法审判和检察机关代表国家提起环境公益诉讼的制度建构和实施。

在全国生态环境司法迅速发展的背景下，2019年广州市在生态环境司法方面也有很大的进步。2019年广州市中级人民法院审理了迄今为止赔偿额度最高的环境公益诉讼案件。郭某、梁某在未依法获得林地使用许可证的情形下，多次违法在增城区石滩镇麻车村利用农用地倾倒、填埋固体废物，造成该农用地种植功能基本丧失，土壤污染严重，广州市中级人民法院环境庭经审理认为，郭某、梁某违法犯罪事实清楚、证据确凿，判决承担生态环境修复费用1935万余元，其他事务性费用48万余元。[①] 该案的判赔是广州市环境公益诉讼案件赔偿额度之最，通过该案的判决有效震慑了潜在的环境违法者。众所周知，环境公益诉讼案件调解比较难，虽然按照最高人民法院关于环境公益诉讼案件审判的司法解释，在符合一定的法定条件情况下，环境公益诉讼案件也可以调解结案，但广东一直未有环境公益诉讼调解案件实际发生，直到2019年广州市中级人民法院开出了第一宗环境公益诉讼调解书。该案是由广东省环境保护基金会起诉黄某昌、黄某文非法占用农用地，

---

① 《赔偿近2000万！广州环境公益诉讼案判赔额最大的案件出炉了!》，金羊网，2019年2月27日，http://news.ycwb.com/2019-02/27/content_30207186.htm，最后访问日期：2019年10月26日。

被告擅自占用了广州市黄埔区九龙镇镇龙村长城木业有限公司附近农用地16.56亩，并未经法定许可改变土地用途，招徕他人将建筑废弃渣土倾倒于该地块并收取费用，构成了非法占用农用地罪。经过法庭调解，原被告达成调解，被告在位于广州市天麓湖森林公园内的"检察公益诉讼教育基地"种植生态公益林苗木16.56亩，并经林业部门验收合格后抚育养护四年。①这等同于恢复了被占用的农用地，实现了生态恢复性司法的目的。

特别值得一提的是，广州市的生态环境检察公益诉讼飞速发展，初步形成了广州市生态环境检察公益诉讼模式，其特点主要如下。一是努力获得立法机关支持，奠定制度实施的立法基础。广州检察公益诉讼的快速发展，除了党中央、全国人大、最高检等提供的政策性支持，广州市人大常委会对广州市检察机关的鼎力支持也功不可没。2019年在广州市检察院的推动下，广州市人大常委会专门发布了《广州市人民代表大会常务委员会关于支持和促进检察机关公益诉讼工作的决定》，要求全市检察机关严格依法履行法律监督职能，围绕生态环境和资源保护、食品药品安全等方面加大监督力度，加强全市检察机关公益诉讼办案的一体化、规范化、标准化建设，加强内部监督管理，健全检察机关公益诉讼相关工作制度。该决定被最高人民检察院领导评价为"破题最多、措施最实、质量最高的地方性法律文件"，为推动广州检察公益诉讼的更好开展、营造共建共治共享社会治理格局提供了有力的制度支撑。二是健全完善检察公益诉讼配套制度建构。近年来，广州市人民检察院连续制定出台了《诉前程序办案指引》《公益诉讼调查核实工作指引》《公益诉讼出庭规范》《刑事附带民事公益诉讼办案规程》等一系列规范性文件，制定了覆盖全流程的办案指引方法，树立了规范化办案标杆，在全省率先构建起了公益诉讼办案规范体系。② 三是生态环境行政执法机关、司法机关和相关主管部门扎实形成有效联动机制，促使环境行政执法

---

① 《广州开出首宗环境公益诉讼调解书》，《信息时报》2019年12月19日。
② 《从"先行者"到"排头兵"，广州市人民检察院在全国检察机关公益诉讼检察工作会议上作经验交流》，广州市人民检察院网上检察院，2019年12月10日，https://www.jcy.gz.gov.cn/xw/1786.jhtml，最后访问日期：2019年12月22日。

和环境刑事司法无缝隙衔接。在市人大常委会、市生态环境局等环境公益诉讼相关部门的大力支持下，广州市检察机关提起了一系列影响较大的环境公益诉讼案件。通过直接起诉或帮助支持起诉，广州市检察院针对检察机关提起环境公益诉讼实务总结出了一套经验，形成了广州生态环境检察公益诉讼模式，取得了良好的生态环境公益诉讼效果，达到了通过环境公益诉讼恢复受损害的生态环境目的。四是注重按照流域、区域生态系统保护规律，构建流域性、区域性检察公益诉讼联盟。由于生态系统各要素之间的整体性、交互性、关联性、相互作用等特点，生态环境问题具有典型的流域性、区域性特质，生态环境保护必须贯彻区域性、流域性原则，即流域内、区域内相关各方应统筹协调、遵循生态规律，实施共同保护。2019 年广州市检察机关牵头，组建了保护珠江生态环境公益诉讼检察联盟，在信息共享、案件线索移送、开展联合专项行动、跨区域案件协作、定期联席会议、提高办案能力等方面开展合作，形成了"广州、深圳、佛山、东莞四地检察机关联合保护珠江生态环境和自然资源公益诉讼协作机制"。[①] 该机制的出台为我国检察机关提起环境公益诉讼，运用司法权监督流域性或区域性生态环境保护提供了有益的借鉴，也为粤港澳大湾区的生态环境刑事司法合作提供了经验。

显而易见，广州市生态文明建设的司法保障不仅注重内生性的动力机制、实施机制的构建和完善，而且探索构建了生态环境流域性、区域性司法合作保障机制，此举在广东省乃至全国都起到了很好的示范作用。然而，广州市依然缺乏与港澳的生态环境司法合作。现实困难是"一国两制三法系"产生的司法制度差异制约是一个无法回避但又不得不认真面对的难题，但广州同时应洞察和利用好"一国两制三法系"的制度优势，如同英美法系和大陆法系有日益融合、取长补短的发展趋势，粤港澳也应强化司法制度实施合作，互相借鉴彼此在司法制度实施上的长处。作为一个区域生态环境共同体，广州无疑应在粤港澳大湾区生态环境司法合作领域发挥引领和示范作用。

---

① 《广东四地检察机关建立协作机制 共同推动珠江环境保护》，搜狐网，2019 年 6 月 5 日，http：//www.sohu.com/a/318735279_362042，最后访问日期：2019 年 12 月 27 日。

四 广州市生态文明法治建设的公众参与进展调研

公众参与是生态环境法治的一项基本原则，由此形成的环境影响评价公众参与、环境规划的公众参与、环境行政执法的公众参与等形成了环境法治的多项具体有效的基本制度。国内外生态环境法治取得的成功实践业已充分证明，没有全面有效、扎实深入的公众参与环境保护和生态建设，则生态文明建设很难达到既定目标。

2019年广州市公众参与生态文明法治建设，取得了里程碑式的进步。首先，广州市人大代表向广州市生态环境局提出了《关于进一步加强生态文明建设的建议》，彰显出生态文明建设的理念已经深入人心，该局会同市交通运输局、水务局、城市管理和综合执法局、社会组织管理局共同做出了回应，包括广州市在生态文明建设方面具体的制度建设、生态环保工程建设情况、生态环境保护执法情况（主要包括蓝天、碧水、净土三大保卫战及固体废物污染防治），以及公众参与和社会监督生态文明建设概况。其次，广州市公众开始深度配合参与各项生态环境行政执法和环境司法，为生态环境保护和生态工程建设提供了最有力的支持。比如，2019年广州市开始全面推广实施城市生活垃圾分类制度，需要广州市各个居民生活小区的大力配合，广州市民们体现出了良好的生态环境意识和执行力，主要依靠自觉，主动在家中把厨余垃圾、有害垃圾、可回收物和其他垃圾等固体废物按照《广州市生活垃圾分类管理条例》和《广州市深化垃圾分类处理三年计划（2019~2021）》规定，分门别类、分别投放，较好地处理了生活垃圾。最后，环保组织深度参与环境公益诉讼，通过与检察院的环境公益诉讼合作，促进通过环境公益诉讼监督环境保护、落实环境保护责任、筹集生态环境修复资金等。比如，2019年广东省环境保护基金会作为原告，由广州市黄埔区人民检察院支持起诉，针对黄某昌伙同黄某文非法占用广州市黄埔区九龙镇镇龙村长城木业有限公司附近农用地提起的环境公益诉讼，成为广东首宗环境公益诉讼调解案，不仅挽救了环境公益损失，而且发挥了警示教育

作用。

尽管广州市公众参与生态文明建设的积极性较高，但主动性还不够，这主要是因为公众的参与能力还有待提高，政府为公众参与提供的基础性条件还不够完备，特别是广州市环保组织的参与能力还亟待政府给予必要的资金和政策支持，以及提供必要的参与能力培训。另外，广州市还应为本市环保组织参与粤港澳大湾区生态文明建设提供支持，促进本市环保组织和粤港澳大湾区其他城市特别是港澳环保组织的交流与合作，这不仅可以提高广州市环保组织的参与能力，而且可促进大湾区公众参与生态文明建设。

实施生态文明法治是生态文明建设的重要保障。2019年广州市生态文明法治建设虽然在生态文明立法、执法、司法和公众参与守法方面取得了较为显著的成绩，但距离生态示范城市目标还有差距，还有一些体制机制上的问题阻碍生态文明法治建设的顺利推进。2020年是广州市多个生态文明建设具体规划的收官之年，广州市应在习近平生态文明思想的指导下，结合广州市市情，深入生态文明法治建设，继续完善立法、执法、司法和促进公众守法，特别是注重把广州市生态文明建设融入粤港澳大湾区生态文明建设中，与广州市参与"绿色一带一路"建设结合起来，只有这样，才能充分利用好国内和国外资源，发挥"一国两制"优越性，既可为广州生态文明建设提供更加坚强有力的法治保障，也可促进广州市在粤港澳大湾区和"一带一路"建设中更好地发挥法治引领和示范性作用。

B.11
广州民营企业知识产权保护
工作调查报告

广州市工商联宣教部、永华集团联合调研组*

摘　要： 本次调研通过深入广州市工商联会员企业走访及资料收集分析认为，近几年来，在国际、国内形势及相关政策的推动下，广州市民营企业越来越重视知识产权工作，知识产权对企业发挥软实力起到了良好的推动作用。但目前民营企业的知识产权工作仍存在一些差距，主要为部分中小企业高层的知识产权意识有待提升、知识产权保护营商环境有待改善、政策导向作用有待加强、行业组织联合能力有待提高、专业服务机构有待优化等。为此，调研组建议应以知识产权为抓手，多措并举，抓好知识产权的创造、保护和运用，推动广州民营企业软实力提升，从而促进企业高质量发展，为广州市实现在现代化服务业、现代化国际化营商环境方面出新出彩贡献重要力量。

关键词： 知识产权　民营企业　软实力　高质量发展

---

* 调研组组长：余剑春，广州市工商联党组成员、副主席。调研组成员：李永华，广州市工商联执委、广东永华企业管理集团董事长；唐燕萍，广州市工商联宣传教育部部长；朱玉尊，广州市工商联宣传教育部二级调研员；刘林，广州市工商联一级主任科员；郭裕彬，广州永华专利代理有限公司总经理；唐立辉，广州永华专利代理有限公司专利代理师。

知识产权是企业乃至城市、国家软实力的重要标志之一。党的十九大报告在提出"加快建设创新型国家"中，强调要"倡导创新文化，强化知识产权创造、保护、运用"。2019 年 7 月中央全面深化改革委员会第九次会议审议通过的《关于强化知识产权保护的意见》，为促进我国知识产权保护能力和水平整体提升做了新的部署。在中央大力强化知识产权保护工作的政策背景下，在中美贸易摩擦的形势挑战下，我们更应该高度重视民营企业的知识产权保护工作，并以此为重要抓手，大力提升民营企业的软实力，为民营企业和民营经济高质量发展提供强大支撑力量。

一 从知识产权工作看广州民企软实力提升

近年来，广州积极贯彻落实国家、省有关知识产权重大决策部署，制定并颁布了《广州市知识产权事业发展第十三个五年规划》《广州市创建国家知识产权强市行动计划（2017—2020 年）》，大力推进"知识产权强市"建设工作，力求打通知识产权创造、运用、保护和服务全流程，促进广州知识产权工作取得丰硕成果。以 2019 年前三季度为例，广州市专利总申请量为 14.5 万件，其中发明专利申请量近 4 万件，专利授权量超 8 万件，授权量同比增长 15.9%；商标注册件数为 27.1 万件，同比增长 45.85%，商标有效注册量接近 120 万件，同比增长 38.83%（见图 1）。目前，广州市重点培育高价值发明专利，每万人发明专利拥有量近 40 件，促进知识产权创造保持高质量增长。广州市连续几年在专利、商标上保持良好增长势头，居全国前列。

从民营经济的情况看，2019 年前三季度，广州市民营经济增加值达 7042.69 亿元，占全市生产总值的 39.4%，同比增长 7.1%；全市民间投资为 2112.35 亿元，同比增长 34.6%，增速比上年同期增加 40 个百分点。最新数据显示，广州 90% 以上的市场主体，80% 以上的新增就业，70% 以上的创新成果，40% 以上的生产总值、固定资产投资和税收由中小民营企业贡献。截至 2019 年 9 月末，全市民营经济市场主体已达 214 万户，同比增长

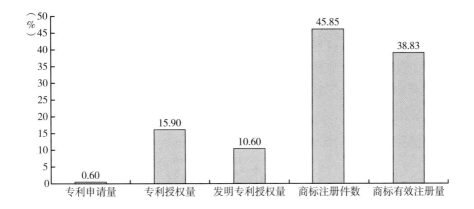

图1 2019年前三季度广州市知识产权增长率

13.1%。2019年广州市拥有科技创新企业超过20万家，高新技术企业逾12000家，连续三年居全省第一位。在科技创新企业中，民营企业占比接近80%。以民营为主体的股权投资机构约6200家，由市工商联部分主席企业发起成立的"花城创投基金"为民营科技创新成果融资增添了新的重要力量。民营企业在广州创新驱动高质量发展中居于十分重要的地位。随着我国经济发展从高速增长向高质量发展转变，广州民营企业自身也越来越重视研发创新和知识产权工作，尤其是创新型企业，对知识产权工作的重视程度和技术成果的取得十分突出，据广州市生产力促进中心发布的数据，2019年广州"独角兽"创新企业平均拥有知识产权约125件，"未来独角兽"企业平均拥有知识产权约101件，"高精尖"企业平均拥有知识产权约111件。事实上，在调研组2019年7月底调研走访的20余家企业中，大部分企业都有良好的知识产权保护意识，金发科技、番禺电缆、浩洋电子、佳都科技、尚品宅配、欧派家居、白云泵业、多益网络等企业建立了比较完善的知识产权保护工作机制，在专利申请上紧跟研发步伐，实现良好互动发展。特别是金发科技、番禺电缆、浩洋电子、佳都科技等制造业企业，在知识产权创造、保护和运用方面更是取得显著成果，近十年来每年都有专利产出（见图2），形成了持续、健康的研发—生产相融合的知识产权发展局面。

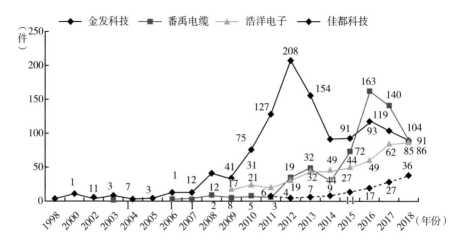

图 2　广州市重点民营企业专利申请量变化趋势

随着广州知识产权政策环境和企业重视意识的提升，知识产权的创造、保护和运用已经成为民营企业软实力的一部分和企业市场竞争力提升的重要保障。企业研发创新和知识产权工作是相辅相成的，研发创新催生知识产权成果，知识产权反哺促进研发创新不断提升。在研发创新和知识产权的双重驱动下，广州市民营企业在经营结构、决策布局方面不断改革调整，使企业经营结构更顺应形势发展，决策布局更加科学合理。为此，我们认为，在当前国家全力实施"高质量发展"的时代背景下，我们更应该高度重视推动民营企业知识产权和企业软实力水平提升，使知识产权成为企业创新驱动、转型升级、实现高质量发展的重要支撑力量。

二　民企知识产权工作目前存在的问题

（一）中小民营企业高层的知识产权意识有待提升

调研发现，中小民营企业高层的知识产权意识还有待加强。造成中小民营企业高层的知识产权意识较为薄弱的原因是多方面的。一是对政策信息的了解相对较少。二是受到市场上"知识产权无用论"的影响，许多中小民营企业高层认为知识产权对公司经营的助益较少，故而缺少了解知识产权知识的动力。三是由于知识产权的专业性较强，中小民营企业中缺少相关的专业性人才，无法由下而上向公司高层传递相关的资讯。

而对于中小民营企业来说，公司高层对知识产权的重视程度直接决定了公司对知识产权工作的投入程度以及建设情况。高层缺少知识产权意识，其公司往往缺少专业的知识产权人才，也没有建立知识产权管理体系。高层缺乏知识产权意识，往往导致公司在知识产权方面存在巨大的漏洞，为公司的正常经营带来巨大风险。如广州中亚实业有限公司多年来一直使用"中亚"及其图形作为商标来推广其产品，然而由于公司对知识产权的保护意识较弱，未注册"中亚"的中文商标，而其经销商注册了"中亚"的中文商标，并利用该商标肆意扰乱广州中亚实业有限公司在福建的正常经营，致使该公司在福建的经营活动遭受巨大损失。

（二）知识产权维权难度大，维权环境有待改善

本次调研中，企业反馈最多的一个问题就是目前知识产权保护中对权利人的不利因素。主要体现在：一是民营企业由于缺乏专业的知识产权人才，在前期获取阶段经常出现保护不到位的情况，导致在维权阶段才发现自己的权利存在巨大缺陷，权利人无法有效地维护自己的权益。二是知识产权维权过程中，经常会引入确权程序，导致维权的流程和周期被大幅延长。三是维权成本高。知识产权维权周期较长，专业性也非常强，取证难度较大，由此带来的维权成本较高，对中小民营企业而言，维权诉讼反而成了巨大的压力。

能否解决知识产权维权难问题是企业是否愿意用知识产权、能否用好知识产权的关键。但是以上知识产权维权过程中的困难受知识产权保护制度本身的特性影响，难以从制度层面彻底解决，而广州市目前的营商环境中，也缺乏有效的机制来解决上述维权难问题，导致该问题成为民营企业保护和运用知识产权的一个拦路虎。

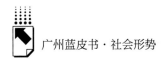

（三）企业维权收益低，政府执法力度有待加强

企业在维权时困难重重，但维权成功后能够获得的收益相当有限。我国现行的知识产权制度还未引入惩罚性赔偿制度，赔偿额度主要还是以侵权方的获益或者权利人的损失为裁量依据，实践中也有许多案例最终是由法官自由裁量，而法院自由裁量的赔偿额是1万元起步，这明显与我国目前的经济水平不匹配，更与维权的投入和成本不匹配。此外，在知识产权的执法力度方面也存在短板，据调研企业中有过行政维权经验的企业反馈，本市的知识产权执法力度相对比较高效、及时，但仍然存在专业性不足、执法力度不强的问题，而广州市民营企业进行跨市维权时，则经常面临执法标准不一、推诿、专业性不足等问题。

由于维权收益低，执法力度弱，市场上对知识产权的价值认知较低。许多企业在市场竞争中，并不敢过分宣传自己的专利技术，因为其部分客户误以为采购有专利技术的产品会丧失对供应链的控制能力。可见，目前市场上对专利的尊重程度还比较低，在该环境下，市场参与者对侵犯知识产权的后果也缺乏畏惧心理，进而导致侵权行为时有发生。

（四）政策导向作用有待加强

近年来，各级政府对相关政策进行了调整，优化了奖励制度的设计，引导企业不再只重视知识产权数量，而是提高知识产权质量。调研过程中，大部分企业对政府的以上调整表示支持，但也提出了优化的建议：一是政府在削弱对国内专利申请的补贴力度以避免骗取补贴行为时，也削弱了对海外专利申请的补贴力度，海外专利申请本来质量就相对较高，较少存在骗取补助的行为，削减海外专利申请补贴使得企业在海外进行专利布局的成本增加，不利于民营企业在贸易摩擦的大背景下参与国际竞争。二是目前政策支持主要还是集中在知识产权获权阶段，对民营企业的维权工作支持较少，导致民营企业维权积极性不高。三是知识产权相关政策稳定性不足。有企业表示，在过去一年政策变动较多，导致企业在经营过程中走了一些弯路。政策的不稳定直接影响了民营企业的信心，也影响了政府政策导向作用的发挥。

（五）行业组织联合能力有待提高

在行业商会引导企业的过程中，能否有效联合行业中的积极力量，建立知识产权联盟，对行业应对外部竞争的能力和加强行业内部自律的能力都有极其重要的意义。然而，广州行业组织目前在这方面的行动还不多见。

根据有关管理机关公开的备案在册的产业知识产权联盟名单，目前广东备案在册的产业知识产权联盟共有 24 家，其中仅有 4 家从广州发起，远远低于深圳的 8 家，甚至不及佛山的 6 家。而广州市人民政府网站发布的广州优势产业有 24 项，其中先进制造业有 10 项，但是仅有一项优势产业已经建立了知识产权联盟。显然，广州行业商会在推动行业知识产权联合方面还有巨大的空间，行业商会在这方面的拓展还有较大的提升空间。

（六）知识产权服务机构有待优化

知识产权的获权、维权、管理和运营等过程都极具专业性，民营企业难以完全依赖自身来完成知识产权工作，必然需要依托知识产权服务机构来提升知识产权的获权、维权、管理和运营能力。因此，知识产权服务机构的服务能力、服务质量直接影响到民营企业的知识产权获权、维权、管理和运营能力。知识产权服务机构的服务能力仍有较大的优化空间：一方面，由于知识产权的专业性较强，民营企业难以辨别知识产权服务机构的专业能力，这给了一些不良服务商生存空间，导致目前知识产权服务机构的服务质量参差不齐。部分民营企业引入了服务能力较差的知识产权服务机构，导致在知识产权经营中错失诸多良机。例如高比电梯的商标保护工作，虽然高比通过多年的经营而使得高比这一商标获得良好的商誉，但是知识产权服务机构仅诱导企业进行商标注册，而未能在企业发现侵权风险时及时提供对策，导致企

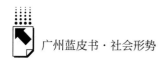

业始终未能有效地维护自己的商誉，企业的知识产权和软实力都蒙受了巨大损失。

另一方面，大量服务能力差的知识产权服务机构以低价竞争的方式获取市场，导致高质量的知识产权服务机构的生存空间不断被挤压，行业有陷入"低价竞争—服务质量下降—低价竞争"的恶性循环中的风险，因此迫切需要知识产权服务也加以自律以避免上述风险，也需要外部力量来加以阻止，避免劣币驱逐良币。

三 加强民营企业知识产权保护的对策建议

强化知识产权保护，需要结合多种手段综合运用，也需要政府、企业、社会组织等各方面协力联动起来。结合本次调研中发现的问题，我们提出以下对策和建议。

（一）发挥媒介作用，加强知识产权宣贯及政策推送

民营企业能否切实将知识产权作为提高软实力的抓手，关键在于民营企业的思想意识，尤其是民营企业高层的思想意识。这需要充分发挥各种媒介的传播和引导作用，让民营企业及时了解到知识产权相关信息，让民营企业高层充分认识到知识产权的价值和意义，从而为民营企业知识产权工作的开展建立思想基础。具体工作建议如下。一是要提高宣贯和推送的普及度，从而让民营企业在日常经营过程中更加容易接触到相关知识产权信息并加以理解，媒介的类型应该更加多样化，形式应该更加灵活。在媒介宣传上，除了传统的线下宣讲会、培训会，还可以尝试网络学习平台、社交平台等能够普及更多受众且民营企业更容易接触到的媒介；在形式上，除了单向的宣贯和推送，也可以采用政策互动，热点案例解读等更易被理解的形式。二是要提高宣贯和政策推送的精准度，让民营企业能够接触到对自己有帮助，且与自己更加息息相关的知识产权信息。这需要培育更加市场化、专业化的知识产权传播机构，由其利用市场机制充分了解不

同类型民营企业的需求与动态，进而有所甄选、有所区分地提供精准的信息服务。

（二）发挥政策引导作用，加强政府的指导和服务保障

民营企业的知识产权工作一方面面临营商环境中对知识产权保护力度不足的现状，另一方面面临自身专业能力不足、企业资源有限的困境。民营企业是否能够有效地将知识产权作为抓手，依赖于政府的政策引导和服务保障能否协助企业应对以上困境。为此，政府应该在以下几方面积极加大作为。

第一，建立健全知识产权维权援助体系，降低企业维权难度和维权成本。知识产权维权援助除了能够对民营企业在实效层面进行帮助，还能够降低权利人维权时"望而却步"的"心理难关"。

第二，严格执法，切实制止侵权行为。相关的知识产权法律法规都赋予行政执法机构一定的执法权，例如《专利行政执法办法》第四十三条使管理专利工作的部门针对被认定为假冒的专利行为责令行为人采取相应的改正措施。行政执法部门需据此严格执法，尽可能制止侵权行为，让侵权者失去存活的土壤，有效打击侵权者的侥幸心理，建立民营企业对知识产权保护的信心。

第三，对民营企业的海外知识产权获权、维权提供支持。目前广州市民营企业在海外的知识产权积累仍然较弱，民营企业在"走出去"的过程中如果没有做好知识产权布局，将面临巨大的风险。因此现阶段可以继续对民营企业海外专利布局提供政策支持。

（三）发挥行业组织联合作用，构建知识产权保护的行业自律环境

行业组织应该充分发挥其联合作用和引导作用，聚合遵守知识产权法律法规的优质企业，抵制侵犯知识产权的企业，压缩侵犯知识产权的企业在行业中的地位，引导行业向尊重知识产权方向发展。对此，可借鉴广东演艺设备行业商会的相关经验，该商会要求入会会员签署入会承诺书承诺"保证尊重行业内自主知识产权，坚决杜绝抄袭、侵犯、恶意抢注同行厂家的专利

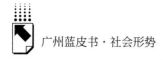

或者商标等知识产权,做到文明经商"。对行业中侵权的行为在商会内进行通报,帮助会员企业识别并规避侵权方,也让侵权方在行业中寸步难行。从而引导行业积极向自主研发方向发展,行业的知识产权保护工作、研发实力都得到有效提升。

(四)发挥工商联组织作用,搭建知识产权保护工作交流合作平台

广州市工商联汇聚了广州优质民营企业,其中部分民营企业已经具有较强的知识产权团队,而有些民营企业的知识产权工作还处于草创阶段,知识产权团队的专业能力较弱,此外,工商联的会员中还有许多专业的知识产权服务机构,知识产权服务机构拥有大量专业人才。而目前这些从业人员缺少一个互动平台,相互之间经验交流较少,难以充分发挥知识产权专业人才对民营企业的推动作用。为此,我们建议,工商联可以充分发挥桥梁纽带作用,搭建知识产权保护工作交流合作平台,一方面推动企业知识产权工作人才交流,另一方面推动企业之间及企业和专业机构、商会组织、政府部门之间的沟通协作,促进民营企业知识产权工作健康发展。

(五)发挥知识产权服务机构作用,加强对民营企业知识产权工作的评估和专业指导

首先,应加强对知识产权服务机构服务能力的监督和把关,规范知识产权服务行业,制止低质量服务机构的低价竞争行为,避免知识产权服务行业陷入低价竞争的恶性循环,提高知识产权服务行业的整体服务水平。只有提高知识产权服务机构的整体服务水平,才能够为民营企业的知识产权保护工作注入强劲的动力。

其次,应加强对优质知识产权服务机构的鼓励和扶持,政府可以尝试适当采购优质知识产权服务机构的服务,并将其用于援助有需求的民营企业,既支持了优质知识产权服务机构的发展,也切实帮助了民营企业提高知识产权运用能力,最终推动知识产权这一驱动力整体朝良性循环方向发展。

知识产权工作是一项专业性强、周期长的工程。让民营企业真正有效地以知识产权为抓手，提升软实力并获得高质量发展，需要全社会的共同推动。社会各方面应该发挥各自职能，特别是政府部门，需要做好政策规划、政策引导和强有力的政策执行，让民营企业愿意拥抱知识产权，能够用好知识产权，为民营企业高质量发展注入强劲的驱动力。

B.12
广州机构改革中地方性法规和政府规章清理

宋伟江*

摘　要：　本报告分析了广州推动涉及机构改革、证明事项清理、工程建设项目审批制度改革等的地方性法规和政府规章清理情况，对地方性法规和政府规章清理的基本理论、经验做法等有关情况进行了梳理研究，对清理中发现的问题和不足进行了总结，结合广州推进法治建设的实际情况，提出了探索建立广州市地方性法规和政府规章即时清理制度的几点思考。

关键词：　地方性法规　政府规章　清理制度　广州

　　"法律是治国之重器，良法是善治之前提。"地方性法规和政府规章是国家法律制度体系的重要组成部分，是地方政府履行经济社会管理职责的重要制度依据。广州市获得地方立法权之后，制定了大量的地方性法规和政府规章，这些地方性法规与政府规章在引领、推动、保障广州经济社会快速发展方面发挥了积极作用。但是，随着经济社会形势的新发展、全面深化改革的不断深入以及上位法规定的调整，对广州市制定出台的地方性法规和政府规章，也需要根据新形势新发展和新要求，适时做出清理。根据2019年广州市涉及机构改革、证明事项清理、工程建设项目审批制度改革等的地方性

---

* 宋伟江，广州市政府法制研究中心二级主任科员，研究方向为民商法和行政法。

法规和政府规章清理情况，结合广州市近年来开展的涉及"放管服"改革、产权保护、生态文明建设和环境保护等专项清理工作情况，经过深入调研和座谈，在认真听取市规划和自然资源局、市住房城乡建设局、市交通运输局、市生态环境局等有关单位意见基础上，形成了本报告。

一　地方性法规和政府规章清理概述

（一）法规规章清理的内涵

何为法规规章清理？不同的学者对此有不同的理解，在实务工作中，也没有统一的认识。其中较为权威的看法，如立法清理①，是指有权的国家立法机关或者授权机关，根据国家的统一安排或法律的规定，按照一定的程序，对一定时期和范围内的规范性法律文件进行审查、清理、整顿等并重新确定其法律效力的活动。以上看法与《规章制定程序条例》第三十七条②的规定基本一致，明确了清理的主体、清理情形和清理结果的处理方式。《广东省政府规章清理工作规定》（粤府令第 138 号）第二条③第二款明确了政府规章清理的具体含义，明确了清理情形和清理结果的处理方式。地方性法规和政府规章清理（以下简称"法规规章清理"）属于立法清理中的一类，在此更准确的说法是广州市法规规章清理，为方便研究，以下内容主要从立法清理的角度进行分析。

---

① 张文显主编《法理学》，法律出版社，1997，第 85～86 页。
② 《规章制定程序条例》第三十七条：国务院部门，省、自治区、直辖市和设区的市、自治州的人民政府，应当根据全面深化改革、经济社会发展需要以及上位法规定，及时组织开展规章清理工作。对不适应全面深化改革和经济社会发展要求、不符合上位法规定的规章，应当及时修改或者废止。
③ 《广东省政府规章清理工作规定》第二条：本省省人民政府和较大的市人民政府制定的规章清理工作，适用本规定。本规定所称政府规章清理，是指根据法律、法规和经济社会发展的需要，对政府规章进行系统分析，确定其是否保留、修改、废止或者宣布失效的政府规章管理工作制度。

（二）法规规章清理的依据

法规规章清理本质上是一种立法活动,[①]《中华人民共和国立法法》作为规范立法工作的基本法,虽然对地方性法规和政府规章清理工作没有进行明确规定,但是在第二条[②]规定地方性法规的修改和废止适用《中华人民共和国立法法》,地方政府规章的修改和废止,依照《中华人民共和国立法法》的有关规定执行。因此,可以认为,《中华人民共和国立法法》是法规规章清理工作的基本依据。《规章制定程序条例》第三十七条对清理工作做出了简单规定,明确应当根据全面深化改革、经济社会发展需要以及上位法规定,及时组织开展规章清理工作,这为开展规章清理工作提供了明确依据。同时,广东省还根据实际,早在2009年就制定出台了《广东省政府规章清理工作规定》（粤府令第138号）,对规章清理方式、清理标准、清理程序、清理要求等进行了明确规定,这是广州市开展政府规章清理工作的最直接依据。

（三）清理的范围和种类

一般来讲,立法清理的范围包括法律、法规、行政法规、地方性法规、部门规章、地方政府规章等,有时规范性文件也在立法清理的范围内。在清理实践工作中,一般都将规范性文件包括在内,因为规范性文件是法律法规的重要补充,是法律法规相关制度落地实施的具体细化规定和操作性规定,规范性文件的清理应当与法规规章的清理一并进行。规范性文件一般细分为政府规范性文件和部门规范性文件,其中政府规范性文件以政府名义发布实施,部门规范性文件以部门名义发布实施,但是二者都是对不特定多数人普遍适用的一般性规定。

[①] 雷斌:《地方性法规清理制度初探》,《人大研究》2009年第5期。
[②] 《中华人民共和国立法法》第二条:法律、行政法规、地方性法规、自治条例和单行条例的制定、修改和废止,适用本法。国务院部门规章和地方政府规章的制定、修改和废止,依照本法的有关规定执行。

关于立法清理的种类，分类方式多种多样。一般情况下，按照清理启动方式，可以分为主动清理和被动清理，其中主动清理是指有权的国家立法机关或者授权机关依据职权主动进行清理的一种形式。按照清理开展的是否具有规律性，可以分为定期清理和不定期清理，其中定期清理是指"地方清理主体按照规定好的时间，每隔一段时间对地方性法规规章进行清理"。①按照清理内容是否全面，可以分为全面清理和专项清理。按照清理启动的依据不同，可以分为因法清理和因情势清理。不同的分类方式，目的都是区分不同清理种类的差异、优点与不足，对分析研究立法清理具有重要的意义。

（四）清理主体的界定

清理主体是指启动和负责清理工作的主体，包括制定主体、起草主体、实施主体三类。②《规章制定程序条例》第三十七条明确规定国务院部门，省、自治区、直辖市和设区的市、自治州的人民政府是清理的主体。但是，在清理工作开展过程中，要明确清理主体，需要对制定主体、起草主体和实施主体进行区分。以广州市为例，在政府规章清理过程中，清理主体一般是市政府，政府规章的起草主体和实施主体基本是一致的，都是市政府有关主管部门，但是清理工作的牵头部门往往是司法行政部门或者市政府其他有关部门；在地方性法规的清理中，制定主体是市人大，起草部门可能是市政府、区政府或者市政府有关部门，也可能是其他单位，这时就会出现起草部门与组织实施部门不一致的情况。开展地方性法规清理工作，需要相关组织实施部门研究并提出意见。但是，如果组织实施部门并不是清理主体，清理工作的科学性和可操作性将大打折扣。当然，也有学者笼统地认为，立法清理属于立法活动，立法清理实施主体应当是立法机关，参与立法清理的其他

---

① 魏海军主编《立法概述》，东北大学出版社，2014，第56页。
② 李平等：《政府规章、规范性文件即时清理制度研究》，载《2015年政府法制研究》2015年第5期。

个人或组织只是参与主体。① 区分清理主体的意义在于明确清理责任的承担者，清理主体往往既是清理工作的启动者，也是清理责任的直接承担者。清理工作的一般原则就是"谁制定谁清理"，如《国务院办公厅关于开展生态环境保护法规、规章、规范性文件清理工作的通知》（国办发〔2018〕87号）就明确要求清理工作坚持"谁制定、谁清理"的原则，县级以上地方人民政府制定的规章、规范性文件，由实施部门提出清理意见和建议，报同级人民政府批准。

（五）清理的情形

清理的情形是指清理所针对的具体情形，也就是出现什么情形才需要进行清理。一般来说，清理的情形包括立法的合法性、合理性、适应性、协调性和可操作性等。《广东省政府规章清理工作规定》第十三条②将清理的情形归纳为合法性、合理性、协调性、操作性、实施效果、其他六个方面。其中，合法性是指是否与上位法不一致或者相抵触；合理性是指是否与经济社会发展需要相适应；协调性是指政府规章之间是否协调一致；操作性是指是否存在需要进一步完善或者细化的问题；实施效果是指政府规章是否实现立法目的；同时，还要考虑是否有其他需要清理的内容。

结合历次的清理情况，无论是全面清理还是专项清理，合法性都是必须清理的情形。但是，对于合理性、适应性、协调性和可操作性，因为各地的实际情况不同，属于自由裁量的选项，无须做出强制性规定，因此对这些清理情形较少进行规定。如《国务院办公厅关于开展生态环

---

① 朱最新、张研：《新时代地方立法清理的问题与对策——以 2010 年以来广东地方立法清理为样本》，载广州市法学会编《法治论坛（2018 第 4 辑）》，中国法制出版社，2018。
② 《广东省政府规章清理工作规定》第十三条：政府规章清理工作按照以下标准进行：（一）合法性，即政府规章是否与上位法不一致或者相抵触；（二）合理性，即政府规章是否与经济社会发展需要相适应；（三）协调性，即政府规章之间是否协调一致；（四）操作性，即政府规章是否存在需要进一步完善或者细化的问题；（五）实施效果，即政府规章是否实现立法目的；（六）其他需要清理的内容。

境保护法规、规章、规范性文件清理工作的通知》（国办发〔2018〕87号）明确要求依据党中央、国务院有关生态环境保护文件精神和上位法修改、废止情况进行清理。其中，规章、规范性文件的主要内容与党中央、国务院有关生态环境保护文件相抵触或与现行生态环境保护相关法律、行政法规不一致的，要予以废止；部分内容与党中央、国务院有关生态环境保护文件相抵触或与现行生态环境保护相关法律、行政法规不一致的，要予以修改。

（六）清理程序设计

清理程序是指清理工作的具体步骤和流程。《中华人民共和国立法法》在第二条规定，地方性法规的修改和废止适用本法，地方政府规章的修改和废止，依照本法的有关规定执行。因此，可以认为，地方性法规的清理应当适用《中华人民共和国立法法》有关立法的相关程序要求，政府规章的清理可以依照《中华人民共和国立法法》的有关规定执行。《中华人民共和国立法法》第七十七条①明确地方性法规案的提出、审议和表决程序，根据《中华人民共和国地方各级人民代表大会和地方各级人民政府组织法》，参照本法第二章第二节全国人民代表大会立法程序、第三节全国人民代表大会常务委员会立法程序、第五节其他规定的规定，由本级人民代表大会规定。《中华人民共和国立法法》第八十三条②明确地方政府规章的制定程序，参照本法第三章关于行政法规的规定，由国务院规定。《规章制定程序条例》第二条③规定，规章的立项、起草、审查、决定、公布、解释，适用本条

---

① 《中华人民共和国立法法》第七十七条：地方性法规案、自治条例和单行条例案的提出、审议和表决程序，根据中华人民共和国地方各级人民代表大会和地方各级人民政府组织法，参照本法第二章第二节、第三节、第五节的规定，由本级人民代表大会规定。地方性法规草案由负责统一审议的机构提出审议结果的报告和草案修改稿。

② 《中华人民共和国立法法》第八十三条：国务院部门规章和地方政府规章的制定程序，参照本法第三章的规定，由国务院规定。

③ 《规章制定程序条例》第二条：规章的立项、起草、审查、决定、公布、解释，适用本条例。违反本条例规定制定的规章无效。

例。《规章制定程序条例》没有对清理程序进行专门规定，但是由于清理结果主要是两种——修改和废止，而《规章制定程序条例》第三十九条[①]明确了规章的修改、废止程序适用本条例的有关规定。因此，可以认为政府规章的清理应当适用《规章制定程序条例》的有关规定。

结合清理工作实际，清理程序一般包括清理启动、清理建议、意见审核、审议决定、公布实施几个阶段。为保持清理工作的公开透明，确保清理工作的科学性和民主性，一般都会有公开征求公众意见环节，一般是在提请审议决定之前。清理启动一般是按照上级有关要求、改革发展需要或者法律法规的制定和修改情况，由市人大或者市政府明确要求开展法规规章的清理工作，同时明确清理工作的牵头部门，明确清理主体、清理标准、清理程序以及其他有关要求。清理建议主要是部门清理意见和社会公众意见，其中部门清理意见是指法规规章制定部门或者组织实施部门，结合法规规章实施情况和自身管理实际，提出的清理意见。社会公众意见是指在公开征求意见或者座谈论证中听取的群众意见、行业组织意见、企业意见以及其他意见。意见审核一般是指司法行政部门（机构改革前为政府法制部门）针对部门清理建议和社会公众清理建议提出的审核意见，一般是从合法性、合理性、操作性以及部门职权的确定性等方面进行审核，为清理工作把好合法性的关。审议决定一般是指市政府审议决定规章的修改和废止，市人大审议通过地方性法规的修改和废止建议。公布实施是指地方性法规和政府规章的正式公布实施。

（七）清理标准与清理结果

清理标准是法规规章清理的标杆，清理标准是否明确、清晰、可操作，直接决定清理质量的高低。在全面清理中，清理的标准一般比较确定、比较坚持原则，如对与上位法不一致或者相抵触的内容进行清理。《规章制定程序

[①] 《规章制定程序条例》第三十九条：规章的修改、废止程序适用本条例的有关规定。规章修改、废止后，应当及时公布。

条例》第三十七条明确应当根据全面深化改革、经济社会发展需要以及上位法规定进行清理，其实这也是大部分全面清理的三个基本标准。在专项清理中一般会提出明确具体的标准。在全面清理中，也会要求结合专项清理工作，如《国务院办公厅关于做好规章清理工作有关问题的通知》（国办发〔2010〕28 号）在明确坚持法制统一的原则时，明确提出要根据《全国人民代表大会常务委员会关于废止部分法律的决定》（2009 年 6 月 27 日中华人民共和国主席令第 16 号）、《全国人民代表大会常务委员会关于修改部分法律的决定》（2009 年 8 月 27 日中华人民共和国主席令第 18 号），切实解决规章中存在的明显不适应、不一致、不协调的突出问题；要把这次规章的集中清理与全面清理涉及向企业收费、摊派的规定结合起来，从制度上、源头上切实解决企业负担过重的问题；要注意对照行政处罚法、行政许可法等规范政府共同行为的法律、法规的规定，认真梳理、查找规章中存在的问题，与这些法律、法规相抵触或者不一致的，该修改的要修改，该废止的要废止。

清理结果主要有三种：保留、修改、废止。对于清理结果的处理，一般情况下是进行"打包"修改或者废止①，这是清理工作的后续处理，也是清理工作成果的直接体现。结合实际情况，在保留、修改、废止之外，还有一种处理：纳入计划修订或者废止。这种情况主要是针对法规规章中已有部分内容需要修改或者废止。但是，由于上位法正在进一步修改、相关改革正在开展、相关政策措施尚未落地、相关配套措施尚未完善等，因此不能立即对现有法规规章进行修订，要将此种法规规章纳入计划修订或者废止。此种情况下，虽然法规规章中的某些规定与上位法或者国家有关政策不一致，但是按照上位法优于下位法、新法优于旧法、特殊法优于普通法等法律适用原则，并不会对现实社会管理造成影响，不会影响现有管理工作的开展。因此，将此种法规规章纳入计划修订或者废止，也是一种具有操作性和可行性的方法。

---

① 李平等：《政府规章、规范性文件即时清理制度研究》，载《2015 年政府法制研究》2015 年第 5 期。

二 广州市地方性法规和政府规章清理基本情况

（一）清理范围和清理主体

根据 2019 年开展的涉及机构、证明事项清理、工程建设项目审批制度改革等的地方性法规、政府规章和规范性文件清理情况，以此为例进行分析。按照 2019 年 4 月统计的数据，将截至 2019 年 4 月现行有效的所有地方性法规共计 79 件、所有市政府规章共计 115 件、市政府规范性文件共计 149 件，全部纳入清理范围。

清理责任主体按照"谁组织实施或者主要实施，谁清理""无明确组织实施或者主要实施部门的，谁牵头起草，谁清理"的原则确定，其中清理责任主体因机构改革涉及相关职责调整的，由承接该职责的部门负责清理。清理责任主体对负责清理的政府规章提出清理建议，经本部门集体审议后报送市司法局。

（二）清理程序和清理要求

本次清理工作涉及面广、任务重、时间紧、要求高。为确保按时高质量完成清理工作，市司法局结合实际做了系统的工作安排，按照地方性法规、政府规章和规范性文件清理同步开展、分步推进的原则，有序推进清理工作。

一是启动阶段。市司法局印发清理通知，明确清理范围、责任主体、清理标准、步骤和要求，全面启动本市地方性法规、政府规章和规范性文件清理工作，各区、各部门按照要求开展清理工作。

二是自查清理阶段。全市各清理责任单位按照责任分工和清理标准，对负责清理的地方性法规、政府规章和规范性文件提出清理建议，经本单位集体审议后报送市司法局。

三是汇总审核阶段。对各区、各部门提出的清理意见进行汇总审核，形成地方性法规、政府规章和规范性文件清理意见后，在网上公开征求社会公众意见，发函征求各相关单位、各区政府的意见，对提出的意见建议进行分析研究，就分歧意见反复沟通协调，并基本达成一致意见。

四是审议公布阶段。地方性法规清理意见，经市政府常务会议讨论通过后，以市政府名义提请市人大审议修改或者废止。政府规章和规范性文件清理意见，经市政府常务会议讨论通过后，正式向社会公布，并做好后续的公布、备案等相关工作。

（三）清理标准

建议集中修正情况。一是内容涉及机构改革，且涉及的部门名称、职责调整已经明确的，按照确定的名称、职责进行修改。例如，将"工商"、"环保"、"安监"、"经贸"等相应修改为"市场监督管理"、"生态环境"、"应急管理"、"商务"等，如《广州经济技术开发区条例》。二是根据广州市 2018 年开展的证明事项专项清理工作的结果，一并进行修正，如《广州市城乡规划条例》等；同时，对地方性法规涉及的证明事项兜底条款进行清理修改，如《广州市绿化条例》。三是根据广州市 2018 年工程建设项目审批制度改革内容，清理存在不一致的有关内容，如修改《广州市城市快速路路政管理条例》第五条，减少行政审批前置条件，修改《广州市绿化条例》第二十四条，实行技术审查与行政审批相分离；又如对《广州市排水管理办法》关于排水许可申请资料的修改，对《广州市城乡规划技术规定》关于修建性详细规划审查、规划条件验收等规定的修改等。四是统一追责条款的表述。根据《中华人民共和国监察法》规定，各级监察委员会是行使国家监察职能的专责机关，依法独立行使监察权，对地方性法规和政府规章中的相关表述进行必要的修改，如将"构成犯罪的，由司法机关依法追究刑事责任"统一修改为"构成犯罪的，依法追究刑事责任"，将"对直接负责的主管人员和其他直接责任人员给予行政处分"中的"行政"两个字删去。

建议纳入修订或废止情况。此类项目是指按照清理标准需要修改地方性法规或者政府规章，但由于涉及修改的内容较多，需要进一步理顺职责关系和职责分工再修改，无法一揽子修正。一是根据上位法修改情况和实际管理工作需要，对地方性法规或者政府规章做出全面修订。其中，有的已纳入《广州市人大常委会2019年度立法计划》正式项目（包括制定、修改和废止）或预备项目，如拟制定出台新的《广州市科技创新促进条例》，并同时废止《广州市科技创新促进条例》；有的需要将来列入法规年度计划，如《广州市专利管理条例》。二是地方性法规或者政府规章已经不适应社会管理需要，并且所规范领域国家层面已经出台相关规定的，需要将来列入年度计划修改或废止，如《广州市社会治安综合治理条例》。

建议予以废止的情形。对于已经不适应现实管理需要的地方性法规、政府规章和规范性文件，予以废止，如《广州市农村房地产权登记规定》《广州市食品安全监督管理办法》《广州市政府投资项目审计办法》《广州市安全生产管理规定（试行）》《广州市林权争议处理若干规定》《广州市城市规划勘察测量管理办法》。上述规章废止后可以依据有关上位法实施管理，不影响管理工作的开展。

建议予以保留的情形。一是不涉及机构改革、证明事项清理、工程审批制度改革，没有需要做出修改的内容，如《广州市社会工作服务条例》。二是涉及机构改革但不影响实施，按照清理标准无须做出修改，如《广州市博物馆条例》。三是涉及机构改革，但因正在制定新的替代法规，需要新法规实施方可废止，如《广州市城市供水用水条例》。对于保留的地方性法规、政府规章和市政府规范性文件，如果今后根据实施情况需要修改或者废止，可以另行申报纳入年度立法计划予以修改或者废止，也可以适时评估修订。

（四）清理成果

一是地方性法规清理结果。按照清理标准，在对现行有效79件地方性法规逐件清理基础上，建议集中修正32件，纳入法规年度计划修订或废止37件，保留10件。

二是政府规章清理结果。按照清理标准，在对现行有效 115 件政府规章逐件清理基础上，形成了集中修正 54 件、废止 6 件、纳入年度计划修订 26件、保留 29 件的清理意见。

三是规范性文件清理结果。按照清理标准，在对现行有效 149 件市政府规范性文件逐件清理基础上，形成了集中修正 43 件、废止 1 件、纳入法规年度计划修订 40 件、保留 61 件、自动失效 4 件的清理意见。

三 广州市地方性法规和政府规章清理存在的问题

（一）被动清理多，主动清理少，清理不够及时

在历年的清理中，清理动因主要来自国家层面的要求，地方基于现实需要主动开展的清理基本没有，因此清理工作被动性强，清理的原则、标准、要求和时限都需要由上级部门规定。例如，《国务院办公厅关于做好证明事项清理工作的通知》（国办发〔2018〕47 号），明确要深入贯彻落实党中央、国务院关于减证便民、优化服务的部署要求，做好证明事项清理工作，切实做到没有法律法规规定的证明事项一律取消，针对证明事项清理具体工作提出明确要求和清理时限。由于地方性法规和政府规章是结合地方实际制定的，具有很强的地方特色，现实中往往出现该清理的长时间没有清理的情况，导致地方性法规和政府规章中的某些规定严重落后于现实需要，这是清理工作主动性差的直接后果。

（二）专项清理多，全面清理少，清理不够彻底

启动清理的情形主要是上位法及国家政策发生重大变化，清理形式以开展机构改革清理、证明事项清理等专项清理为主，全面系统清理少，与专项清理无关的一些"问题"条款经过多次清理，依旧"岿然不动"。如 2019 年广州市开展的涉及机构改革、证明事项清理、工程建设项目审批制度改革、生态环境保护等的地方性法规和政府规章清理，涉及四个

专项清理，是四个专项清理工作的综合成果，对四个专项相关的条款进行了修改，但是对与四个专项不相关的条款，并未进行全面修订。这是因为相关专项清理工作时间紧、任务重、要求高，短时间内无法对所有地方性法规和政府规章中的条款进行全面清理。清理工作也属于立法工作，相关条款的修改涉及重大管理制度变化的，有必要进行详细、全面的论证和征求意见，而专项清理工作的特殊情况和要求，导致清理工作不全面、不彻底。

（三）不定时清理多，定时清理少，清理不够规律

由于历次清理多是自上而下进行，清理的启动时间不确定，清理工作的计划性不强，甚至会出现短时间内需要对同一法规规章进行多次清理的情况，极大地影响了法规规章的稳定性。如在2019年广州市开展的涉及机构改革、证明事项清理、工程建设项目审批制度改革等的地方性法规和政府规章清理过程中，相关清理工作已经基本完成且已经提交市政府审议，因为出现新的情况，需要对涉及生态环境保护的相关内容进行修改，因此再次清理并补充了相关内容，对与之相关的四部规章进行修改，对两部规章予以废止。这充分说明，不定时清理可预期性差、没有规律，在一定程度上影响了法规规章清理的质量。

（四）征求意见多，公众参与少，清理不够透明

清理过程中，涉及部门职权调整或者有关制度设计变化的，需要反复征求部门意见。但是，社会公众参与的渠道少、积极性低，缺乏有效参与清理的有关制度，基本收集不到有效的公众意见和建议，这极大影响了清理的科学性和民主性。从目前来看，征求有关部门的意见时，部门会对与自己相关职权进行认真核对，而对与自身不相关的内容基本不会提出意见。目前征求公众意见主要是通过政府门户网站，在网络上公开征求意见，但是由于清理工作专业性强，需要耗费大量的时间和精力，社会公众基本不会提出意见和建议，特别是在打包清理一大批地方性法

规和政府规章方面，社会公众参与途径少、参与能力不足、积极性不强等问题，严重制约了清理工作的开展。

（五）部门沟通协调多，编制部门参与少，清理不够科学

清理过程中经常涉及部门职权变更和管理方式变化，在修改相关条文内容时，需要具体明确某项职权的具体归属。部门的"三定方案"是确定部门职权划分的重要依据，但是很难做到面面俱到，很难对所有的职权进行罗列，涉及具体职权时，有关表述过于笼统，与相关部门相关的职权区分不够明晰。在清理过程中，对于职权方面的不同意见，解决的方式主要是由制定部门或者实施部门通过座谈会、协调会等形式，开展部门间协调，但由于机构编制部门参与少、参与度低，很少开展专业的论证评估，清理的科学性还有待提升，机构职责法定化仍需加强。

四　建立健全广州市地方性法规和政府规章即时清理制度的几点思考

（一）强化顶层设计，研究出台即时清理相关制度规定

参照和借鉴国内其他城市经验做法，研究制定出台关于立法清理的地方性法规或者政府规章，明确建立法规规章即时清理制度，对清理工作的责任主体、工作程序和具体要求等进行全面系统的规定，为清理工作提供坚实的制度保障。

（二）明确清理原则和启动情形

坚持"服务改革、助力发展、维护法制统一"原则，明确在国家上位法修改或国家、省相关政策发生重大调整，以及适应广州市改革发展和社会形势发展需要的情况下，及时启动法规规章清理工作，确保重大改革于法有据、依法推进，切实维护法治的权威和统一。

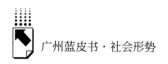

（三）强化清理主体责任和司法行政部门职责，激发清理工作内在动因

将历年清理工作的成熟做法固定化，明确各级司法行政部门和法规规章起草部门为清理主体。其他单位或者个人可以向起草部门或司法行政部门提出清理建议。各级司法行政部门承担组织协调、指导监督、法律审核的职责，对法规规章清理的合法性、合理性、适当性进行把关。

（四）明确清理程序和期限要求

清理工作包括启动、提出清理建议、法律审核、征求意见、集体讨论决定、清理结果公布等多个环节，各环节具体工作内容和期限需要明确规定，确保清理工作的科学性、合法性和时效性。其中，政府规章清理工作，应当由各级司法行政部门或者法规规章起草部门、主要实施部门向本级政府提出清理意见，由市政府决定是否启动清理工作。地方性法规清理工作，应当由各级司法行政部门或者法规规章起草部门、主要实施部门向本级政府提出清理意见，由市政府向市人大提出启动清理工作的建议。

（五）注重制度衔接，凸显即时清理的有效性

法规规章即时清理制度要与规范性文件有效期制度相衔接，法规规章清理工作应当与规范性文件清理工作同步开展、同步推进。相关规章需要予以修改、废止或者宣布失效的，经市政府常务会议审议决定后，应当按照立法程序及时开展修订、废止、公布、备案等相关后续工作。相关法规需要予以修改、废止或者宣布失效的，应当及时提请同级人大审议，市政府有关部门应当积极协助做好相关工作。

社会调查篇

Social Surveys

B.13
2019年广州居民幸福感状况调研报告[*]

郑希付　刘学兰　罗品超　黄喜珊　攸佳宁[**]

摘　要： 本研究从广州市情出发，以2013年编制的《广州市居民幸福感评价指标问卷》为基础，采取分层整群随机抽样的方式对2714名广州市居民进行了网络调研，并与2017、2018年度数据进行了对比。结果显示：（1）广州市居民在精神生活维度上的满意度最高，在社会公平维度上的满意度最低，总体幸福感处于中等偏上水平；（2）广州市居民的7项幸福感指标受到性别、年龄、居住

———————————

* 该报告为广州市人文社会科学重点研究基地——华南师范大学幸福广州心理服务与辅导基地研究成果。

** 郑希付，博士，华南师范大学临床心理学专业教授，博士生导师，心理咨询专家，研究方向为临床心理学和心理健康教育；刘学兰，博士，华南师范大学心理学院副院长，教授，硕士生导师，研究方向为学习心理、文化心理、心理咨询与家庭治疗；罗品超，博士，华南师范大学心理学院副研究员，硕士生导师，研究方向为临床心理学；黄喜珊，博士，华南师范大学心理学院副教授，硕士生导师，研究方向为教育社会心理学；攸佳宁，博士，华南师范大学心理学院教授，博士生导师，研究方向为青少年问题行为、情绪障碍、危机干预等。

时间、居住地、婚姻状况、文化程度、职业、房产情况、家庭月收入和家庭月消费等因素的影响；（3）目前广州市居民的相对剥夺感仍较为普遍，且在不同社会群体中存在差异；（4）精神生活是影响居民幸福感最重要的因素，生活质量是与居民幸福感关系最大的因素，社会公平和生活质量是居民最希望得到改善的因素；（5）纵观近三年的幸福感数据，2019年广州市居民总体幸福感与7个分维度的得分较2017年有较大提升，与2018年评分基本持平。基于以上调研结果，本研究对今后如何进一步提升广州市居民的幸福感提出了共享改革发展成果、改善住房状况、加强食品药品安全监管等建议。

关键词： 居民幸福感　年度比较　广州市

一　调研背景

2011年1月，在中共广东省委十届八次全会上，广东省委书记汪洋在报告中首次系统地提出了"幸福广东"的概念，他指出，广东"十二五"发展的核心就是要加快转型升级、建设幸福广东，归根到底，就是要通过转型升级增强广东经济社会发展的均衡性、协调性、可持续性和核心竞争力，不断创造社会财富和公平分配社会财富，让人民群众共享改革发展成果，过上好日子，增强幸福感[①]。自从"幸福广东"提出和宣传后，它就成了广东省经济社会发展中的一个热词，同时也成为政府工作的出发点和落脚点。

广州是广东省的省会，是国家历史文化名城，在2018年中国百强城市排行榜中居第三位。在国家统计局与中央电视台联合主办的"中国经济生

---

① 南方报业传媒集团：《加快转型升级　建设幸福广东（广东省第十一次党代会精神学习读本）》，南方日报出版社，2012。

活大调查"活动中，广州被评为 2018 年中国最具幸福感城市。为了持续稳定推进幸福广州建设工作，研究团队从广州市情出发，以马斯洛需要层次理论为依托，建立具有广州特色的幸福感评价指标体系，在编制《广州市居民幸福感评价指标问卷》的基础上，开展广州市居民年度幸福感现状调研，对调研结果采用科学手段进行分析，获得有价值的研究结论，以期为党政部门及相关组织团体进行科学决策提供依据。

二　调研工具

（一）《广州市居民幸福感评价指标问卷》

问卷由个人发展、生活质量、政府服务、社会环境、社会公平、精神生活、生态环境等 7 项一级指标、44 项二级指标组成，主要考察广州市居民的各项生活满意度。居民需要对 1~44 个题目进行评价。该指标采用李克特 5 点量表评定方法，每个二级指标都有"非常符合""比较符合""一般""不太符合""很不符合"五种封闭式回答，分别记为 5、4、3、2、1 分，得分越高，表示个体对该项目满意度越高。广州市居民总体幸福感的计算方法为：每个一级指标的满意度乘以该指标的权重，然后加和（即居民总体幸福感 = 个人发展均分 ×10% + 生活质量均分 ×25% + 精神生活均分 ×15% + 社会环境均分 ×15% + 社会公平均分 ×10% + 政府服务均分 ×10% + 生态环境均分 ×15%）。

（二）自编相对剥夺感问卷

问卷参考 2004 年《上海市民的社会生活状况评价调查报告》编制而成，目的在于测量个体在特定参照条件下产生的对两者差异的主观感受。该问卷共有 3 个项目，每个项目可作出"不同意"、"一般"或"同意"的回答，分别记为 1、2、3 分。项目一"我应该过上比现在更好的生活"得分越高，表示个体的相对剥夺感越强烈；项目二"我现在的生活就是我原来想要的生活"及项目三"我现在的生活比原来想的更好"得分越低，表示个体的相对剥夺感越强烈。

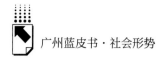

（三）自编人口学情况调查表及开放性问题

人口学情况调查表包括性别、年龄、居住地、居住时间、婚姻状况、职业、文化程度、家庭月收入、家庭月消费、房产情况等项目。开放性问题直接询问居民对提升幸福感的看法和建议，以获得居民的具体意见。

三　调查对象

本研究以广州市居民为调查对象，采用网络调查的方式，使用分层整群随机抽样的方法获取样本，包括不同性别、年龄、居住时间、居住地、婚姻状况、文化程度、职业的各类人群（详见表1），共发放电子问卷2714份，回收有效问卷2000份，有效回收率为73.69%。

表1　2019年调查对象的人口学情况

单位：人，%

人口学变量		人数	占比
性别	男	1025	51.25
	女	975	48.75
年龄	18~25岁	300	15.00
	26~35岁	400	20.00
	36~45岁	500	25.00
	46~55岁	400	20.00
	56~65岁	300	15.00
	66岁以上	100	5.00
居住时间	0.5~1年	95	4.75
	1~3年	147	7.35
	3~5年	281	14.05
	5~10年	232	11.60
	10~15年	277	13.85
	15年以上	968	48.40
居住地	天河区	232	11.60
	荔湾区	132	6.60
	越秀区	165	8.25
	白云区	349	17.45
	海珠区	233	11.65

续表

人口学变量		人数	占比
居住地	番禺区	234	11.70
	黄埔区	154	7.70
	花都区	150	7.50
	南沙区	98	4.90
	从化区	90	4.50
	增城区	163	8.15
婚姻状况	未婚	115	5.75
	已婚	1816	90.80
	离异	56	2.80
	丧偶	13	0.65
文化程度	初中及以下	11	0.55
	高中/中专/职高	147	7.35
	大专	350	17.50
	本科	1356	67.80
	硕士	117	5.85
	博士	19	0.95
职业	政府公务员	97	4.85
	企事业单位职员	720	36.00
	企事业单位管理人员	496	24.80
	各类专业技术人员	293	14.65
	自由职业者	109	5.45
	军人/警察	9	0.45
	农民	8	0.40
	外来务工者	81	4.05
	离退休人员	86	4.30
	失业或下岗人员	14	0.70
	个体户	82	4.10
	学生	5	0.25
	其他	0	0.00
房产情况	没有	250	12.50
	有一套	1560	78.00
	有多套	190	9.50
月收入	1000 元及以下	6	0.30
	1000～2500 元	19	0.95
	2500～4000 元	39	1.95
	4000～6000 元	113	5.65

续表

人口学变量		人数	占比
家庭月收入	6000～8000 元	169	8.45
	8000～10000 元	365	18.25
	10000～20000 元	890	44.50
	20000～50000 元	372	18.60
	50000 元以上	27	1.35
家庭月消费	1000 元及以下	20	1.00
	1000～2500 元	124	6.20
	2500～4000 元	287	14.35
	4000～6000 元	457	22.85
	6000～8000 元	401	20.05
	8000～10000 元	359	17.95
	10000～20000 元	274	13.70
	20000～50000 元	69	3.45
	50000 元以上	9	0.45

注：本文居住时间、家庭月收入、家庭月消费项，如0.5～1年、1000～2500元等均视为0.5～1年（含）、1000～2500元（含），余同，不一一标注。

四 调查结果

（一）2019年广州市居民幸福感状况

1.总体状况

如图1所示，在7项幸福感指标中，按评分从高到低依次为精神生活、生活质量、社会环境、个人发展、政府服务、生态环境、社会公平。其中，7项指标的分值均在一般水平"3"之上，总体幸福感得分为3.70分，处于中等偏上水平。这在一定程度上表明，相关政策的颁布与实施是正确有效的，广州市居民能够安居乐业，有较强的生活幸福感。

2.性别差异

如图2所示，独立样本t检验发现性别主效应显著，构成幸福感的7个

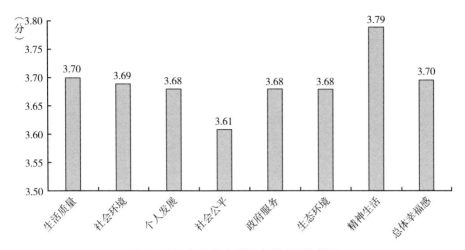

图1 2019年广州市居民幸福感总体状况

维度和总体幸福感的性别差异均达到显著水平（$p < 0.05$），男性居民幸福感各维度评分和总体幸福感评分均显著高于女性居民，表明现阶段广州市居民幸福感的性别差异较大，值得重视。

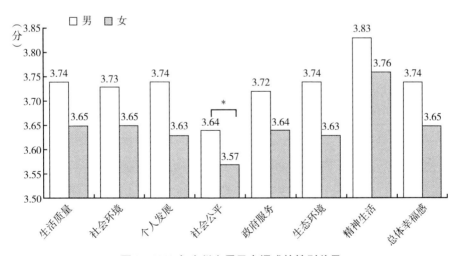

图2 2019年广州市居民幸福感的性别差异

3. 年龄差异

如图3所示，从总体幸福感看，方差分析发现不同年龄段居民评分不存

在显著差异，在社会环境和政府服务两个维度上不同年龄段居民评分差异显
著（$p < 0.05$），事后检验发现，18～25岁居民评分在社会环境和政府服务
两个维度上显著高于26～35岁、46～55岁和56～65岁居民评分，而与
36～45岁、65岁以上居民评分无显著差异。18～25岁的青年人刚步入社
会，需要承担的社会和家庭责任较轻，生活压力小，因而幸福感评分高。

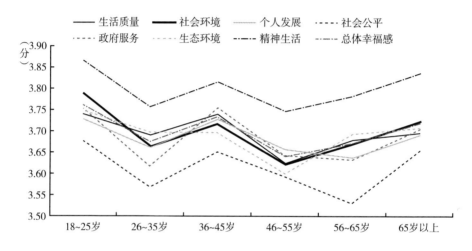

图3　2019年广州市居民幸福感的年龄差异

4. 居住时间差异

方差分析发现，在广州居住时间主效应显著（$p < 0.001$），不同居住时
间的居民的评分在构成幸福感的7个维度和总体幸福感上均有显著差异
（见图4）。事后检验发现，居住时间为10～15年的居民在总体幸福感和生
活质量、政府服务、精神生活等维度上评分显著高于其他居民；在广州生活
0.5～5年的居民，总体幸福感和生活质量、社会环境、个人发展、社会公
平、政府服务、生态环境维度上评分显著低于居住时间在5年以上的居民，
他们初来乍到，面临激烈的竞争、较高的物价和房价，压力很大，不太适应
广州的生活节奏。而经过一番打拼和调整，居住时间在5年以上的居民幸福
感水平显著提升，因为他们已经能够很好地融入广州生活，生活和工作趋于
稳定，对生活的满意度较高。

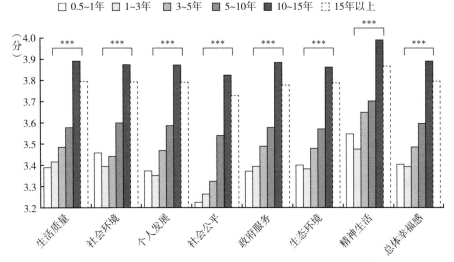

图4　2019年广州市居民幸福感在广州生活时间上的差异

5. 居住地差异

方差分析结果显示（见表2），居住地主效应显著（$p < 0.001$），荔湾区居民评分在总体幸福感和7个分维度上均最高。两两比较发现，在总体幸福感上，荔湾区居民评分显著高于天河区、越秀区、白云区、黄埔区、花都区、南沙区，而与海珠区、番禺区、从化区、增城区居民评分差异不显著，花都区居民评分显著低于天河区、荔湾区、海珠区、番禺区、从化区和增城区，而与越秀区、黄埔区、南沙区居民评分差异不显著；在生活质量、社会环境维度上，荔湾区居民评分显著高于越秀区、白云区、黄埔区、花都区、南沙区，而与天河区、海珠区、番禺区、从化区、增城区居民评分差异不显著；荔湾区居民个人发展维度评分显著高于其他所有区居民评分。尽管政府部门在各区规划与建设中努力贯彻协同发展的理念，但是实际调查显示，广州市不同居住地居民的幸福感仍存较大差异。

6. 婚姻状况差异

方差分析结果显示（见表3），婚姻状况主效应显著（$p < 0.001$），在总体幸福感和各分维度上，已婚居民的满意度评分显著高于未婚居民满意度评分。在生活质量和生态环境维度上，已婚居民的评分显著高于离异居民评

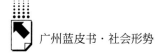

分。通过交叉列联表分析发现，未婚者中52%为18～25岁的居民，45%为26～35岁的居民。对于前者来说，根据埃里克森发展阶段理论[1]，这个阶段个体的主要目标是发展亲密关系，而18～25岁未婚居民情感不稳定，爱和归属的需要[2]未能得到较好满足，使得他们对生活的满意度较低。对于后者而言，这个阶段的个体应该生儿育女，关心后代的繁衍和养育，婚姻是对生育最好的法律和物质保证，而26～35岁未婚居民在没有缔结婚姻的情况下，可能存在较大的心理冲突和压力，因此满意度也较低。

7. 文化程度差异

方差分析结果显示（见表4），文化程度主效应显著（$p < 0.001$），高中/中专/职高和博士学历居民满意度最高，初中及以下学历居民满意度最低。事后检验发现，在总体幸福感以及生活质量、社会环境、个人发展、政府服务等维度上，高中/中专/职高学历居民评分显著高于初中及以下、大专和硕士学历居民，与本科、博士学历居民评分差异不显著。整体来看，文化水平与幸福感并非正向关系。

8. 职业差异

因职业选择为军人/警察、农民、失业或下岗人员、学生和其他的居民人数较少（共36人，占1.8%），不具有代表性，故不作进一步的统计分析。如表5所示，方差分析发现职业主效应显著（$p < 0.001$），职业类型为个体户的居民在总体幸福感、生活质量、社会环境、生态环境、精神生活维度上的评分均显著高于其他所有职业居民评分；离退休人员在总体幸福感上的评分显著低于政府公务员、企事业单位职员、企事业单位管理人员、自由职业者和个体户，与各类专业技术人员、外来务工者无显著差异；离退休人员在社会公平和政府服务维度上的评分均显著低于其他所有职业居民评分。个体户因对个人生活的控制感较强而幸福感水平高，离退休人员处于职业停滞期，缺乏生活控制感，幸福感水平低。

---

① 林崇德：《发展心理学》第2版，人民教育出版社，2009。
② 彭聃龄：《普通心理学》第4版，北京师范大学出版社，2012。

表 2 2019 年广州市不同居住地的居民幸福感状况（M ± SD）

单位：分

	生活质量	社会环境	个人发展	社会公平	政府服务	生态环境	精神生活	总体幸福感
天河区	3.72 ± 0.63	3.72 ± 0.62	3.72 ± 0.61	3.65 ± 0.71	3.70 ± 0.62	3.67 ± 0.69	3.82 ± 0.65	3.72 ± 0.59
荔湾区	3.85 ± 0.63	3.85 ± 0.65	3.90 ± 0.59	3.77 ± 0.78	3.88 ± 0.72	3.83 ± 0.68	3.95 ± 0.60	3.86 ± 0.60
越秀区	3.53 ± 0.68	3.53 ± 0.72	3.60 ± 0.71	3.60 ± 0.71	3.72 ± 0.67	3.56 ± 0.71	3.70 ± 0.73	3.60 ± 0.62
白云区	3.70 ± 0.67	3.69 ± 0.71	3.65 ± 0.75	3.55 ± 0.77	3.64 ± 0.72	3.71 ± 0.77	3.78 ± 0.74	3.68 ± 0.67
海珠区	3.74 ± 0.72	3.77 ± 0.73	3.74 ± 0.78	3.68 ± 0.79	3.70 ± 0.80	3.73 ± 0.74	3.86 ± 0.78	3.75 ± 0.69
番禺区	3.73 ± 0.68	3.74 ± 0.68	3.73 ± 0.71	3.62 ± 0.77	3.74 ± 0.69	3.74 ± 0.70	3.84 ± 0.71	3.74 ± 0.64
黄埔区	3.68 ± 0.72	3.62 ± 0.72	3.62 ± 0.75	3.54 ± 0.83	3.56 ± 0.79	3.65 ± 0.76	3.71 ± 0.69	3.64 ± 0.69
花都区	3.58 ± 0.78	3.54 ± 0.83	3.59 ± 0.80	3.41 ± 0.89	3.48 ± 0.86	3.54 ± 0.88	3.71 ± 0.81	3.56 ± 0.77
南沙区	3.53 ± 0.74	3.58 ± 0.79	3.50 ± 0.80	3.48 ± 0.85	3.57 ± 0.73	3.56 ± 0.72	3.64 ± 0.80	3.56 ± 0.71
从化区	3.74 ± 0.62	3.71 ± 0.67	3.67 ± 0.69	3.68 ± 0.73	3.78 ± 0.63	3.76 ± 0.69	3.76 ± 0.63	3.73 ± 0.58
增城区	3.76 ± 0.61	3.77 ± 0.61	3.74 ± 0.68	3.73 ± 0.68	3.78 ± 0.63	3.72 ± 0.66	3.86 ± 0.69	3.77 ± 0.58
F	3.01***	3.31***	2.88**	2.95**	3.63***	2.26*	2.18*	2.96***

注：* 代表 $p < 0.05$，** 代表 $p < 0.01$，*** 代表 $p < 0.001$。

表 3 2019 年广州市不同婚姻状况的居民幸福感状况（M ± SD）

单位：分

	生活质量	社会环境	个人发展	社会公平	政府服务	生态环境	精神生活	总体幸福感
未婚	3.41 ± 0.74	3.46 ± 0.74	3.38 ± 0.72	3.28 ± 0.86	3.39 ± 0.82	3.39 ± 0.84	3.51 ± 0.76	3.41 ± 0.72
已婚	3.72 ± 0.67	3.71 ± 0.69	3.70 ± 0.72	3.63 ± 0.76	3.70 ± 0.70	3.71 ± 0.72	3.82 ± 0.71	3.72 ± 0.64
离异	3.52 ± 0.85	3.56 ± 0.94	3.77 ± 0.68	3.63 ± 0.95	3.75 ± 1.03	3.50 ± 0.92	3.75 ± 0.81	3.62 ± 0.80
丧偶	3.32 ± 0.30	3.32 ± 0.39	3.22 ± 0.44	3.18 ± 0.51	3.41 ± 0.45	3.37 ± 0.49	3.23 ± 0.44	3.30 ± 0.34
F	10.44***	6.48***	9.25***	8.93***	7.79***	8.79***	9.29***	10.04***

注：*** 代表 $p < 0.001$。

表4 2019年广州市不同文化程度的居民幸福感状况（M±SD）

单位：分

	生活质量	社会环境	个人发展	社会公平	政府服务	生态环境	精神生活	总体幸福感
初中及以下	3.32±0.40	3.31±0.49	3.23±0.52	3.56±0.70	3.06±0.62	3.29±0.63	3.27±0.64	3.30±0.41
高中/中专/职高	3.82±0.62	3.83±0.58	3.77±0.65	3.67±0.74	3.82±0.69	3.84±0.61	3.95±0.63	3.82±0.57
大专	3.55±0.66	3.56±0.70	3.55±0.64	3.39±0.78	3.47±0.77	3.56±0.72	3.67±0.69	3.55±0.62
本科	3.74±0.68	3.72±0.71	3.74±0.71	3.67±0.76	3.74±0.69	3.71±0.74	3.82±0.71	3.74±0.65
硕士	3.54±0.80	3.59±0.80	3.39±1.04	3.42±0.83	3.57±0.83	3.59±0.86	3.67±0.95	3.55±0.81
博士	3.71±0.71	3.92±0.65	3.74±0.81	3.83±0.57	3.77±0.76	3.82±0.68	3.82±0.70	3.80±0.61
F	7.04***	5.44***	9.30***	9.56***	11.11***	4.96***	5.71***	7.94***

注：***代表 p<0.001。

表5 2019年广州市不同职业居民幸福感（M±SD）

单位：分

	生活质量	社会环境	个人发展	社会公平	政府服务	生态环境	精神生活	总体幸福感
政府公务员	3.64±0.67	3.63±0.64	3.78±0.64	3.60±0.74	3.73±0.72	3.60±0.63	3.78±0.79	3.67±0.61
企事业单位职员	3.73±0.68	3.72±0.69	3.71±0.71	3.67±0.75	3.73±0.69	3.74±0.73	3.86±0.71	3.74±0.65
企事业单位管理人员	3.83±0.67	3.81±0.68	3.82±0.69	3.73±0.74	3.78±0.71	3.77±0.68	3.84±0.68	3.80±0.63
各类专业技术人员	3.48±0.72	3.45±0.78	3.42±0.83	3.40±0.83	3.49±0.75	3.44±0.80	3.58±0.82	3.47±0.73
自由职业者	3.79±0.67	3.83±0.65	3.80±0.64	3.77±0.75	3.82±0.75	3.79±0.67	3.86±0.68	3.81±0.63
外来务工者	3.48±0.48	3.59±0.54	3.44±0.62	3.47±0.57	3.60±0.64	3.61±0.55	3.61±0.55	3.54±0.43
离退休人员	3.42±0.65	3.38±0.76	3.43±0.56	3.01±0.86	3.26±0.77	3.44±0.85	3.67±0.72	3.40±0.67
个体户	4.00±0.54	4.08±0.53	3.98±0.67	3.79±0.76	3.89±0.63	4.04±0.62	4.08±0.53	4.00±0.51
F	13.67***	14.60***	14.21***	15.34***	10.97***	11.20***	7.99***	13.99***

注：***代表 p<0.001。

9. 房产情况差异

方差分析结果显示（见图5），房产情况主效应显著（$p < 0.001$），在总体幸福感和7个分维度上，有一套房产的居民评分显著高于没有房产的居民评分，而与拥有多套房产的居民评分无显著差异。根据马斯洛需要层次理论，无房产居民最基本的安全需要未得到满足[1]，因此幸福感水平低于有房产居民。

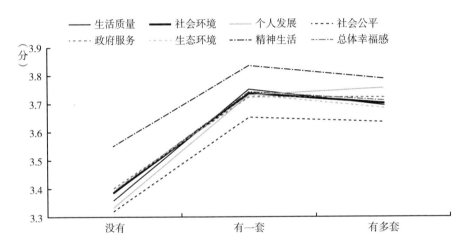

图5　2019年广州市居民幸福感的房产情况差异

10. 家庭月收入差异

因家庭月收入在4000元及以下和50000元以上的居民人数较少，不具有代表性，故不作进一步统计分析。如图6所示，方差分析发现，家庭月收入主效应显著（$p < 0.001$），事后检验发现，在总体幸福感和各分维度上，家庭月收入为20000～50000元的居民评分显著高于家庭月收入为4000～6000元、6000～8000元、8000～10000元、10000～20000元的居民评分；在总体幸福感和生活质量、个人发展、社会公平、政府服务、生态环境、精神生活等维度上，家庭月收入为4000～6000元的居民评分显

---

①　吴宏伟：《马斯洛的需要层次理论及哲学底蕴》，《哈尔滨市委党校学报》2006年第2期，第31～33、60页。

著低于家庭月收入为 8000～10000 元、10000～20000 元和 20000～50000 元的居民评分，与家庭月收入为 6000～8000 元的居民评分差异不显著。总体来看，随着收入的增加，居民的满意度也随之提高，说明收入水平是影响人们幸福感的重要因素。

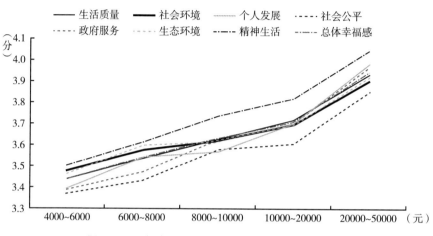

图6　2019 年广州市居民幸福感的家庭月收入差异

11. 家庭月消费差异

因家庭月消费在 1000 元及以下和 50000 元以上的居民人数较少，不具有代表性，故不作进一步分析比较。如图 7 所示，方差分析发现家庭月消费主效应显著（$p < 0.001$），两两比较发现家庭月消费为 8000～10000 元的居民总体幸福感和生活质量、社会环境、精神生活维度评分显著高于月消费为 1000～8000 元以及月消费为 10000～20000 元的居民评分，与月消费为 20000～50000 元的居民评分无显著差异；家庭月消费为 1000～2500 元的居民在总体幸福感和生活质量、社会环境、个人发展、政府服务、生态环境维度上的满意度显著低于月消费为 4000～6000 元、6000～8000 元、8000～10000 元、10000～20000 元和 20000～50000 元的居民，与月消费为 2500～4000 元的居民无显著差异；家庭月消费为 1000～2500 元的居民在社会公平和精神生活维度上的满意度显著低于月消费为 2500～4000 元、4000～6000 元、6000～8000 元、8000～10000 元、10000～20000 元和

20000~50000 元的居民。整体而言，随着消费水平的提高，居民的幸福感
呈现上升的趋势。

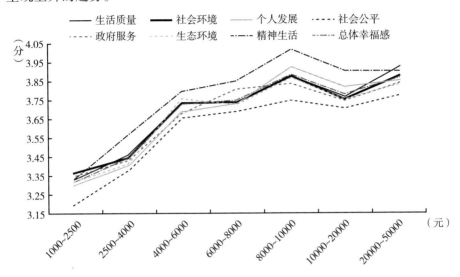

图7　2019 年广州市居民幸福感的家庭月消费差异

12. 居民的心声

如图 8 所示，影响居民幸福感最重要的因素是精神生活，重要程度为
7. 74 分（满分10 分），而与居民幸福感关系很大的因素是生活质量，被选

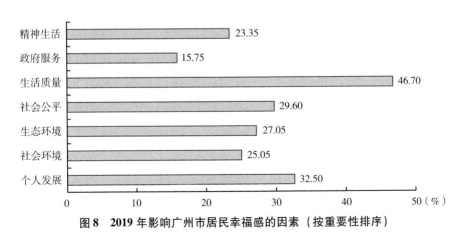

图8　2019 年影响广州市居民幸福感的因素（按重要性排序）

比例为 46.70%。如图 9 所示，居民最希望得到改善的两个因素分别为社会公平和生活质量。进一步分析发现，在社会公平二级指标上，居民对社会分配公平满意度最低（M = 3.54）；在生活质量二级指标上，居民对住房状况满意度最低（M = 3.55）。

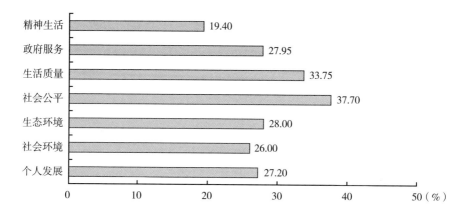

图 9　2019 年广州市居民希望改善的幸福感因素（按重要性排序）

（二）2019 年广州市居民相对剥夺感情况

2019 年广州市居民幸福感调查显示，62.40% 的受访者认为"我应该过上比现在更好的生活"，43.65% 的市民认为"我现在的生活就是我原来想要的生活"，另外有 45.95% 的居民则认为"我现在的生活比原来想的更好"，这些数据表明现阶段广州市居民的相对剥夺感仍然较为普遍。

如表 6 所示，从性别和年龄看，相对剥夺感大体相同；从婚姻状况看，已婚居民的相对剥夺感最高；从文化程度看，硕士学历居民的相对剥夺感最高；从职业类型看，职业为个体户的居民相对剥夺感最高；从房产情况看，有多套房产的居民相对剥夺感最高；从家庭月收入和家庭月消费看，总体上高收入、高消费居民的相对剥夺感较高。

表6   2019 年广州市居民相对剥夺感现状

单位：%

		我应该过上比现在更好的生活	我现在的生活就是我原来想要的生活	我现在的生活比原来想的更好
性别	男	64.10	45.27	46.24
	女	60.62	41.95	45.64
年龄	18~25 岁	62.67	43.00	52.33
	26~35 岁	58.25	44.00	45.00
	36~45 岁	64.00	48.20	49.60
	46~55 岁	62.25	41.50	42.25
	56~65 岁	64.67	41.00	39.00
	66 岁以上	64.00	38.00	48.00
婚姻状况	未婚	58.26	22.61	32.17
	已婚	62.94	44.99	46.92
	离异	60.71	46.43	51.79
	丧偶	30.77	30.77	7.69
文化程度	初中及以下	45.45	36.36	27.27
	高中/中专/职高	64.63	41.50	40.14
	大专	58.29	37.43	44.57
	本科	63.13	46.61	47.79
	硕士	67.52	32.48	37.61
	博士	47.37	36.84	47.37
职业	政府公务员	65.98	44.33	42.27
	企事业单位职员	64.58	48.33	50.83
	企事业单位管理人员	65.32	46.57	51.41
	各类专业技术人员	55.29	39.59	37.20
	自由职业者	54.13	42.20	50.46
	外来务工者	64.20	25.93	30.86

续表

		我应该过上比现在更好的生活	我现在的生活就是我原来想要的生活	我现在的生活比原来想的更好
职业	离退休人员	58.14	29.07	22.09
	个体户	71.95	42.68	50.00
房产情况	没有	56.00	24.40	27.60
	一套	63.08	46.67	48.97
	多套	65.26	44.21	45.26
家庭月收入	4000~6000元	61.06	31.86	36.28
	6000~8000元	55.62	43.79	39.64
	8000~10000元	62.19	43.01	43.84
	10000~20000元	62.13	42.25	42.13
	20000~50000元	72.85	56.45	66.40
家庭月消费	1000~2500元	46.77	25.00	10.00
	2500~4000元	62.72	43.21	25.81
	4000~6000元	57.33	44.42	45.99
	6000~8000元	65.34	46.13	44.20
	8000~10000元	69.08	46.80	48.88
	10000~20000元	67.52	40.51	50.70
	20000~50000元	59.42	59.42	44.53

（三）2017年、2018年与2019年广州市居民幸福感状况的比较

1. 总体情况比较

如图10所示，纵观三年的幸福感数据，2019年广州市居民社会环境和社会公平维度评分与2017年相比有明显提升，与2018年相比有小幅提升；2018年和2019年广州市居民总体幸福感和生活质量、个人发展、政府服务、生态环境、精神生活等维度评分较2017年有所提升，但2018年与2019年评分基本持平，说明广州市居民幸福感维持在较高水平上，这与广州市政府在各方面做的努力是分不开的。

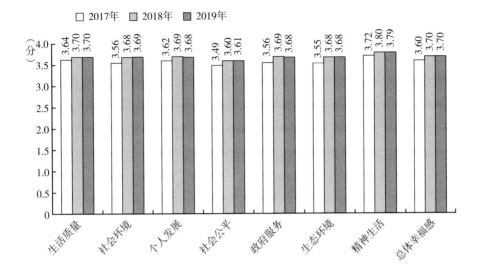

图10 2017年、2018年与2019年广州市居民幸福感状况比较

2. 性别差异比较

如表7所示，2017年调查显示广州市居民幸福感无显著的性别差异，2018年调查显示居民幸福感仅在精神生活维度具有显著的性别差异，而2019年调查显示居民总体幸福感和各分维度评分的性别差异都达到了显著水平，说明广州市居民幸福感的性别差异出现了逐年增大的趋势。

3. 年龄差异比较

如图11所示，总体来看，2019年各年龄段居民的总体幸福感和各维度评分较2017年呈上升趋势，特别是在社会环境、社会公平、政府服务、生态环境维度以及总体幸福感上，而与2018年评分差异不大。广州市各年龄段居民的幸福感维持在较高水平上。

4. 婚姻状况差异比较

如图12所示，2017年不同婚姻状况的居民在各项指标上的评分较为一致，已婚居民除精神生活外的其他6个分维度和总体幸福感评分均为最高；2018年已婚居民在总体幸福感、生活质量、社会环境、社会公平、政府服务、生态环境和精神生活上的满意度评分均为最高；2019年已婚居民在总体

表7 2017年、2018年与2019年广州居民幸福感的性别比较（M±SD）

单位：分

	2017年			2018年			2019年		
	男	女	t	男	女	t	男	女	t
生活质量	3.65±0.65	3.64±0.65	0.27	3.72±0.68	3.69±0.68	0.96	3.74±0.66	3.65±0.71	2.92**
社会环境	3.56±0.74	3.56±0.69	0.14	3.70±0.71	3.66±0.70	1.16	3.73±0.66	3.65±0.75	2.80**
个人发展	3.64±0.71	3.60±0.72	1.52	3.71±0.74	3.67±0.75	1.13	3.74±0.69	3.63±0.75	3.36***
社会公平	3.48±0.84	3.50±0.79	-0.58	3.61±0.79	3.71±0.74	0.22	3.64±0.73	3.57±0.81	2.04*
政府服务	3.57±0.78	3.55±0.75	0.37	3.71±0.74	3.67±0.76	1.16	3.72±0.68	3.64±0.76	2.57*
生态环境	3.55±0.77	3.55±0.74	-0.05	3.70±0.75	3.66±0.72	1.20	3.74±0.67	3.63±0.79	3.36***
精神生活	3.73±0.69	3.71±0.70	0.67	3.84±0.70	3.76±0.69	2.37*	3.83±0.69	3.76±0.75	2.29*
总体幸福感	3.61±0.65	3.60±0.63	0.33	3.72±0.66	3.68±0.66	1.30	3.74±0.61	3.65±0.70	3.05**

注：t值无标注代表 $p > 0.05$，* 代表 $p < 0.05$，** 代表 $p < 0.01$，*** 代表 $p < 0.001$。

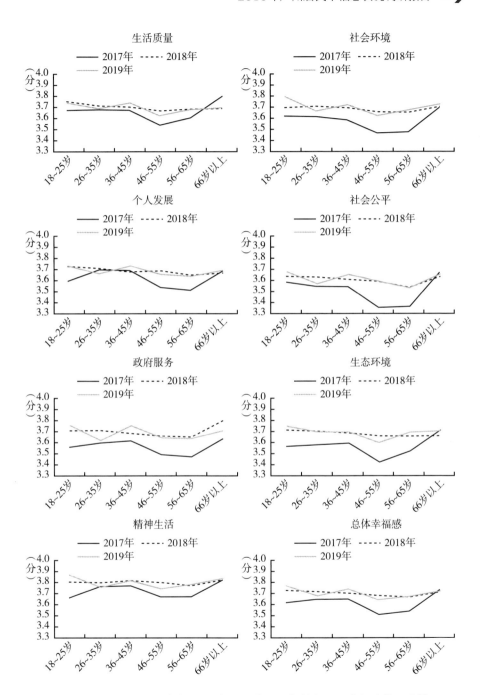

图11　2017 年、2018 年与 2019 年广州市不同年龄段居民幸福感状况比较

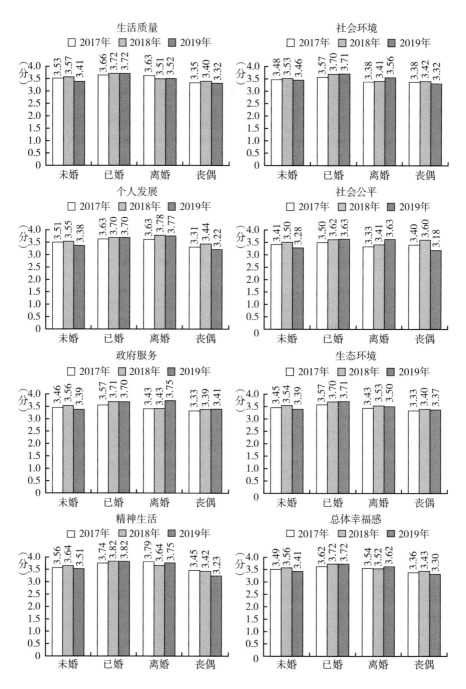

图12　2017年、2018年与2019年广州市不同婚姻状况居民幸福感比较

幸福感以及生活质量、社会环境、社会公平、生态环境、精神生活维度上的满意度评分均为最高。从婚姻状况来看，2019年未婚居民的总体幸福感和各维度评分较2017年、2018年有所降低，已婚居民评分与往年相差不大，离婚居民评分在总体幸福感、政府服务、社会公平、社会环境上有较大提升。

5. 文化程度差异

如图13所示，2017年调查发现本科学历居民在除生态环境、精神生活维度外的其余5个维度上评分最高；2018年调查发现，总体上本科、硕士、博士学历居民评分相对较高；2019年调查发现，总体幸福感和生活质量、个人发展、政府服务、生态环境、精神生活等维度评分上，高中/中专/职高学历居民得分最高。从总体幸福感看，2019年高中/中专/职高和大专学历居民评分较2017年、2018年度有较大提高；2019年初中以下学历居民评分较前两年有所降低；2019年本科和硕士学历居民评分较2017年有所提升，与2018年相比有所降低；2019年博士学历居民评分与2017年相比提升较大，与2018年相比升幅较小。

6. 职业差异比较

因2017~2019年调查样本中职业类型为军人/警察、农民、失业或下岗人员、学生和其他的人数较少（小于2%），不具有代表性，故不作进一步比较分析。如图14所示，从总体幸福感看，2017年调查发现离退休人员幸福感水平最低，企事业单位管理人员幸福感水平最高；2018年调查发现外来务工者的幸福感水平最低，个体户幸福感水平最高；2019年调查发现离退休人员幸福感水平最低，个体户幸福感水平最高。从总体幸福感以及个人发展、社会公平、生态环境、精神生活等分维度来看，2019年企事业单位职员、自由职业者和外来务工者的幸福感较前两年有较大提升；2019年职业类型为个体户的居民幸福感较2017年有较大增幅，与2018年相差不大；2019年职业类型为各类专业技术人员的居民总体幸福感和各分维度满意度评分与2018年相比下降较多。

7. 家庭月收入差异比较

因2017~2019年调查样本中家庭月收入在4000元及以下和50000元以上的

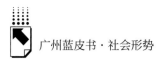

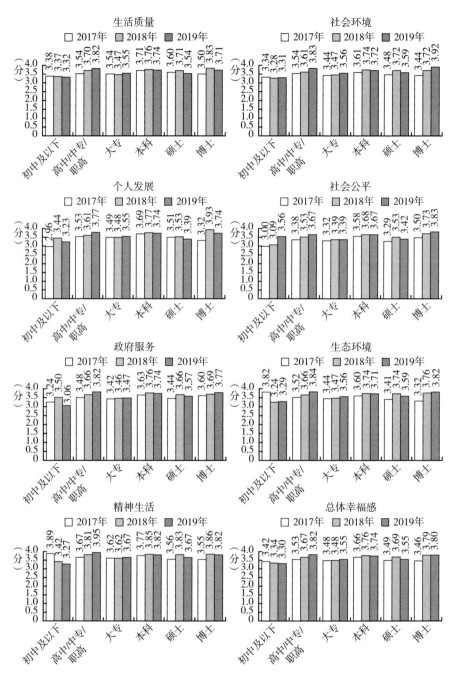

图13　2017年、2018年与2019年广州市不同文化程度居民幸福感状况比较

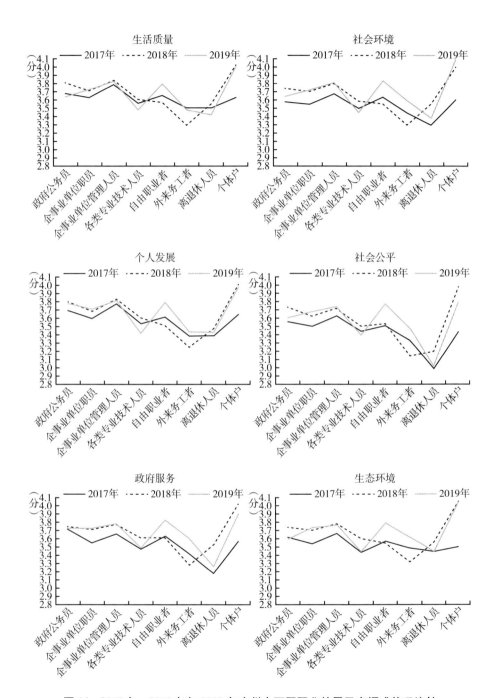

图14 2017年、2018年与2019年广州市不同职业的居民幸福感状况比较

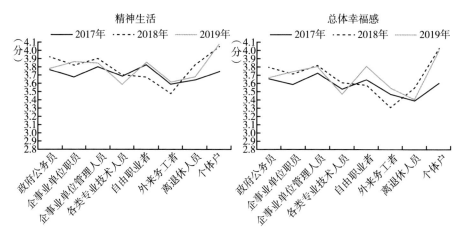

续图14 2017年、2018年与2019年广州市不同职业的居民幸福感状况比较

人数较少，不具有代表性，故不作进一步比较分析。如图15所示，从总体幸福感以及社会环境、个人发展、生态环境维度来看，2019年家庭月收入为4000~8000元的居民评分较前两年有较大提升；2019年家庭月收入在8000元以上居民的总体幸福感和各维度评分较2017年有较大提升，与2018年差异不大，说明政府在提高低收入者幸福感、维持高收入者幸福感方面的工作是行之有效的。

8. 家庭月消费差异比较

因2017~2019年调查样本中家庭月消费在1000元及以下和20000元以上的人数较少，故不作进一步比较分析。如图16所示，从总体幸福感来看，2019年家庭月消费为4000元及以下居民的幸福感评分较前两年有所降低，而月消费4000元以上居民的评分较前两年有所提高，表明低消费群体的生活满意度低，而高消费群体的生活满意度逐年稳步提升。

9. 居民心声的比较

2017年、2018年影响居民幸福感最重要的因素均为生活质量，重要程度分别为7.52分和7.66分（满分10分），而2019年影响居民幸福感最重要的因素是精神生活，重要程度为7.74分。如图17所示，2017~2019年均有近半数居民认为与幸福感关系很大的因素是生活质量，这与我国社会主要矛盾的变化是相一致的，我国社会主要矛盾已经转化为人民日益增长的美

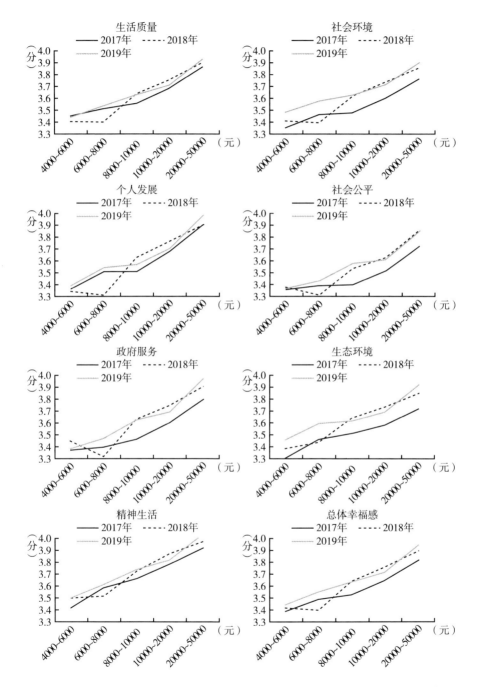

图15 2017 年、2018 年与 2019 年广州市不同家庭月收入的居民幸福感状况比较

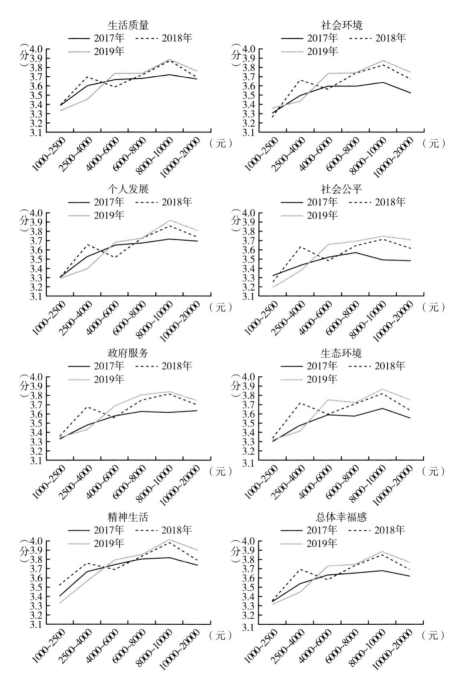

图16　2017年、2018年与2019年广州市不同家庭月消费水平的居民幸福感状况比较

好生活需要和不平衡不充分的发展之间的矛盾，在即将全面建成小康社会之际，人民物质生活需要已得到充分满足，精神生活对于提升居民幸福感的重要作用正在逐步增加。

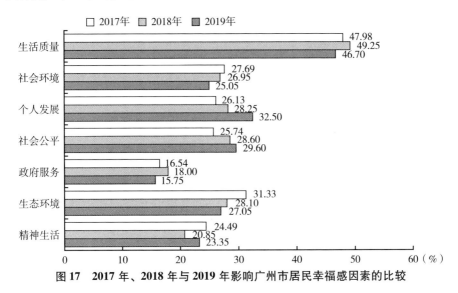

图17 2017年、2018年与2019年影响广州市居民幸福感因素的比较

如图18所示，2017～2019年居民最希望改善的因素均为社会公平和生活质量，进一步分析发现，2017～2019年在社会公平二级指标上居民对社会分配

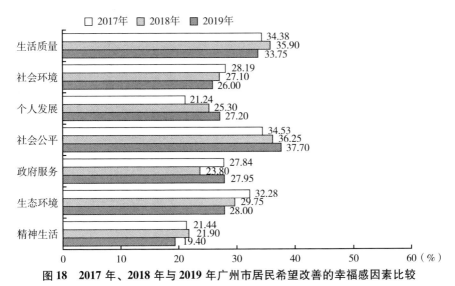

图18 2017年、2018年与2019年广州市居民希望改善的幸福感因素比较

公平的满意度最低，在生活质量二级指标上居民对住房状况的满意度最低，这说明社会分配和住房问题一直都是制约居民幸福感提升的重要因素。

（四）2017年、2018年与2019年居民相对剥夺感比较

如表8所示，就整体情况而言，2017～2019年广州市居民的相对剥夺感仍然较为普遍，超过六成的居民认为自己应该过上比现在更好的生活。

表8　2017年、2018年与2019年广州市居民相对剥夺感总体情况比较

单位：%

	我应该过上比现在更好的生活			我现在的生活就是我原来想要的生活			我现在的生活比原来想的更好		
	2017年	2018年	2019年	2017年	2018年	2019年	2017年	2018年	2019年
同意	60.97	61.80	62.40	38.48	39.75	43.65	44.33	44.70	45.95
不同意	2.95	3.25	3.15	13.99	12.20	12.75	11.49	11.25	11.60

如表9所示，从性别看，2017年、2018年和2019年，居民相对剥夺感性别差异不大；从年龄看，相较于2017年和2018年，2019年18～25岁和56岁以上居民的相对剥夺感有所上升，26～35岁居民相对剥夺感有所下降；从婚姻状况看，2017年和2019年已婚居民的相对剥夺感最高，而2018年离异居民的相对剥夺感最高；从文化程度看，2019年初中及以下和博士学历居民相对剥夺感较2017年明显下降，高中/中专/职高和大专学历居民相对剥夺感较2018年有所下降；从职业看，2019年各类专业技术人员、自由职业者、农民、离退休人员、失业或下岗人员、学生的相对剥夺感较前两年有所下降；从家庭月收入看，2019年月收入1000～4000元、8000～20000元以及50000元以上居民的相对剥夺感较前两年有所降低，其他收入的人群相对剥夺感有所上升；从家庭月消费看，月消费1000元及以下、1000～2500元以及4000～6000元居民的相对剥夺感较2018年有所降低，其他收入人群的相对剥夺感有所上升或持平。

表9　2017 年、2018 年与 2019 年广州市居民相对剥夺感情况比较

单位：%

		我应该过上比现在更好的生活			我现在的生活就是我原来想要的生活			我现在的生活比原来想的更好		
		2017 年	2018 年	2019 年	2017 年	2018 年	2019 年	2017 年	2018 年	2019 年
性别	男	61	62	64	40	40	45	45	44	46
	女	61	61	61	37	39	42	44	45	46
年龄	18～25 岁	58	62	63	43	38	43	46	42	52
	26～35 岁	59	63	58	40	43	44	48	48	45
	36～45 岁	65	61	64	40	38	48	44	47	50
	46～55 岁	62	63	62	33	39	42	43	45	42
	56～65 岁	62	60	65	37	43	41	41	41	39
	66 岁以上	53	60	64	41	35	38	43	39	48
婚姻状况	未婚	57	64	58	39	39	23	44	40	32
	已婚	62	61	63	39	40	45	45	45	47
	离异	52	78	61	48	33	46	32	48	52
	丧偶	27	0	31	7	0	31	7	33	8
文化程度	初中及以下	78	33	45	67	56	36	11	22	27
	高中/中专/职高	54	69	65	35	31	41	38	36	40
	大专	59	61	58	30	32	37	38	42	45
	本科	63	61	63	41	43	47	48	47	48
	硕士	62	65	68	44	34	32	38	38	38
	博士	60	89	47	40	67	37	70	78	47
职业	政府公务员	66	71	66	49	59	44	59	60	42
	企事业单位职员	62	57	65	35	36	48	44	42	51
	企事业单位管理人员	63	61	65	46	44	47	51	47	51
	各类专业技术人员	60	67	55	32	40	40	36	43	37
	自由职业者	60	58	54	44	35	42	46	43	50
	军人/警察	38	100	44	50	25	67	38	13	78
	农民	75	0	38	0	0	0	0	0	0
	外来务工者	43	60	64	21	19	26	19	30	31
	离退休人员	60	64	58	31	23	29	39	23	22
	失业或下岗人员	67	50	29	50	0	14	17	0	7
	个体户	47	65	72	49	52	43	42	69	50
	学生	46	55	40	8	27	0	46	27	0
	其他	67	100	0	67	100	0	0	100	0

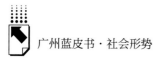

续表

		我应该过上比现在更好的生活			我现在的生活就是我原来想要的生活			我现在的生活比原来想的更好		
		2017年	2018年	2019年	2017年	2018年	2019年	2017年	2018年	2019年
家庭月收入	1000元及以下	33	0	33	0	0	0	0	0	0
	1000~2500元	42	0	32	42	0	26	21	0	42
	2500~4000元	34	0	28	40	0	10	42	0	21
	4000~6000元	50	56	61	27	28	32	30	36	36
	6000~8000元	55	52	56	33	29	44	40	33	40
	8000~10000元	60	64	62	31	35	43	37	43	44
	10000~20000元	65	64	62	42	41	42	48	46	42
	20000~50000元	66	62	73	48	51	56	56	55	66
	50000元以上	58	67	56	33	50	41	50	33	48
家庭月消费	1000元及以下	50	0	40	36	9	30	7	9	10
	1000~2500元	46	52	47	31	24	25	39	24	26
	2500~4000元	57	61	63	35	43	43	37	45	46
	4000~6000元	64	60	57	38	35	44	47	44	44
	6000~8000元	67	63	65	40	40	46	44	46	49
	8000~10000元	64	69	69	46	47	47	51	49	51
	10000~20000元	56	63	68	37	36	41	46	42	45
	20000~50000元	55	51	59	45	44	59	66	52	70
	50000元以上	86	38	44	43	100	44	71	63	33

五 建议与对策

居民幸福感的测评是衡量和评价社会运行与政府工作效果的"温度计",是建设"幸福广州"的具体工作方向和手段的"指示器"。2019年幸福感测评结果反映了现阶段居民对"幸福广州"实现程度的感受和主要诉求,各级政府应以此为导向,找准下一步的工作方向,切实落实建设"幸福广州"的各项政策,做到"从群众中来,到群众中去"。

通过对人口学变量的差异比较,我们发现:广州市居民的幸福感受到性别、年龄、居住时间、居住地、婚姻状况、文化程度、职业、房产情况、家庭月收入和家庭月消费等因素的影响。从性别看,女性居民总体幸福感和各维度评分均低于男性居民;从年龄看,不同年龄段居民的总体幸福感评分无显著差异;从居住时间看,居住时间0.5~5年的居民总体幸福感评分最低;从居住地看,花都区、越秀区、黄埔区和南沙区居民评分较低;从婚姻状况看,未婚居民总体幸福感和各维度评分均低于已婚居民;从文化程度看,初中及以下、大专和硕士学历居民总体幸福感和生活质量、社会环境、个人发展、政府服务等维度评分均显著低于高中/中专/职高学历居民;从职业看,离退休人员、各类专业技术人员和外来务工者总体幸福感和生活质量、社会环境、个人发展等维度评分均低于其他职业居民;从房产情况看,无房产居民总体幸福感和各分维度评分均显著低于有房产居民;从家庭月收入看,家庭月收入为4000~6000元的居民在总体幸福感和生活质量、个人发展、社会公平、政府服务、生态环境、精神生活等维度上评分显著低于家庭月收入为8000~50000元的居民;从家庭月消费看,家庭月消费为1000~2500元的居民在总体幸福感和生活质量、社会环境、个人发展、政府服务、生态环境维度上的评分显著低于家庭月消费为4000~50000元的居民。

此外,我们还对广州市居民幸福感状况进行了连续三年的跟踪调研。纵观三年的幸福感数据,2019年社会环境和社会公平维度评分与2017年相比有明显提升,与2018年相比有小幅提升;2018年和2019年广州市居民总

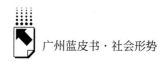

体幸福感和生活质量、个人发展、政府服务、生态环境、精神生活等维度评分较 2017 年有所提升，但 2019 年与 2018 年评分基本持平，说明广州市居民幸福感维持在较高水平上，这与广州市政府在各方面做的努力是分不开的。

基于上述调研结果和相关研究，为更好实现建设"幸福广州"的终极目标，我们提出以下建议和对策。

（一）共享改革发展成果，保证社会公平

2017～2019 年居民最希望改善的因素均为社会公平，进一步分析发现，2017～2019 年在社会公平二级指标上，居民对社会分配公平的满意度最低。此外，对个人发展维度二级指标进行分析发现，广州市居民对于目前的收入及其增长状况满意度最低。党的十九大报告指出，必须始终把人民利益摆在至高无上的地位，让改革发展成果更多更公平惠及全体人民，朝着实现全体人民共同富裕不断迈进。政府可以从以下几点改善收入分配不均的局面。第一，坚持按劳分配原则，完善按要素分配的机制，促进收入分配更合理、更有序；第二，鼓励勤劳守法致富，扩大中等收入群体，增加低收入者收入，调节过高收入，取缔非法收入；第三，拓宽居民劳动收入和财产性收入渠道，履行好政府再分配调节职能，加快推进基本公共服务均等化，缩小收入分配差距；第四，随着互联网的普及以及中外交流的增多，可利用这些优势使偏远山区居民获得更多教育资源，减少由收入分配不均带来的资源分配不均等不良后果。

（二）改善住房状况，提升生活质量

2017～2019 年居民最希望改善的第二个因素是生活质量，进一步分析发现，2017～2019 年在生活质量二级指标上，居民对住房状况的满意度最低。在房价一路高涨的现实背景下，住房已经成为影响城市居民幸福感重要的外部因素。所以我们认为，提升生活质量，关键在于改善住房状况。住房可以抵御经济困难，得到收入回报，保障经济安全，因此拥有房屋产权能显

著提升幸福感。具体可从以下几方面着手：第一，坚持房子是用来住的、不是用来炒的定位；第二，积极构建新时代住房保障体系，建立多渠道住房保障制度，进一步规范并加强租赁住房补贴工作；第三，要不断完善保障性住房分配制度，坚持保障房源、分配过程、分配结果"三公开"，确保公平公正分配；第四，提高住房金融保障水平，打击市场投机行为，维护市场秩序。

（三）加强食品药品安全监管，改善社会环境

对社会环境维度下的 8 个二级指标进行分析发现，广州市居民对食品药品安全问题的满意度最低。当前，我国进入了全面建成小康社会的决定性阶段，经济发展和社会进步对食品药品安全提出了更高的要求，人民群众对此有着更高的期待，食品药品安全工作的重要性更加凸显。保障食品药品安全具体可从以下几个方面着手：第一，加大财政经费投入，加大对省、市、县食品药品监督管理局的财政经费投入，充实一线监管人员，采购必需检验设备，切实保障办公经费；第二，加强食品药品安全监测，提升食品安全检验检测水平，建立协调统一、运行高效的食品安全检验检测体系；第三，充分依靠行业协会和行业内守法经营者，及时制定、完善各类标准，强制执行，切实提高食品药品行业的整体质量水平；第四，充分利用媒体监督，一旦有食品药品安全问题发生，媒体要全面深入报道，扩大舆论影响力；第五，发挥人民群众的积极性，重奖举报人，同时严格保密，切实保护举报人生命财产安全。

（四）建设职责明确、依法行政的政府治理体系

对政府服务维度二级指标进行分析发现，广州市居民对于政府目前的依法行政情况满意度最低。依法行政是依法治国基本方略的重要内容，是指行政机关必须根据法律法规的规定设立，并依法取得和行使其行政权力，对其行政行为的后果承担相应责任的原则。政府要实现依法行政，第一，要合法行政。行政机关实施行政管理，应当遵循公平、公正的原则。行使自由裁量权应当符合法律目的，排除不相关因素的干扰；所采取的措施和手段应当必

要、适当；行政机关实施行政管理可以采用多种方式实现行政目的，应当避免采用损害当事人权益的方式。第二，要程序正当。行政机关实施行政管理，除涉及国家秘密和依法受到保护的商业秘密、个人隐私外，应当公开，注意听取公民、法人和其他组织的意见；要严格遵循法定程序，依法保障行政管理相对人、利害关系人的知情权、参与权和救济权。第三，要高效便民。行政机关实施行政管理，应当遵守法定时限，积极履行法定职责，提高办事效率，提供优质服务。第四，要诚实守信。行政机关公布的信息应当全面、准确、真实。非因法定事由并经法定程序，行政机关不得撤销、变更已经生效的行政决定；因国家利益、公共利益或者其他法定事由需要撤回或者变更行政决定的，应当依照法定权限和程序进行，并对行政管理相对人因此而受到的财产损失依法予以补偿。第五，要权责统一。行政机关依法履行经济、社会和文化事务管理职责，要由法律、法规赋予其相应的执法手段。行政机关违法或者不当行使职权，应当依法承担法律责任，实现权力和责任的统一。依法做到执法有保障、有权必有责、用权受监督、违法受追究、侵权须赔偿①。

（五）践行生态文明，保护生态环境

对生态环境维度二级指标进行分析发现，广州市居民对于噪声控制情况和空气质量较为担忧。建设生态文明，是关系人民福祉、关乎民族未来的长远大计。党的十八大以来，生态文明建设就被提到中国特色社会主义事业"五位一体"总布局的战略高度。越来越多的人深刻认识到：保护和发展并不矛盾，青山和金山可以双赢。我们既要绿水青山，也要金山银山，而且绿水青山就是金山银山。面对生态环境日益严峻的形势，必须大力推进生态文明建设。首先，政绩考核去除"GDP紧箍咒"，纠正单纯以经济增长速度评定政绩的倾向，加大资源消耗、环境保护等指标的评价比重；其次，建立空气质量监测机制，落实国家环境保护政策，发展太阳能等无污染新能源，提

---

① 彭向刚、王郅强：《服务型政府：当代中国政府改革的目标模式》，《吉林大学社会科学学报》2004年第4期，第122～128页。

高能源利用率，改善能源结构，严格控制机动车尾气排放；再次，提高居民环保意识，健全法律法规，倡导面向未来的可持续的消费方式，如购买节能与新能源汽车、高能效家电，减少塑料购物袋等一次性用品的使用，减少烟花爆竹的燃放等；最后，政府部门要发挥带头作用，重视环境保护并采取一定的行动，在政府部门扬起环保之风，进而推广到全社会。

（六）提高人际交往能力，丰富精神生活

对精神生活维度的4个二级指标进行分析发现，广州市居民对于目前的人际社交情况、城市文化氛围满意度较低。人是社会性的动物，离开社会，离开与他人的交往，一个人很难在社会上长期生存。要提高人际交往能力，具体可从以下几方面着手：第一，保持主动性的交友态度，保持微笑向他人表示友好；第二，多以欣赏的眼光看待他人，赞赏他人的优点；第三，使用非暴力沟通技巧，不批评、指责或抱怨他人，真诚地倾听他人的需要；第四，做事尽量多为他人考虑。

（七）建立社会心理服务体系，提高全民幸福感

2019年广州市居民幸福感状况调查发现，在居民幸福感逐年稳步提升的情况下，不同性别、居住时间、婚姻状况、文化程度、职业类型等的居民之间幸福感存在较大差异。相对剥夺感反映了个体以及群体之间的不公平程度，可以看作个体对自身被剥夺和贫困情况进行分析后作出的客观判断。近年来随着贫富差距的不断扩大，居民的相对剥夺感愈加强烈。有研究指出，公平是维持社会正义与和谐的前提，在这样的社会中绝大多数人可以实现自己的目标，而相对剥夺感的存在会阻碍这一目标的实现，并引起社会冲突，进而降低居民的生活满意度。社会工作与心理咨询是社会心理服务体系的重要组成部分。社会工作通过进行公共服务、倡导社会公益，进而促进社会和谐[1]。幸福感是人们对

---

① 王思斌：《和谐社会建设迫切需要社会工作的参与》，《河北学刊》2007年第3期，第64～67、73页。

生活、自身、环境都感到满意的一种心理状态①，与个体心理健康水平密切相关。建立健全社会心理服务体系，要做到：第一，按照《社会治安综合治理综治中心建设与管理规范》等要求，在县、乡、村三级综治中心或城乡社区综合服务设施规范设置心理咨询室或社会工作室，为村（社区）群众提供健康教育、答疑释惑、心理咨询等服务。第二，利用老年活动中心、妇女之家等公共服务设施，为空巢、丧偶、失独、留守老年人，孕产期、更年期和遭受意外伤害妇女及其家属等提供心理辅导、情绪疏解、家庭关系调适等心理健康服务。第三，加强心理服务人才队伍建设，组建心理健康领域社会工作专业队伍、心理咨询人员队伍、医疗机构心理健康服务队伍和心理健康服务志愿者队伍。第四，健全心理健康科普宣传网络，健全包括传统媒体、新媒体在内的科普宣传网络，运用报纸、杂志、电台、电视台、互联网（门户网站、微信、微博、手机客户端等）等，广泛宣传"每个人是自己心理健康第一责任人""心身同健康"等健康意识和科普知识。积极组织开展心理健康进学校、进企业、进村（社区）、进机关等活动，开展心理健康公益讲座。在公共场所投放心理健康公益广告，各村（社区）健康教育活动室或社区卫生服务中心（站）向群众提供心理健康科普宣传资料。组织志愿者定期参加科普宣传、热线咨询等志愿服务。第五，大力发挥本市"幸福广州心理服务与辅导基地"的作用，为增进社会和谐、建设"幸福广州"贡献力量。

综上所述，提升居民幸福感，建设"幸福广州"是一项长期、庞大的系统工程，牵涉到方方面面，生活质量、社会环境、个人发展、社会公平、政府服务、生态环境、精神生活等7项幸福感指标是相辅相成的，在城市建设过程中应该注意统筹兼顾，协同发展。

---

① 张学志、才国伟：《收入、价值观与居民幸福感——来自广东成人调查数据的经验证据》，《管理世界》2011年第9期，第63~73页。

B.14
2019年广州家政服务市场
满意度调查报告

刘梅 傅蝶 李嘉庆*

摘 要： 2019年，广州市妇联组织开展了广州家政服务市场满意度调查。通过8048份有效雇主问卷、3235份有效从业人员问卷以及一线调研访谈，深入分析市场供需现状、市场需求、市场期望值以及市场满意度。调查发现，广州市家政服务市场供给端的规模化效应已逐步显现，需求端的消费多元化与消费升级趋势越来越明显，这是推动家政服务市场提质扩容的主要出发点与价值本原。在购买家政服务前，市场抱有的期望值较高；在消费家政服务的过程中，市场对服务质量的感受、对成本与体验收益的衡量距离预期尚远；在消费家政服务后，市场抱怨比较突出、忠诚度尚需培养。本报告建议在行业大数据治理、多渠道人才输入、标准化人才培养、卡片化人才输出等价值创造环节做出努力，在政策扶持与财政支持、挖掘广州特色家政文化、推动立法与制定标准等服务与监督方面做出改进，以此促进广州家政服务业提质扩容，提高市场满意度，最终实现行业高质量发展。

---

* 刘梅，广州市妇女联合会党组书记、主席，主要研究方向为妇女儿童全领域工作；傅蝶，广州市妇女联合会党组成员、副主席，主要研究方向为妇女儿童维权、家庭服务工作；李嘉庆，广州市妇女儿童社会服务中心党支部书记、主任，助理职业指导师，主要研究方向为家政服务。

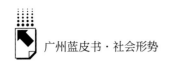

关键词： 家政行业 市场满意度 提质扩容

一 调查说明

1. 调查目的

本次调查工作是通过客观、系统、实地考察家政服务市场的满意度，了解家政服务市场的消费需求和期望值，寻找市场消费家政服务时真正关心与关注的因素，使家政行业更加了解市场、贴近市场，为行业进行有针对性的改善提供参考依据。

2. 调查对象

（1）问卷调查。问卷调查的对象有两类人，一是家政服务的雇主，包含正在购买家政服务、过去消费但目前没有消费家政服务、从来没有消费过家政服务的人群，二是家政从业人员。

（2）调查访谈。调查访谈对象涵盖家政企业、家政培训企业、家政从业人员以及家政服务的雇主，通过开展一对一访谈，获取关于家政服务市场满意度的多维度信息。

3. 调查时间

本次调查的开展时间为2019年4月下旬至5月中旬。

4. 调查人员与地点

本次调查综合使用线上与线下两种方式。

（1）线上调查。通过妇联家政服务平台的多种渠道，如微信公众号、今日头条、"南方＋"、澎湃新闻等，在线上开展问卷调查。

（2）线下调查。对家政企业、家政培训企业、家政从业人员以及家政服务的雇主开展一对一的访谈。

5. 调查方法

遵守科学、有效和便利原则，采用分层随机抽样调查方法。综合考虑样本代表性、收入层次以及人口特征变量（人口数、小孩年龄、老人情况、学历、年龄、收入、雇用情况等）。与此同时，综合采用了问卷调查法与访谈法。

6. 问卷样本量

（1）本次调查共回收雇主问卷8615份，其中有效问卷8048份，有效率约为93.42%。

（2）本次调查共回收从业人员问卷3526份，其中有效问卷3235份，有效率约为91.75%。

（3）根据统计调查的样本数量模型，置信度为96%，误差范围为4%以内。

二 广州家政服务市场的现状

（一）行业总体情况

近年来，随着"全面二孩"政策的来临及社会的加速老龄化，婴幼儿护理、老年人陪护等家政服务需求不断增长，广州家政行业整体发展速度较快、产业规模逐步扩大。

截至2019年7月，广州市在业（存续）经营的家政公司2603家，主要以家庭（家政）服务有限公司、清洁公司、科技公司的模式进行注册。其中，注册资本在1000万元以上（含1000万元）的164家，500万~1000万元（不含1000万元）的104家，200万~500万元（不含500万元）的120家，100万~200万元（不含200万元）的326家，100万元以下的1889家；历年来，注销、吊销、吊销未注销的家政公司共1455家。

行业发展和消费需求的提升，一方面，推动行业专业分工不断细化，在保姆、病人陪护等传统业态持续发展的同时，营养配餐、婴幼儿早教、居家养老、家庭保洁及涉外家政服务等新兴业态不断涌现；另一方面，也对家政从业人员的素质和技能提出了更高的要求，在市场推动下，岗前培训已在行业内普及，家政从业人员素质不断提升，全市家政行业的服务质量也逐步提升。

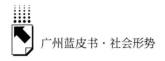

（二）消费者现状

1. 人员结构

目前，广州家政服务市场以 30～40 岁的年轻家庭为主，3～5 口之家是主流。

在消费年龄段上，在已经消费家政服务的家庭中，30～40 岁年龄段占比最大，购买服务的内容主要是照顾老人与小孩，也就是传统的"一老一小"；其次是 40～50 岁人群，购买服务的内容是照顾老人，这更可能是因为 40～50 岁年龄段的人孩子普遍至少已上初中。

在消费比例上，三口之家的家政消费比例最大，四口之家、五口之家次之。整体看，3～5 口之家的家政消费占比为 81.33%。

2. 消费项目及偏好

家庭保洁是家政服务市场的基本需求，随着收入上升，制作家庭餐的需求越来越强劲。在所有家政消费类目中，家庭保洁的覆盖率最高，有超过 75% 的雇主消费，主要是因为随着收入上升，消费者逐步减少餐厨时间，这带来制作家庭餐需求的快速增长。按照消费类目的覆盖率高低进行排序，排名前五的依次是：家庭保洁、制作家庭餐、买菜、婴幼儿护理、老年人陪护。

未来，家政服务市场老年人陪护、病人护理需求将大幅增加，制作家庭餐、买菜等单一的基本型需求将减少。从消费类目看，未来迅速增长的是老年人陪护、病人护理，中度增长的是孕产妇护理、家教、接送小孩、宠物护理、婴幼儿护理，低度增长的是植物养护、衣物清洁保养、制作家庭餐、家庭保洁，这表明目前的家政服务基本满足了消费需求；负增长的主要是单一的买菜。从收入群体看，年收入在 20 万元以下的群体，对家政服务的需求增长最快，在各种类型上都有较大的需求；年收入 30 万～40 万元的群体，总体需求增长适中。

家政服务市场对家政服务的需求关注点，按照关注程度进行排序，排名前五的依次是：背景信息真实性、工作态度、专业技能、安全性、服务质量。

3. 消费动机

在消费诉求中，家政服务市场的第一诉求是减轻家务劳动的强度，这与马斯洛需要层次理论吻合。对于年收入处于 40 万元以下的家庭，消费家政服务主要是为了满足基本的生活需要，其次是腾出时间去工作、学习或休闲、照顾特殊人群、家庭特殊时期的需要。从调查问卷看，家政服务市场的消费者很有主见，只有极个别（1.1%）是受他人影响或被推荐。

在消费家政服务后，有一半的雇主认为得到了更好的休息，这与消费原因基本吻合，也是家政服务价值的体现。

4. 未来趋势

未来，受家庭刚需、享受精神生活的驱动，家政服务消费将越来越普及。其中，年收入在 20 万元以下的群体的消费需求增长幅度最大，这是家政行业的核心市场。在增长驱动力中，未来消费的动力主要是刚需，其次是以消费换取自身的自由时间，用以工作、学习或休闲。

但值得关注的是，随着收入增加，家政消费水平呈"一降一升"趋势。对收入相对较低的家庭而言，在对未来收入状况有良好预期时，其会增加对家政服务的消费。然而，对于消费欲望基本得到满足的家庭而言，其将来增加家政消费的比例相对较小。

随着收入层次的升高，家政服务的需求在逐步增加，普及程度也在逐步加深。未来，将从目前的平均 2.21 个消费类目增长到 2.50 个消费类目，这表明高收入家庭更需要全方位、多种类的家政服务，其是家政行业"扩容"的关键。

5. 消费方式

家政服务消费者主要通过家政企业、亲朋好友推荐来购买家政服务，更看重家政企业与家政从业人员的信誉。78.9% 的消费者通过家政企业、亲朋好友或老乡介绍来聘请家政从业人员，这表明消费者更加看重线下面对面的交易。在市场选择上，更加看重家政企业的知名度，市场也希望家政企业能够提供多种组合优惠套餐。

随着收入水平的上升，消费家政服务的平均单价逐步提高，呈现比

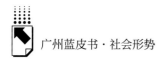

较明显的正相关关系。从年收入在 20 万元以下的月均消费 2621.90 元提高到年收入在 40 万元及以上的月均消费 6729.25 元。这与家政服务优质化、多元化的需求息息相关。

在支付方式上,有 78.9% 的雇主将工资直接支付给从业人员,这与行业"中介制"模式互为因果。

(二)从业人员现状

在人员结构上,家政从业人员群体主要是 40~60 岁、接受过初中与高中教育的女性。女性之所以是务工主体,与劳动回报、工作要求、安全等息息相关。从业者以 20 世纪 60 年代、70 年代出生的人为主,他们受教育阶段的特殊历史环境,是影响其学历层次的主要因素。同时发现,80 后正在进入行业,作为劳动者参与到家政行业提质扩容的进程中。

在培训内容上,婴幼儿护理、家庭保洁、孕产妇护理是从业人员参加次数最多的培训。有 54.94% 的从业人员参加过不同类型的家政技能培训,多种类的技能培训,既提升了从业人员的就业素质,又提升了市场满意度。

面向未来,从业人员更希望参加的培训是烹饪、婴幼儿护理、家庭保洁,这表明家政服务市场在基本消费类目上,对家政从业人员提出越来越高的技能要求。

(三)小结

供给端的规模化效应已逐步显现。广州市在业(存续)经营的家政公司数量及注册资本在 500 万元以上的公司数量稳步增加、行业产值规模不断扩大。

需求端的消费多元化、消费升级趋势越来越明显。随着收入水平上升,市场对多元化家政服务的需求明显增加,行业规模将会越来越大、客单价将会越来越高、消费升级趋势将会越来越明显。

三　广州家政服务市场满意度调查揭示的主要问题

（一）市场满意度调查结果

市场满意度指数模型分为 6 个一级指标、23 个二级指标（见表1）。

表1　市场满意度指数模型的具体指标构成

一级指标	二级指标	一级指标	二级指标
1 - 雇主期望	总体期望（消费前）	2 - 感知质量 （家政企业）	家政人员信息真实性
2 - 感知质量 （从业人员）	专业技能水平		服务承诺的兑现情况
	专业技能种类	3 - 感知价值	给定质量下的价格感知
	礼貌程度		给定价格下的质量感知
	仪容仪表		总体价值评价
	工作态度	4 - 市场满意度	消费后评价
	工作效率		总体形象评价（对家政企业）
	服务质量	5 - 雇主忠诚	继续购买
	沟通能力		推荐的可能性
2 - 感知质量 （家政企业）	收费合理性	6 - 雇主抱怨	投诉跟进效率
	支付方式便捷性		投诉解决效果
	咨询热线有效性		

从已有的数据看，2019 年，广州家政服务市场满意度得分为 70.92 分，属于一般水平。市场在消费前期望值较高，消费后的感知质量、感知价值却与预期相去甚远，这带来较为明显的雇主抱怨。

在调查的 6 个一级指标中，得分最高项为"雇主期望"（75.52 分），这表明在消费前，雇主对未来的家政服务抱有很高的期望。得分最低项为"雇主抱怨"（65.78 分），这表明在发生纠纷事件后，家政企业与从业人员的投诉跟进效率、投诉解决效果不尽如人意。市场对家政从业人员的感知质量明显高于对家政企业的感知质量，这表明家政企业更需要提升自身的服务

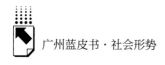

质量。

从收入区间看，年收入在20万元以下的家庭对各个维度的认知判断均为最低，且都小于整体均值。这既与该群体的消费内容有关，也与该群体的消费能力以及对家政服务的期待有关。

从二级指标看，市场对礼貌程度的满意度最高（76.4分），对投诉跟进效率的满意度最低（65.6分）。市场对从业人员的感知质量普遍高于对家政企业的感知质量，这表明越接近一线，顺应市场需求的动力与紧迫性越强。在调研访谈中我们也发现，"投诉跟进慢"是雇主抱怨最多的内容。

从满意度得分高低看，"满意的不重要，不满意的很重要"。满意度得分最高的依次是礼貌程度、支付方式便捷性、工作态度以及仪容仪表，整体上礼貌程度的满意度较高。满意度得分最低的依次是投诉跟进效率、收费合理性以及咨询热线有效性。

从整体看，家政行业亟待改进服务承诺的兑现情况、专业技能水平、专业技能种类。

（二）市场满意度深入分析

1. 雇主期望

从20万元到40万元，家庭的年收入越高，消费前的期望水平也就越高。

在家政消费前。随着年收入增加到40万元，家庭对家政服务的期望水平直线上升，该阶段的雇主处于家政消费增加与体验提升阶段。年收入超过40万元，家庭对家政服务的期望水平剧烈下降，该阶段雇主处于家政服务的深度消费、深度体验阶段，这表明他们对家政消费与期望更加理性，不再做超出实际的预期。

在家政消费后。家庭年收入达到20万元以上后，消费后的满意度呈下降趋势，且超过40万元后更加剧烈，这表明目前的家政服务质量以及提供的价值难以满足年收入在20万元以上的家庭。

从家政消费前后的对比看，雇主消费后的满意度远远低于消费前的预期，这表明实际消费体验未达到事前预期效果。

2. 感知质量

家庭年收入 30 万元，是市场对从业人员质量感知的分水岭，以此为分界线，由升转降。

从收入水平看，家庭年收入在 30 万元以下时，市场对各项指标的质量感知都在上升，这表明随着支付能力加强，家政从业人员服务质量也在提高；在年收入超过 30 万元时，大部分指标的质量感知剧烈下降，这体现在礼貌程度、工作态度、工作效率、服务质量上，表明现有的家政服务质量难以满足高收入群体的需求。从各指标看，市场对礼貌程度的质量感知最高，市场对专业技能种类的质量感知最低，这表明家政从业人员需要大力增加专业技能种类。这主要是由于从业人员的学历水平低、从业资格证书少，限制了其服务高收入群体的能力。

家庭年收入 30 万元，也是市场对家政企业质量感知的分水岭，以此为分界线，由升转降。

从收入水平来看，家庭年收入在 30 万元以下时，市场对各项指标的质量感知都在上升，这表明随着支付能力加强，家政企业服务质量也在提高；在年收入超过 30 万元时，大部分指标的质量感知剧烈下降，家政人员信息真实性、服务承诺兑现情况的下降幅度最大，这表明高收入群体对家政企业有更高的要求与标准，而家政企业对此手足无措。从各指标看，市场对支付方式便捷性的质量感知最高，主要是因为雇主直接通过微信、支付宝方式转账给从业人员；市场对咨询热线有效性的质量感知最低，这表明家政企业在售后服务跟进上明显存在问题。

3. 感知价值

随着收入增加，市场对家政服务的整体感知价值在逐步增加。

对于年收入在 30 万元以下的家庭。随着收入增加，市场对各项指标的感知价值都在增加，这表明家政行业创造了能够被明显感知到的价值。其中，给定质量下的价格感知变化最大，这表明在服务质量不变时，收费价格比较合理。

对于年收入 30 万 ~40 万元的家庭。随着收入增加，市场对家政行业的感知价值减少，这表明家政行业供给出现问题。该阶段中，市场对服务质量

的要求会越来越高，但供给质量变动不大，这使供需双方产生较大的分歧。

对于年收入在40万元及以上的家庭。随着收入增加，市场对家政行业的感知价值在逐渐增加。其中，给定价格下的质量感知变化最大，这表明价格不变时，服务质量得到了较大提升，但也可能是雇主降低了自身的预期。

与此同时，有60.6%的受访雇主认为，家政企业起到了良好的作用，提供了符合基本/底线标准的家政从业人员，但同时，30.9%的受访雇主认为其没起太大作用，这值得重视。

4. 市场满意度

随着收入增加，市场在消费家政服务后的满意度逐渐下降，这表明消费体验与预期相去甚远。与消费前的总体期望相比，消费后的满意度、总体形象满意度大大降低，这表明消费过程中的体验并不顺意。

不论是整体还是各个收入层次家庭，其消费之后的满意度都低于消费之前的预期值，这表明家政服务行业在满足市场需求方面存在较大落差与不足。

5. 雇主抱怨与雇主忠诚

随着家庭年收入增加到30万元，市场对投诉跟进效率、投诉解决效果的感知逐渐升高。但收入超过30万元后，市场对投诉跟进效率、投诉解决效果的感知明显下降，这表明家政行业现有的服务水准难以使高收入群体满意，行业精细化水平有待提升，这也是家政行业"提质"的迫切性所在。

随着收入增加，市场继续购买家政服务的可能性逐渐增大，主要原因是家政服务的价值所在，类似刚需，尤其对于高收入群体而言。推荐的可能性历经波动，但基本维持不变。

（三）市场满意度专项分析

调查发现，家政市场对居家康复护理的主要诉求是：责任心、工作态度、专业技术、性格、诚信度、沟通能力、服务质量等。

家政市场对孕产妇护理的主要诉求是：安全性、专业性、公司售后及时跟进、素质、工作态度、诚实以及有耐心等。

（四）从业人员诉求分析

调查发现，从业人员在家政服务工作中最难忍受的情况主要是：不信任、不尊重、被看不起、被当作下人对待、不被理解、被误解以及歧视等。这与调研访谈时从业人员的表述一致。

从业人员希望雇主做出的转变是：互相理解、认可、信任、加工资、多沟通、尊重以及态度好等。

从业人员希望家政企业做出的转变是：加工资、减押金、多举办免费的培训、互相理解、维护权益、认真对待以及提高教材质量等。

从业人员希望政府重视的信息点主要有：维护家政人员权益、组织公益性培训、保障人身安全、保障知情权、保障福利以及免费体检等。

（五）小结

家政服务市场消费前的期望值较高，但消费后的感知质量、感知价值与期望值相去甚远，这带来较为明显的雇主抱怨。不论是整体还是各个收入层次家庭，其在消费之后的满意度都低于消费之前的预期值。

家政服务市场"满意的不重要，重要的不满意"并存，资源投放重点倒挂。"支付方式便捷性"满意度排第二，但重要性排倒数第一；"服务承诺的兑现情况"重要性排第三，但满意度排倒数第五。

家政服务市场对专业技能种类的质量感知最低，对礼貌程度的质量感知最高。从业人员的资格证书少、技能种类贫乏，是家政行业服务中高端市场的关键障碍。而家政公司"中介制＋中介费"商业模式的特点使其无心、无力关注从业人员的技能水平与种类。

现行的家政服务质量难以满足具有消费潜力的群体。家庭年收入达到20万元以上后，消费后的满意度呈下降趋势，且超过40万元后的下降趋势更加剧烈；年收入超过30万元时，大部分指标的质量感知都迅速下降，这体现在礼貌程度、工作态度、工作效率、服务质量、投诉跟进效率、家政人员信息真实性、服务承诺的兑现情况上。

四 提升广州家政服务市场满意度的对策建议

以市场满意为导向，以价值链为基础，建议从七个方面提升广州家政服务市场满意度。

（一）大数据治理方面

未来，5G、物联网、人工智能、大数据、绿色环保等将是我国经济高质量发展的主要驱动力。从行业属性、行业准备度、行业与技术契合度、投资强度方面看，大数据是家政行业提质扩容进程中可以优先引入的理念与路径。我们应通过大数据治理，为家政行业可持续、高质量发展奠定基础。

首先，建立家政行业主体的信用记录结构与清单。对于家政服务企业，需要包含的信息有企业基本信息、注册资本、投资情况、办公地址、公司官网、知识产权、社保购买人数、工商处罚情况、纳税情况、历史交易评价记录、涉及的诉讼案件等；对于家政从业人员，需要包含的信息有姓名、身份证号码、户籍地址、文化程度、教育经历、家庭成员情况、培训记录、从业经历、交易评价记录、贷款情况、人民银行征信情况、涉及的诉讼案件等；对于家政市场的消费者或雇主，需要包含的信息有基本身份信息、家政服务消费情况、交易评价记录、消费偏好等。

其次，建立广州市统一的家政服务信用信息平台系统，打造用户多、企业好、监管全的区域服务型平台。以家政市场关注度为导向，重点优化市场关注度较高的家政从业人员与家政企业的相关信息，并开放服务用户端口，方便市场随时随地快速查询与评价家政服务信息。以贴近需求、多维数据、权威发布、便捷查询为特色，吸引广州市范围内越来越多的家政市场消费者了解平台、使用平台、依赖平台并与平台互动；开放家政企业的系统端口，从家政人才引入、人才标准化培训、卡片化人才输出上，建立家政企业的业务管理平台，方便企业开展客户管理、订单管理、培训管理、人员管理等，提升广州市家政行业供给端的信息化水平与管理水平，快速培养规模大、信誉好、服务质量高的领军企业；开放政府监管端口，对接人社局、卫计委、市场监管局、民政局等部门，实现大数据基础上的立体服务与监管，引领家政行业提质扩容。

最后，加大家政行业主体的诚信公示与奖惩力度。公开是最好的"防腐剂"，对于家政企业，一方面应加强对从业主体信息的主动展示，比如在国家企业信用信息公示系统、"信用中国"网站展示家政企业的更多诚信信息；另一方面应与高流量、市场化的公示平台合作，比如天眼查、企查查、启信宝等，通过更多访问量增加从业主体的诚信成本。对于家政从业人员，广州市统一的家政服务信用信息平台系统将对接市公安、市政务服务数据管理和来穗人员服务管理等相关信息系统，打通数据孤岛，实现数据采集、数据管理、数据分析、数据应用的共享使用。

（二）人才输入方面

家政服务业是典型的劳动密集型行业，稳定的人才输入与供应是行业提质扩容的前提与基础。

首先，建立规范、高效、可持续的劳动力输送机制。针对政府、行业协会、家政企业、人力资源市场等劳动力输送链条中的不同主体，清晰定义各自的角色、责任、权力、义务与利益分享机制，实现权责分明、责任到位、利益明确；梳理劳动力输送流程，进一步明确各环节的任务、时限、标准以及成本等，以最大限度地吸引贫困地区的剩余劳动力到广州就业，为广州的家政服务业提供生力军。

其次，强化广州与贫困县的劳动力供需对接机制。理顺与贵州、湖南、广西、江西等省外地区的贫困县的劳动力供需对接，深化与省内对口帮扶城市的供需对接，加强供需两地的信息共享、资源共享、利益共享以及政策共享。

最后，突出广州龙头家政企业的引领作用。鼓励探索创新劳动力培训机制，如联合培训、联合办学、在当地开办家政服务企业等。鼓励广州龙头企业对劳动力输出地开展管理输出，广州企业提供核心管理人才、管理模式以

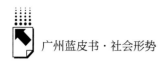

及运营标准，当地提供经营场地、劳动力资源以及政策优惠，双方合作，带动当地培养自身的人才造血能力。

（三）人才培养方面

高质量的人力资源是家政行业提质扩容的关键推动要素，而高质量人力资源的主要来源是具备行业造血能力的标准化人才培养体系。对于人才输入的层次不同、高低不一，应通过标准化人才培养体系，打造行业人才质量的统一标准。

首先，开发符合家政服务标准的培训大纲与教材。以行业协会为主导、以高职院校家政专业为辅助、以家政市场需求为导向，尽快出台家政人才技能培训课程大纲与技能考核要点，提升培训认证的含金量；结合家政行业服务标准，培训内容应侧重于从业人员的职业道德、法律法规、服务规范等。

其次，持续加大"岗前＋回炉"培训力度。积极利用政府对家政从业人员培训进行补贴的优惠政策，鼓励家政从业人员参加"上岗前"的技能培训，确保从业人员在上岗之前掌握专业知识、操作技能与突发情况的应急处理方法，具备良好的沟通协调能力与自我情绪管理技能；对育婴员、养老护理员定期开展在岗"回炉"培训，对专业技能进行升级培训，对从业人员个人诉求进行针对性指导，对当下市场热点事件进行深入分析与借鉴；行业协会每年年中定期组织一次全市范围内的家政从业人员技能大赛，在主流媒体、自媒体上进行宣传推广，以弘扬专业精神、表彰专业人才、树立专业标杆。

再次，突出重点，建设家政行业高素质管理人才梯队。鼓励家政企业主动报名学习，以"财政补贴＋企业自筹"方式，对管理人员开展"宏观经济、行业标杆、大数据管理、人力资源管理、家政运营管理、客户服务管理、心理建设"系列培训，融合课堂讲授、行动学习、室外拓展、参观考察的学习方式，打造知识面广、运营能力强的家政职业经理人队伍，提升管理人员的职业化水平。

最后，健全针对特殊群体的家政培训机制。借助财政资金，对从事家政服务行业的困难学生、失业人员、贫困劳动力等人群，在启动资金、专业技能培养、求职招聘上提供更多支持。

（四）人才输出方面

人才输出环节的功能是将符合行业标准的家政从业人员提供到家政市场，由家政市场与家政从业人员双方自由选择。目前，家政从业人员信息的健全性、公开性、真实性，是家政市场最为关心的三个方面。能否在人才输出环节迎合家政市场诉求，是家政行业提质扩容与否的直观体现。

首先，以家政卡为载体，实现对从业人员信息的集中展示，建立市场信任。推行家政从业人员服务卡，家政卡作为从业人员的信息集成介质，融合银行征信、身份认证、培训经历、体检结果、服务评价等多维度信息，具备信息扩充与功能延展的接口；家政卡管理遵循"一人一证一码"的原则，实现从业人员登记注册、培训、认证、输出、持证上门以及追溯管理的一条龙功能，建立市场信任；政府与行业协会建立时间表，用2～3年时间，通过"小步快跑、快速迭代、稳步推进"的方式，强制性推动家政企业使用家政卡，在"十四五"期间建立家政服务人员持证上门制度，打造全国家政行业的"广州模式"。

其次，鼓励产生内容丰富的需求端评价，活跃家政多边交易平台。引导家政市场通过家政卡查询从业人员过往诚信情况，发挥家政卡在从业人员择业中的核心作用；引导市场在消费家政服务后，有意愿、有动力对家政服务进行评价，从服务需求、服务内容、服务性价比、服务满意度、服务建议等方面开展评价，将家政卡及其背后的家政服务信用信息平台系统真正打造成流量大、活力强、内容多、更新快、数据准的多边交易系统，不断提升平台黏度。

最后，倒逼从业人员、家政服务机构的全域监管。倒逼家政从业人员逐步挂靠家政企业，家政企业逐步到政府监管的平台登记注册；逐步实现对家政从业人员的全员管理和家政服务机构的全域监管。

（五）政策扶持、财政支持方面

首先，制定行业发展规划并配套政策。聚焦家政行业发展的阶段性突出问题，顺应行业发展趋势，政府从规范化、信息化、产业化、社区网络化发展方面，指明发展目标、发展路径、重点突破领域与关键配套举措，其中重点加强政策配套，确保发展规划的落地与执行。

其次，加大财政资金扶持力度。对于社会效益突出、民生效应显著的服务项目，比如人才培养、信息平台建设等，应加大力度做重点扶持，提高财政资金的投入产出比值；加大对家政企业运营体系建设的扶持力度，比如市场营销、订单获取、自动化分配、内部培训、管理制度建设等，支持家政企业加强内功建设；以政府购买服务方式，向行业协会等非营利性组织购买家政服务。此外，开展家政服务"信易贷"试点，拓展发行专项债券等多元化融资渠道，培育广州家政服务品牌和龙头企业，努力打造在全国知名的广州家政品牌。

最后，制度保障，形成孕育员工制的土壤。目标导向，研究"员工制"家政企业的条件要求，体现在税费、监管、社保、补贴、家政商业保险、家政人员合法权益方面。调研分析家政企业目前推行"员工制"的限制因素，以问题为导向，在制度设计上反映企业诉求，引导与鼓励家政企业从"中介制"向"员工制"过渡。

（六）挖掘广州特色家政文化方面

首先，提炼广州家政行业的文化内核。文化内核一方面展示了家政行业是什么、不是什么、鼓励什么、反对什么，另一方面是对广州家政行业多年来形成的行事准则与思考方式的提炼，比如专业、负责、诚信、友善等。以文化为先导、以文化为核心、以文化为共同语言，通过文化内核增强家政从业人员的职业自信与职业荣誉感。

其次，通过行业规范与规章制度体现文化内核。在行业规范、家政企业的规章制度中，体现家政文化内核，通过制度落实家政文化。

最后，借用融媒体渠道传播广州家政文化，引导认知。综合运用《南方日报》、《羊城晚报》、今日头条、微信、微博、抖音等媒体渠道，传播广州家政文化、家政行业标准与诚信体系，使全社会对家政服务行业有新的认识；及时宣传标杆家政企业、优秀家政从业人员的先进事迹，在社会上引起良好反响；传播雇主消费家政服务的正确理念与应知应会，通过软培训使雇主既能"买到"家政服务，又能"用好"家政服务。

（七）推动立法、制定标准方面

首先，推动广州家政服务立法。逐步推动将《广州家政服务条例》纳入广州市人大正式立法项目，为广州家政行业发展提供法律保障。

其次，分类制定与健全家政服务标准体系。行业协会建立家政企业的分类定级标准，比如注册资金、营业收入、信用评级、员工人数、从业年限、投诉情况等，建立家政企业的等级变动机制与定期检查机制；行业协会出台行业性的服务标准，比如家政企业的客服标准、产品质量标准，以及家政从业人员的服务等级、等级认证、动态管理等标准。

再次，坚持家政行业标准使用的强制性。协会出台与行业标准配套的培训教材，组织师资开展培训；政府推动行业标准在立法、规章制度中的体现；行业协会、家政企业根据行业标准，开展企业等级评定、星级人员评定。配套开展家政企业服务质量第三方认证，对家政企业开展考核评价并进行动态监管。

最后，推进合同规范化、透明化管理。鼓励家政企业公开服务项目和收费标准，与从业人员、雇主签订家政服务劳务合同；大力推广使用家政服务合同示范文本，规范家政服务三方的权利与义务关系。

B.15
2019年广州房地产中介
行业调查报告

广州市房地产中介协会行业调查课题组 *

摘　要： 本文通过对广州市众多房地产经纪机构、从业人员和消费者的广泛调查，深入分析了房地产中介行业的发展现状，形成本次广州房地产中介行业的调查报告。本文认为广州房地产中介机构和从业人员仍然存在一定程度的生存问题，但房地产中介行业的整体状况有所改善。

关键词： 房地产中介　房地产市场　广州

一　广州市房地产中介机构部分

（一）基本情况

一线中介人员数量为5~10人和5人以下的中介机构分别占30.00%和23.00%，合计过半（见图1）。

中介机构中的人员持证（包括全国房地产经纪人、房地产经纪人协理

---

* 课题组负责人：廖俊平，经济学博士，广州市房地产中介协会会长，中山大学岭南学院教授、房地产咨询研究中心主任，主要研究方向为房地产经济。课题组成员：徐斌，广州市房地产中介协会副秘书长，房地产估价师，主要研究方向为房地产经纪；吴忱，广州市房地产中介协会常务副会长兼秘书长；廖庆炜，广州市房地产中介协会研究员；伦嘉升，广州市房地产中介协会研究员。执笔人：徐斌。

职业资格证书、广州市房地产中介业务水平认证证书）比例较 2017 年略有提高，其中人员持证比例为 50% ~80% 与 80% 及以上的中介机构较 2017 年分别增长 3.34、3.47 个百分点（见图 2）。

经营年限为 1~3 年、5~10 年和 15 年及以上的中介机构分布相对均匀，所占比例分别为 21.50%、21.50% 和 24.00%（见图 3）。

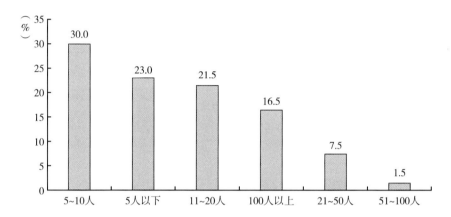

图1　一线中介人员数量所占比例

资料来源：广州市房地产中介协会。

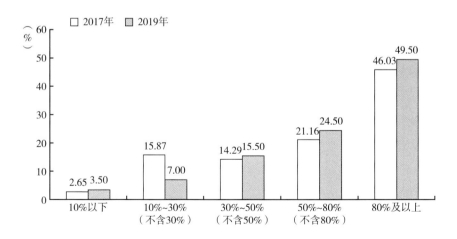

图2　一线中介人员持证所占比例

资料来源：广州市房地产中介协会。

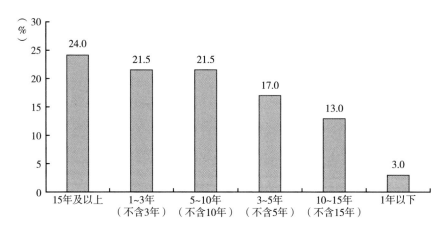

图3 经营年限所占比例

资料来源：广州市房地产中介协会。

（二）经营情况

1.业务构成

超过80%的中介机构的主要业务是二手买卖；其次是租赁，占73.00%；一、二手联动的比例达到68.00%。反映了行业中的中介机构普遍是多样化经营（见图4）。

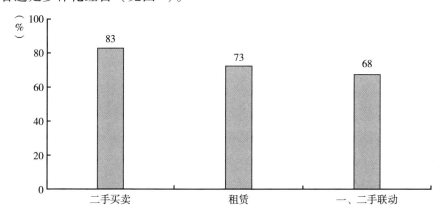

图4 主要业务

资料来源：广州市房地产中介协会。

2. 新门店盈利所需时长

与2017年比较，36.50%的中介机构新门店盈利所需时长为0.5～1年，所占比例比2017年减少了14.29个百分点；1～2年的增长了7.45个百分点；2年及以上的增长了6.95个百分点，达到17.00%；0.5年以下的则与2017年数据基本持平。总体上反映了中介机构新开门店的经营压力较2017年有所增大（见图5）。

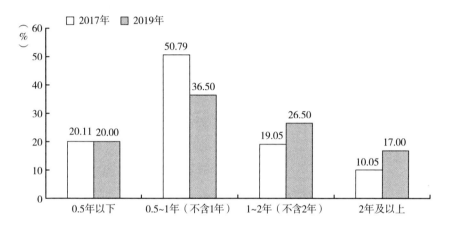

图5 新开门店盈利所需时长

资料来源：广州市房地产中介协会。

3. 盈亏状况

中介机构过往一年的盈利状况为基本持平的比例从2017年的38.66%减少至37.50%；小有亏损的中介机构则大幅提升11.48个百分点，至29.00%；小有盈利和盈利的比例较2017年都有所减少，降幅分别为9.01个、1.31个百分点。总体显示中介机构的经营状况较2017年艰难（见图6）。

4. 佣金比例

买卖业务中，佣金比例为1%～2%仍是市场主流，有63.24%的中介机构采用，但较2017年小幅减少了5.18个百分点；佣金比例为1%以下的中介机构所占比例则较2017年增长了5.83个百分点。反映在市场交易低迷的大环境下，部分中介机构选择降低佣金以吸引客户。

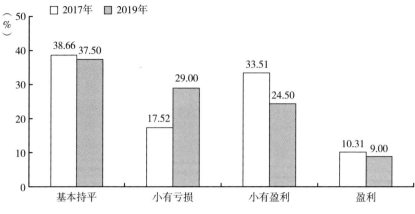

图6　盈亏状况

资料来源：广州市房地产中介协会。

租赁业务中，收取0.5～1个月佣金仍是市场的主要做法，整体情况与2017年比较变化也不大（见图7）。

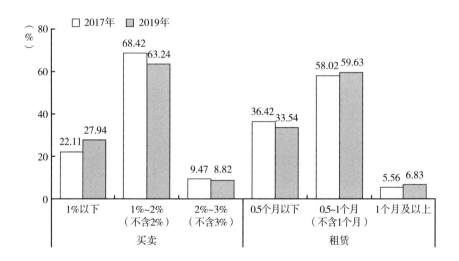

图7　收取佣金比例

资料来源：广州市房地产中介协会。

5. 收佣对象

在买卖业务中，单纯向买家收取佣金仍然是行业的普遍做法，但比例较

2017 年减少了 11. 20 个百分点；而向买卖双方收取佣金的比例则从 2017 年的 19. 17% 上升至 31. 00%。反映了因为市场低迷，更多的卖家愿意承担佣金以促进成交（见图 8）。

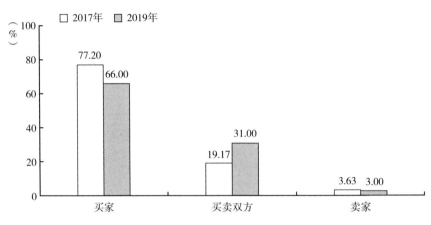

图 8　买卖收佣对象

资料来源：广州市房地产中介协会。

在租赁业务中，向租赁双方收佣仍是市场主流，所占比例高达 86. 00%，较 2017 年增长了 5. 27 个百分点；只向租客收佣的比例较 2017 年下降了 5. 17 个百分点，至 11. 50%。原因也是更多房东愿意支付佣金以促进成交（见图 9）。

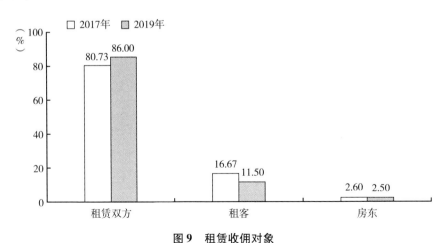

图 9　租赁收佣对象

资料来源：广州市房地产中介协会。

6. 人均每月参与促成交易宗数

买卖方面，人均每月参与促成交易宗数在 1 单以下的中介机构依旧最多，所占比例较 2017 年增长了 2.56 个百分点，至 55.82%；3~5 单和 5 单及以上的比例较 2017 年分别减少了 0.4 个、0.47 个百分点。主要是因为市场交易低迷，整体成交量下降，且竞争更为激烈。

租赁方面，超过 30% 的中介机构人均每月参与促成的租赁交易宗数在 1~2 单，较 2017 年减少了 6.29 个百分点；2~3 单的所占比例较 2017 年增长了 10.32 个百分点，至 26.03%；1 单以下的所占比例较 2017 年减少了 14.37 个百分点；3~5 单和 5 单及以上的所占比例都较低，分别为 9.59% 和 15.75%（见图 10）。

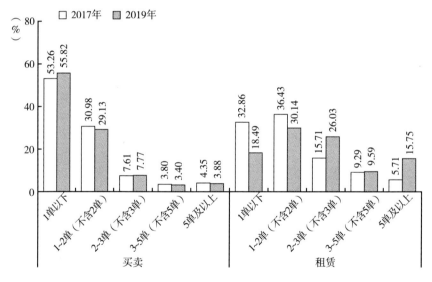

图 10　人均每月参与促成交易宗数

资料来源：广州市房地产中介协会。

7."两证一书"

业主放盘时提供"两证一书"（身份证、房产证和放盘委托书）的情况较 2017 年有所改善，表示有 30%~50% 和 50%~80% 的业主愿意提供"两证一书"的中介机构所占比例分别有 17.50% 和 14%，较 2017 年分别提高

8. 30 个、2. 65 个百分点；提供"两证一书"在10%以下和10% ～30%的中介机构所占比例分别较2017 年减少7. 16 个、1. 78 个百分点（见图11）。

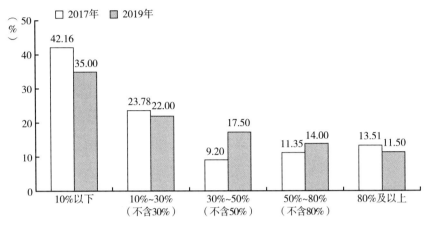

图 11　业主提供"两证一书"情况

资料来源：广州市房地产中介协会。

业主不愿意提供"两证一书"的原因主要包括"不愿意泄露个人隐私"、"放盘而已，没有必要提供"、"不提供也有其他中介愿意接盘"和"不了解有关规定"四种，所占比例较2017 年分别降低1. 51 个、0. 63 个、0. 23 个、0. 52 个百分点，情况都稍有改善；反映"不信任中介"和"不是自己的物业，没有办法提供"的所占比例较2017 年则分别提高了1. 99 个、0. 90 个百分点（见图12）。

8. 信息来源

37. 00%的中介机构其门店所收集信息占全部信息的比例为10% ～30%，22. 50%的中介机构的该比例在10%以下，有超过20%的中介机构其门店所收集信息占全部信息的比例在50%及以上。

约45%的中介机构其熟人介绍收集的信息占全部信息的比例在10%以下，另有超过40%的中介机构的这一比例为10% ～30%，只有不到15%的中介机构其熟人介绍收集的信息占所有信息的30%及以上。

网络在超过75%的中介机构中并非其主要信息来源渠道，表示这一比

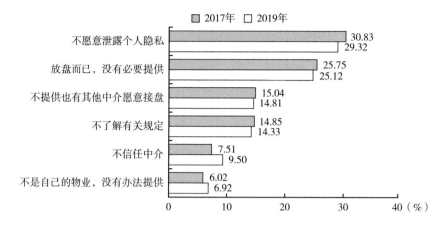

图12 业主不愿意提供"两证一书"的原因

资料来源：广州市房地产中介协会。

例占10%以下的中介机构所占比例为41.50%，表示这一比例占10%～30%的中介机构所占比例为35%。

62%的中介机构通过朋友圈收集的信息占所有信息的比例在10%以下，仅有不到5%的中介机构表示该比例超过30%（见图13）。

综合而言，门店仍然是较多中介机构的重要信息来源。

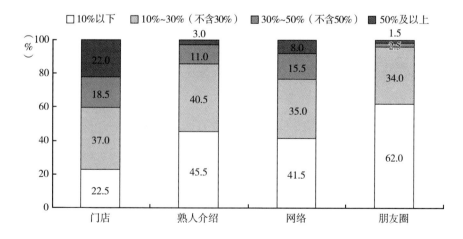

图13 信息来源

资料来源：广州市房地产中介协会。

9. 独家代理

不管是买卖还是租赁业务，都有50%～60%的中介机构独家代理的比例在10%以下，反映了独家代理模式在当前的房地产中介行业中接受者较少（见图14、图15）。

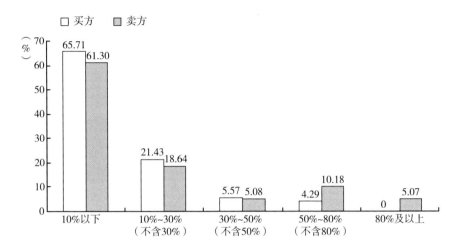

图14　买方和卖方独家代理

资料来源：广州市房地产中介协会。

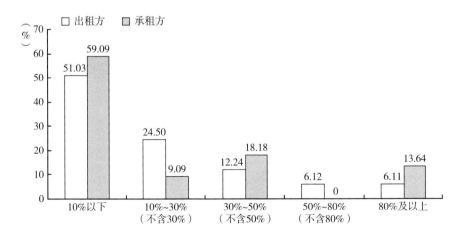

图15　出租方和承租方独家代理

资料来源：广州市房地产中介协会。

10. 成交周期

独家代理的成交周期为 1~3 个月的居多，有 43.50% 的中介机构；其次是 15~30 天，有 28.00% 的中介机构，6 个月及以上的中介机构所占比例为 5.50%。非独家代理的成交周期为 1~3 个月的依旧占大多数，有 45.50% 的中介机构；3~6 个月的次之，中介机构所占比例为 22.00%；6 个月及以上的最少，仅有 6.50% 的中介机构（见图 16）。

整体上看，独家代理和非独家代理的成交周期并没有明显差异，原因可能是独家代理模式下并没有中介机构间的交易合作，因此对成交效率的提升没有促进作用。

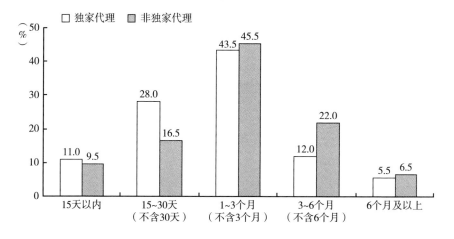

图 16　成交周期

资料来源：广州市房地产中介协会。

11. 客户投诉

超过 75% 的中介机构在过去一年内未被客户投诉，近 20% 的中介机构每月平均有 1~3 次投诉，而被投诉 4 次及以上的中介机构所占比例不足 5%（见图 17）。

被客户投诉的主要原因中，中介电话骚扰排在第一，所占比例为 32.50%，消费者契约意识不强占 26.00%，中介人员不专业的比例为 20.50%。反映了电话骚扰确实是当前房地产中介行业的一大问题（见图 18）。

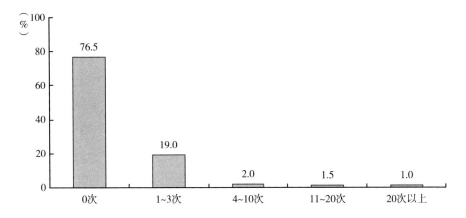

图17 过去一年内平均每月客户投诉次数

资料来源：广州市房地产中介协会。

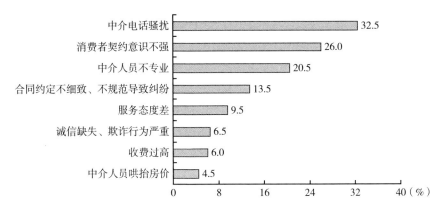

图18 被客户投诉原因

资料来源：广州市房地产中介协会。

12. 人员招聘

内部同事转介绍、招聘网站和求职者上门是中介机构招聘从业人员的主要渠道，所占比例分别为77.50%、59.00%和54.50%，大专院校招聘的所占比例仅为18%，从另一个层面反映了：第一，房地产中介行业不受中高学历人才青睐；第二，内部同事转介绍是行业最依赖、最有效的招聘渠道（见图19）。

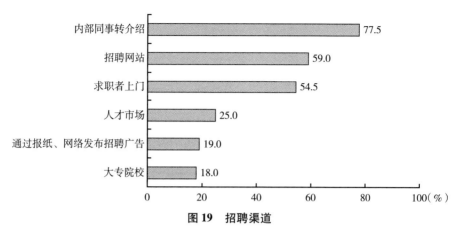

图19　招聘渠道

资料来源：广州市房地产中介协会。

中介机构对应聘人员的要求主要体现在三个方面：能够吃苦耐劳，所占比例为83.50%；有团队合作精神，所占比例为76.00%；待人真诚、人品好，所占比例为74.50%；学历、持证、从业经验等都不在主要考虑范畴（见图20）。

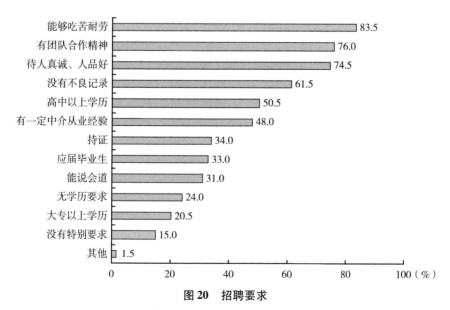

图20　招聘要求

资料来源：广州市房地产中介协会。

13. 佣金提成

有 32% 的中介机构的从业人员业务提成占平均月收入的 30%～50%，27.50% 的中介机构的该比例是 50%～80%，较 2017 年分别减少了 11.02 个、1.55 个百分点；从业人员的业务提成占平均月收入的比例为 10%～30% 的中介机构所占比例为 28%，较 2017 年增长了 12.36 个百分点。大致上反映了从业人员的业务提成占平均月收入的比重在近两年有所降低，原因是市场低迷，业绩下降（见图 21）。

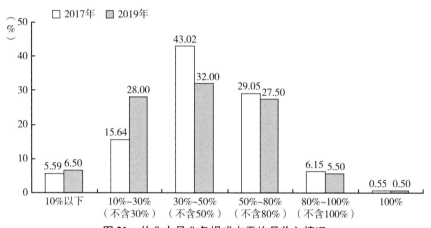

图 21　从业人员业务提成占平均月收入情况

资料来源：广州市房地产中介协会。

从业人员的平均佣金提成比例在 40%～50%、30%～40% 和 20%～30% 的中介机构所占比例都较 2017 年有所减少，降幅分别为 1.92 个、3.68 个、0.71 个百分点；佣金提成比例在 10%～20% 的中介机构占 15.51%，较 2017 年增长了 6.47 个百分点。原因可能是行业普遍采用累进的提成制度（业绩越高，提成比例越高），因为市场低迷，从业人员总体业绩下降，从而总体佣金提成比例出现下滑（见图 22）。

（三）行业存在的问题与未来发展建议

1. 行业存在的主要问题

与 2017 年相比，"行业内恶性竞争普遍"、"中介人员流动太频繁"和

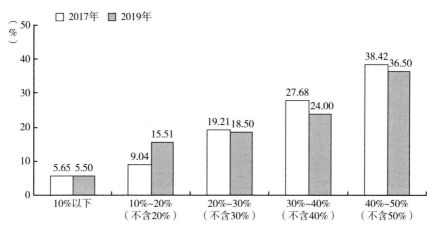

图22　从业人员平均佣金提成

资料来源：广州市房地产中介协会。

"行业的负面宣传多"依旧是行业"痛点"，所占比例分别增长5.55个、5.97个、5.41个百分点；"消费者契约意识不强"所占比例较2017年增加了8.71个百分点；其他如"服务态度差""中介人员、机构比较浮躁，指望一夜暴富""中介人员门槛太低""中介电话骚扰现象普遍"等问题的比例都较2017年有所增长。

值得指出的是，唯有"中介人员哄抬房价"问题有所缓解（"合同约定不细致，不规范导致纠纷"基本持平），其所占比例减少超过9个百分点，可能的原因是2017年"330新政"后广州房地产市场交易低迷，房价呈现稳中下降趋势，中介无法哄抬房价，在一定程度上也说明房价的上涨并不是中介哄抬所致（见图23）。

2. 行业发展建议

对于行业管理和服务建议，"加强行业的正能量宣传"、"增加行业内的交流"和"更多有针对性的中介人员培训"呼声较高，所占比例分别为71.50%、65.00%和60.50%。其中，"加强行业的正能量宣传"较2017年增长最多，增加了10.11个百分点，其余两项的所占比例较2017年略有减少；此外，建议"加强对行业失信人员、机构的管理"、

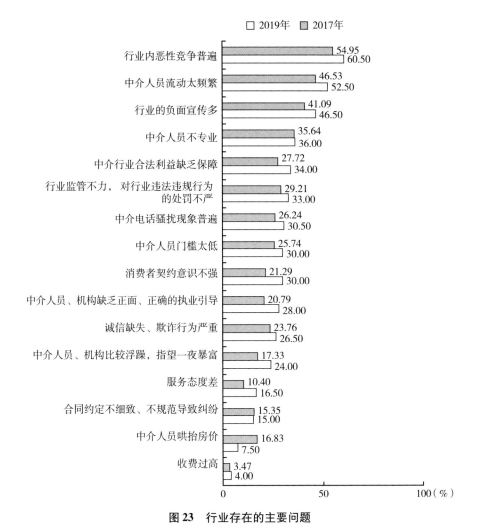

图23　行业存在的主要问题

资料来源：广州市房地产中介协会。

"水平认证考试更贴近行业实际需求"和"发挥中介机构中党员、团员的模范带头作用"的比例分别较2017年增长了5.99个、3.47个、4.34个百分点（见图24）。

对于行业未来的期望和建议，"提升中介人员的专业素质"依旧为大多数中介机构所向往，所占比例超过80%，较2017年增长了1.31个百分点；"提升中介人员的服务态度"和"全面建立中介人员、机构的

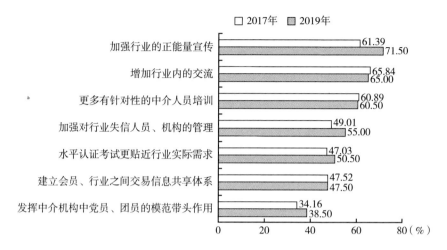

图24　行业管理和服务建议

资料来源：广州市房地产中介协会。

诚信档案"的所占比例分别是69.00%和65.00%，较2017年分别增长了3.16个、0.15个百分点；需要指出的是，建议"全员持证上岗"的比例增长最为明显，较2017年增长了17.88个百分点，至55.50%（见图25）。

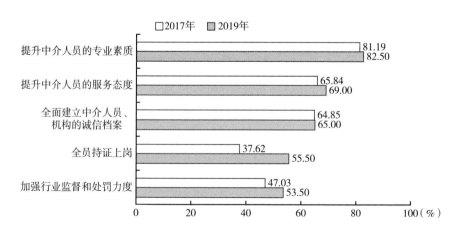

图25　行业未来发展期望和建议

资料来源：广州市房地产中介协会。

二 广州市房地产中介从业人员部分

（一）基本情况

1. 性别构成与婚姻状况

性别构成方面，男女比例约为 7∶3（见图 26），未婚从业人员约占 60%，这一比重明显高于已婚从业人员，其中未婚男性、未婚女性占比分别为 45.55% 与 16.45%，而已婚男性、已婚女性的比例分别为 26.11% 与 11.89%（见图 27）。

以上数据显示因为行业的工作强度较大，目前更加适合男性和未婚人士。

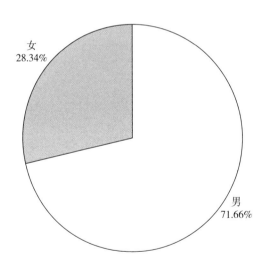

图 26 性别构成

资料来源：广州市房地产中介协会。

2. 来源地

来自广东省内（广州市以外）的从业人员数量最多，所占比例达到 55.16%；来自广州市的所占比例不到 20%；非广东省的比例约为 25%（见图 28）。

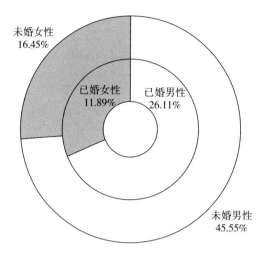

图 27　婚姻状况

资料来源：广州市房地产中介协会。

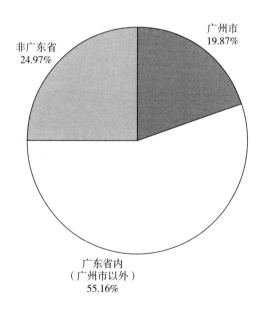

图 28　籍贯构成

资料来源：广州市房地产中介协会。

从来源地分析，可以发现房地产中介不是吸引人的行业——本地人不愿意做。

3. 年龄构成

从业人员的年龄构成有以下几个特征。

（1）普遍年轻，约60%的从业人员年龄在30岁及以下。

（2）26～30岁年龄段的所占比例最大，约为33%。

（3）随着年龄增大，从业人员的比例逐渐降低。

（4）年长的从业人员的这一比例较2017年略有提升，而18～25岁年龄段的比例则有所降低（见图29）。

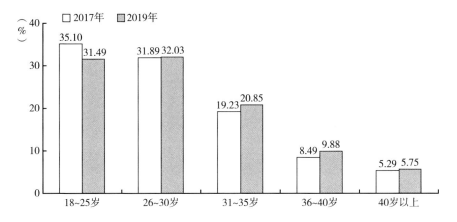

图29　年龄构成

资料来源：广州市房地产中介协会。

4. 学历构成

（1）从业人员学历为高中、大专的合计约占90%，显示这一行业仍然不足以吸引高学历人才。

（2）61.89%的从业人员为高中学历，与2017年相比有7.4个百分点的提升；其他学历的所占比例较2017年均出现了小幅度下降，显示行业在近两年高速扩张的大背景下，整体学历水平有所下降（见图30）。

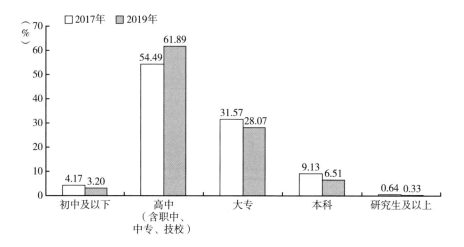

图30 学历情况

资料来源：广州市房地产中介协会。

（二）工作现状

1. 跳槽频率

在过往的 12 个月内，有 84.58% 的从业人员没有跳槽经历，12.38% 的从业人员有 1 次跳槽，显示短期内频繁变动工作在业内并不常见（见图 31）。

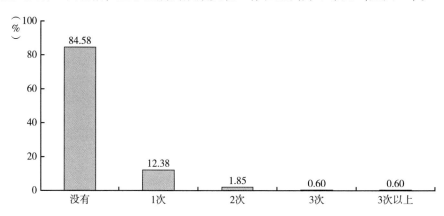

图31 过往 12 个月的跳槽频率

资料来源：广州市房地产中介协会。

有超过66%的从业人员进入行业后未变换服务机构，32.57%的从业人员曾在2~5家机构就职，只有极少数从业人员就职超过5家机构（见图32）。显示从业人员还是趋向稳定，业内反映的员工流动频繁问题，很可能的原因是大部分离职人士并不适合中介行业（流出到了别的行业）。

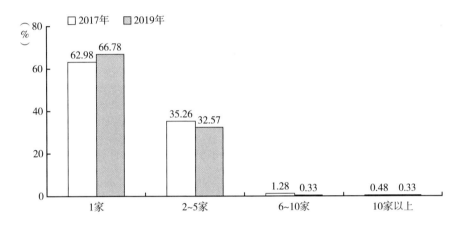

图32 从业至今就职机构数量

资料来源：广州市房地产中介协会。

2. 从业年限

有接近一半从业人员的从业年限在3年以内，较2017年下降了12.86个百分点；分别有23.34%、21.23%的从业人员的从业年限在3~5年与5~10年，二者比例较2017年都有较明显的上升；从业年限在15年及以上的从业人员所占比例仅为1.57%（见图33）。

3. 工作时长

（1）有60.75%的从业人员平均每天的工作时长超过10小时，较2017年高出了6.6个百分点（见图34）。

（2）有超过70%的从业人员平均每个月的休息天数在4天以下；每月休息天数在6天以上的不足3%，且这一比例较2017年有一定幅度下降（见图35）。

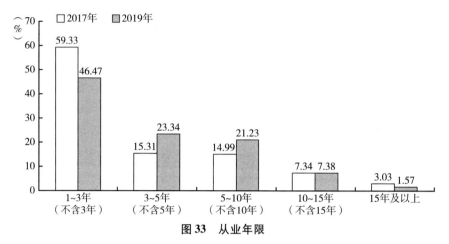

图33 从业年限

资料来源：广州市房地产中介协会。

以上数据总体显示在房地产交易量下降、市场竞争日趋激烈的大环境中，房地产中介从业人员的工作强度较以往更大，工作更加辛苦。

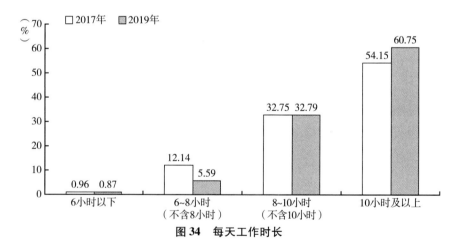

图34 每天工作时长

资料来源：广州市房地产中介协会。

4. 房源的获取与发布

（1）分别有86.16%、79.48%与71.44%的从业人员通过门店接待、老客户介绍以及互联网平台来获取房源，显示在互联网时代，门店仍然是从业人员获取房源的最主要方式（见图36）。

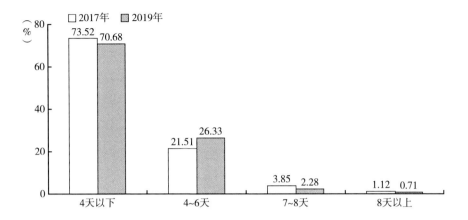

图35 每月休息天数

资料来源：广州市房地产中介协会。

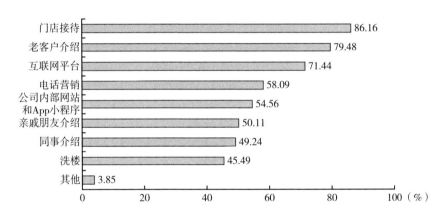

图36 获取房源的方式

资料来源：广州市房地产中介协会。

（2）有37.13%的从业人员每天需要花费1~2小时在网络维护房源，近60%的从业人员平均每天需要花费1小时及以上的时间来进行网络维护房源工作（见图37）。

（3）近90%的从业人员在获取房源信息的一天内，便会将房源信息发布至公司平台、互联网平台或朋友圈，反映了迅速公开房源信息以寻求客户或合作已经是业内共识（见图38）。

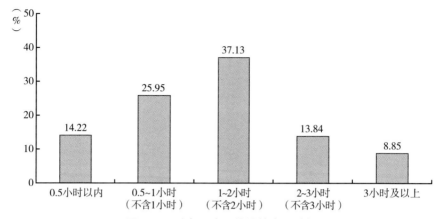

图37 平均每天在网络维护房源时长

资料来源：广州市房地产中介协会。

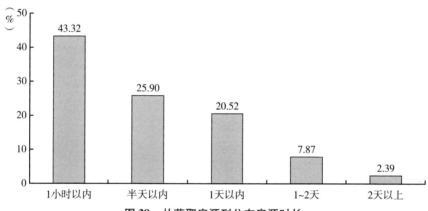

图38 从获取房源到公布房源时长

资料来源：广州市房地产中介协会。

5. 每单买卖交易时长

86.87%的从业人员平均每单买卖交易花费的时长（指从卖家/业主与中介机构签订《放盘委托书》之日起，到买卖双方达成交易之日为止所花费的时间）在3个月以内；其中1～3个月的有33.50%，较2017年上升了7.38个百分点；15天以内的则比2017年下降了15.03个百分点，至25.03%。大致上反映了市场上二手住宅的成交周期较2017年有所延长，成交难度有所加大（见图39）。

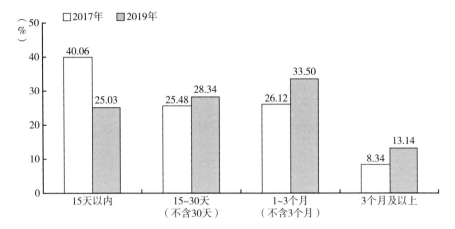

图39　平均每单买卖交易花费时长

资料来源：广州市房地产中介协会。

6. 成交难度

（1）有54.89%的从业人员平均需要拨打电话50次以上才能寻找到一个潜在/意向客户，这一比例较2017年上涨了7.93个百分点（见图40）。

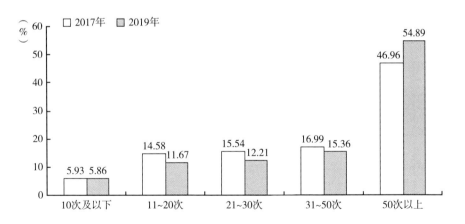

图40　寻找一个潜在/意向客户平均拨打电话次数

资料来源：广州市房地产中介协会。

（2）分别有24.27%与28.28%的从业人员每单成交平均需要带看7～10次与10次以上，较2017年分别上涨了13.14个、20.54个百分点；每单

267

成交平均带看次数在 6 次以下的从业人员所占比例则大幅缩小（见图 41）。

（3）促成每单交易平均需要接待潜在/意向客户的次数也有明显的增加，有 28.66% 的从业人员平均需接待 10 个以上的潜在/意向客户才能促成一单交易，相比 2017 年上涨了 10.11 个百分点（见图 42）。

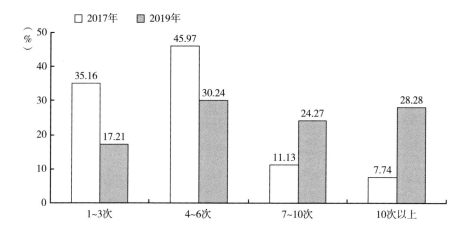

图 41　每单成交平均带看次数

资料来源：广州市房地产中介协会。

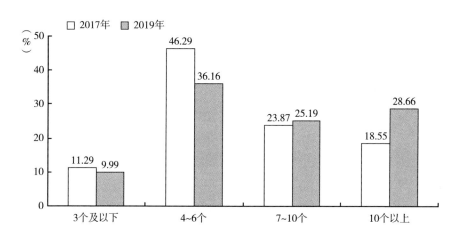

图 42　促成每单交易平均接待潜在/意向客户次数

资料来源：广州市房地产中介协会。

以上数据都显示在房地产交易量下降、市场竞争日趋激烈的环境中，从业人员的成交难度大幅度增加。

7. 收入水平与构成

近60%的从业人员年收入在10万元以下，其中有25.84%的从业人员年收入在5万元以下，5万~10万元的比例为32.68%，30万元及以上的仅占4.07%，反映了高收入在行业中并不普遍（见图43）。

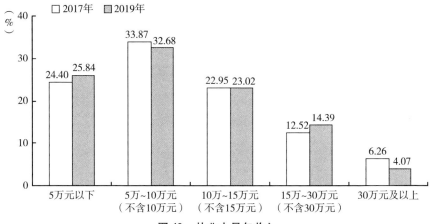

图43 从业人员年收入

资料来源：广州市房地产中介协会。

与2017年比较，行业的平均收入水平并没有明显变化。但值得一提的是，年收入在5万元以下的比例有小幅度提高，原因可能是：第一，部分中介机构为吸引或留住新人，提升了这部分人群的收入水平；第二，市场环境不好，较低收入水平的从业人员数量增加。

行业中"低底薪，高提成"的特征明显，其中60.86%的从业人员底薪占收入的比重在30%以下，较2017年上升了4.52个百分点，原因是行业不景气，中介机构更愿意增加员工的提成比例而不是底薪（见图44）。

8. 私单和撬盘现象

只有9.34%的从业人员表示经常遇到做私单、撬盘行为，较2017年下降了4.14个百分点；有44.08%的从业人员表示未遇到此类情况（见图45）。在一定程度上反映了行业中的恶性竞争情况有所改善（至少未变得更严重）。

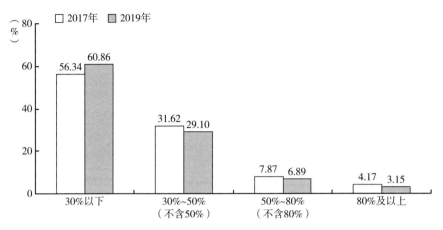

图44 底薪占收入比重

资料来源：广州市房地产中介协会。

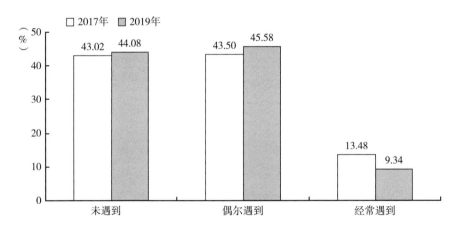

图45 是否经历过私单、撬盘

资料来源：广州市房地产中介协会。

（三）职业满意度与行业发展建议

1. 职业满意度

从业人员对房地产中介行业的职业满意度较高，分别有31.00%与37.13%的从业人员表示十分满意或较满意，较2017年整体有所上升；极不满意的比例为0.87%，较2017年有一定幅度的降低（见图46）。

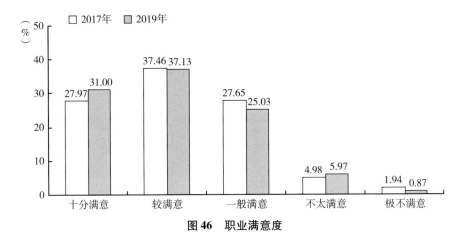

图46 职业满意度

资料来源：广州市房地产中介协会。

2. 受社会尊重状况

认为行业受社会尊重的从业人员较2017年有一定比例的提高。但仍然有较大比例的从业人员认为行业并未受到社会尊重，其中认为很不受尊重的比例为8.79%，认为不受尊重的比例为36.21%（见图47）。

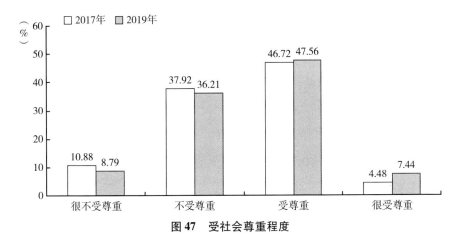

图47 受社会尊重程度

资料来源：广州市房地产中介协会。

认为行业受社会尊重的女性从业人员所占比例要高于男性。分别有55.94%与5.56%的女性从业人员认为行业受尊重和很受尊重，而男性从业人员的对应比例则为 44.24% 与 8.18%；认为很不受尊重和不受尊重的男性从业人员的比例均要高于女性。可能的原因是女性从业人员的服务更加亲切、细致、细心，从而更能够得到消费者的认同（见图 48）。

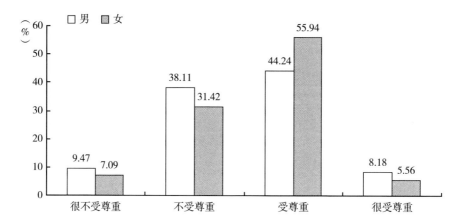

图 48　性别与受社会尊重程度

资料来源：广州市房地产中介协会。

3. 行业主要问题

有 64.39% 的从业人员认为"行业内恶性竞争普遍"，其所占比例最高；分别有 52.55% 与 51.03% 的从业人员认为"中介人员流动太频繁"与"行业的负面宣传多"是目前行业的问题所在。

相比 2017 年，"中介人员哄抬房价""中介骚扰电话普遍""中介人员门槛太低""收费过高"等问题则得到了一定程度的解决，比例分别下降了 7.43 个、6.08 个、2.60 个和 0.77 个百分点，至 14.01%、32.32%、31.32% 和 4.67%（见图 49）。

4. 未来发展建议

有 72.64% 的从业人员认为应该"加强行业的正能量宣传"，分别有 65.15%、63.68% 的从业人员认为应该"更多有针对性的中介人员培训"与"增加行业内的交流"（见图 50）。

关于对于行业未来发展的期望和建议，"提升中介人员的专业素质"

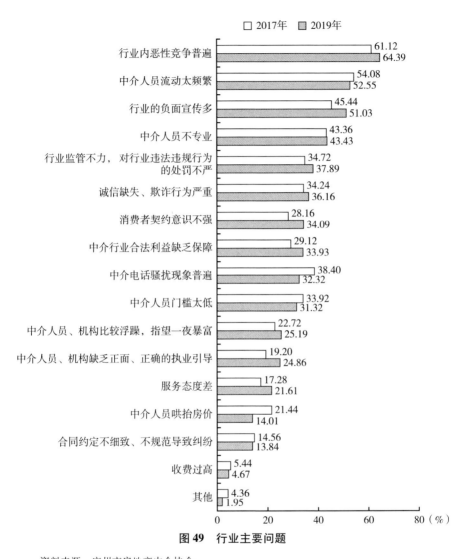

图49 行业主要问题

资料来源：广州市房地产中介协会。

被从业人员认为是最重要的，所占比例达到87.13%，其次是"提升中介人员的服务态度"，有74.97%的从业人员认同；认为"全员持证上岗"、"全面建立从业人员、机构的诚信档案"与"加强行业监管与处罚力度"重要的从业人员所占比例则分别为66.18%、65.47%与58.69%（见图51）。

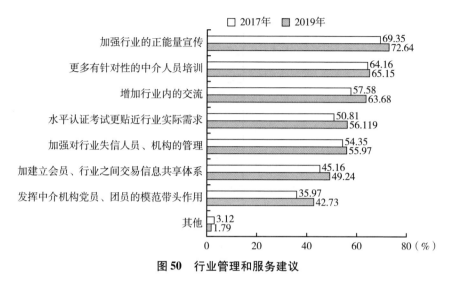

图50　行业管理和服务建议

资料来源：广州市房地产中介协会。

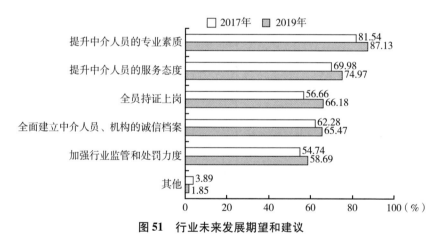

图51　行业未来发展期望和建议

资料来源：广州市房地产中介协会。

三　广州市消费者部分

（一）基本情况

近80%的消费者年龄在21～39岁，有2.20%的消费者年龄在20岁及以下，21~29 岁的比例最大，为 41.34%，30~39 岁的为 37.21%，40~49 岁与 50 岁及以上的比例分别为 13.82% 和 5.43%（见图 52）。

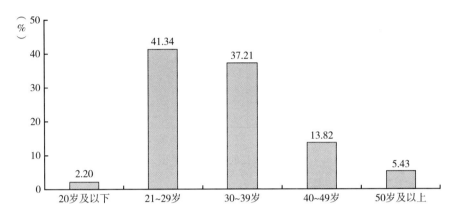

图 52　年龄构成

资料来源：广州市房地产中介协会。

（二）服务体验

1. 接受的中介服务类型

有 51.94% 的消费者接受过买房服务，43.41% 的接受过承租服务，接受过出租和卖房服务的比例分别为 39.66% 和 36.69%（见图 53）。

2. 搜寻中介机构途径

在互联网平台发展迅猛的时代背景下，有 72.22% 的消费者仍然会通过门店寻找中介机构，这是最主要的途径，这一比例较 2017 年上涨了 5.49 个百分点；其次是通过熟人推荐和互联网平台，分别有 43.15% 和 37.73% 的消费者选择，与 2017 年相比，也分别上涨了 13.51 个百分点和 2.17 个百分点；只有 9.43% 的消费者会通过媒体广告来寻找中介机构，这一比例较 2017 年下跌了 2.81 个百分点（见图 54）。

不同年龄段的消费者搜寻中介机构的方式有所不同，互联网平台是年轻消费者最为青睐的途径，其比例随着年龄增长逐渐减少（见图 55）。

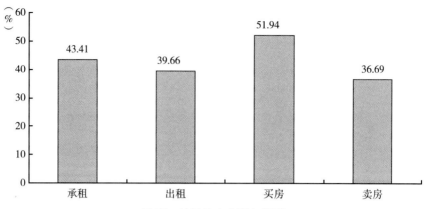

图53 接受的中介服务类型

资料来源：广州市房地产中介协会。

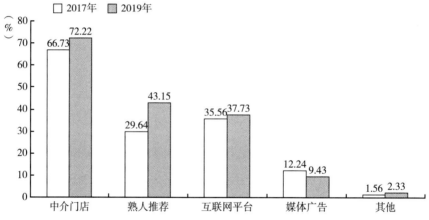

图54 搜寻中介机构途径

资料来源：广州市房地产中介协会。

3. 委托的中介机构数量

近70%的消费者在交易时会委托2～3家中介机构提供服务，较2017年上涨了11.29个百分点；选择独家委托方式的约有20%，较2017年下跌了6.66个百分点；而委托3家以上中介机构的消费者所占比例不足10%。反映了在当前的行业背景下，消费者既不太愿意独家代理，也不会漫天委托（见图56）。

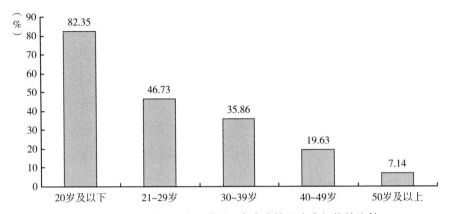

图55 不同年龄与通过互联网平台方式搜寻中介机构的比较

资料来源：广州市房地产中介协会。

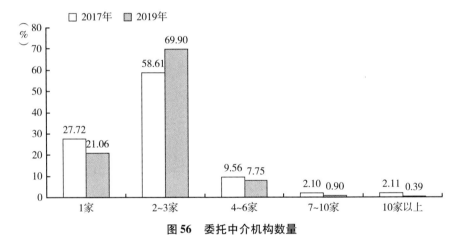

图56 委托中介机构数量

资料来源：广州市房地产中介协会。

4. 选择中介机构的考虑因素

知名度高和声誉好是消费者选择中介机构最主要的考虑因素，其所占比例分别是68.09%和64.60%，与2017年相比，分别上涨了20.10个百分点和7.24个百分点；此外，熟人推介因素较2017年上升了大约16个百分点；佣金低并不是消费者特别在意的方面，其所占比例只有20.67%，但较2017年上涨了6.90个百分点。总体上反映了消费者倾向于选择可信赖的中介机构以提升交易安全性（见图57）。

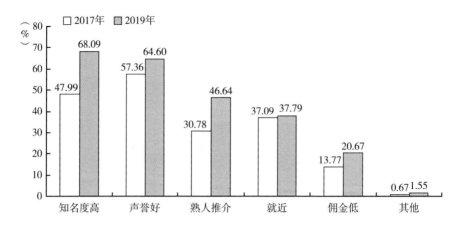

图57 选择中介机构考虑因素

资料来源:广州市房地产中介协会。

5. 选择中介人员方式

与2017年相比,消费者选择中介人员的方向性更加明确,其中熟人推介与诚信记录良好的所占比例分别增加了16.23个、10.67个百分点,但仍然有23.77%的消费者是通过随机选择的方式(不知道怎么选择或不知道什么样的中介人员是好的)来选择中介人员的(见图58)。

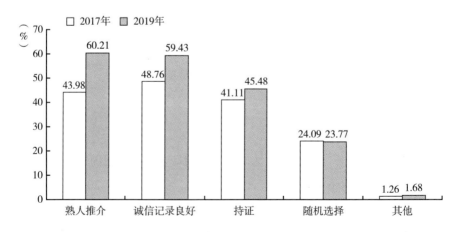

图58 选择中介人员方式

资料来源:广州市房地产中介协会。

6. "两证一书"接受度

消费者对"两证一书"的接受度较2017年有明显提高。

59.69%的消费者愿意签订书面的委托书，较2017年增加了11.12个百分点，不愿意的消费者所占比例仅为6.59%，较2017年下降了10个百分点左右（见图59）。

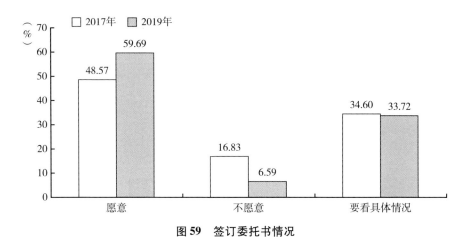

图59 签订委托书情况

资料来源：广州市房地产中介协会。

在提供房产证、身份证方面，有51.42%的消费者表示愿意，较2017年增加了2.85个百分点；不愿意的消费者所占比例也从2017年的16.83%下降到9.04%（见图60）。

此外，调查数据显示消费者年龄越大对提供房产证、身份证的接受程度越低（见图61）。

7. 行业满意度

消费者对中介行业的满意度有显著提升。

持非常满意和比较满意态度的消费者所占比例分别为25.58%与48.58%，较2017年分别增长了5.13个、11.1个百分点；而持一般、比较不满意和极不满意态度的消费者所占比例均有一定幅度的下降（见图62）。

8. 对中介人员印象

大部分消费者认为中介人员敬业、辛苦，其所占比例分别达到

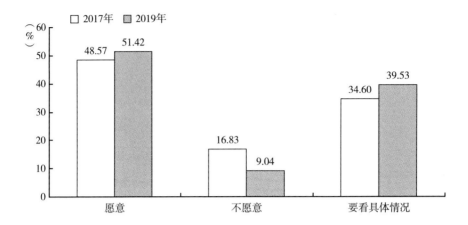

图60　提供房产证、身份证情况

资料来源：广州市房地产中介协会。

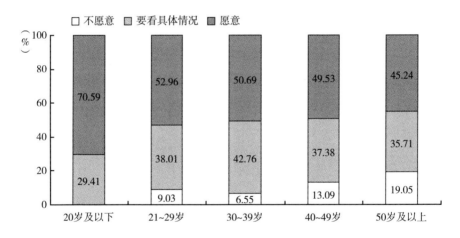

图61　不同年龄与提供房产证、身份证情况

资料来源：广州市房地产中介协会。

70.80%、67.44%，与2017年相比，分别上涨了15.54个、9.31个百分点；认同中介人员是专业人士的比例只有32.04%，但较2017年上涨了14.26个百分点；认为中介人员素质较低下、不诚信的比例分别为8.53%和5.68%，较2017年分别下跌了7.72个百分点和7.90个百分点（见图63）。

以上数据显示消费者对中介人员的印象较两年前有了一定程度的提高。

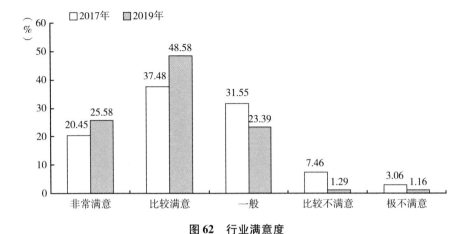

图 62 行业满意度

资料来源：广州市房地产中介协会。

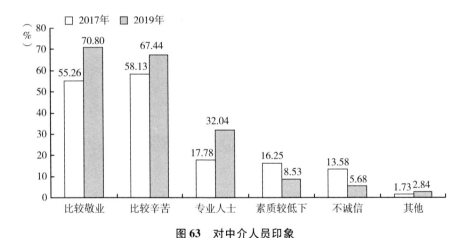

图 63 对中介人员印象

资料来源：广州市房地产中介协会。

9. 互联网平台的房源真实性

只有 16.67% 的消费者认为互联网平台发布的房源信息很真实，有大约 30% 的消费者认为不怎么真实或不真实；但整体而言，消费者认为互联网平台的房源真实性与 2017 年相比有所提升（见图 64）。

10. 佣金接受程度

租赁业务中，消费者最能接受的佣金是 0.5 个月及以下，其所占比例达

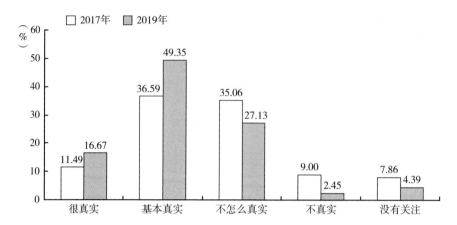

图64　互联网平台的房源真实性

资料来源：广州市房地产中介协会。

到48.38%，与2017年相比下跌了5.31个百分点。买卖业务中，消费者接受程度最高的佣金比例是0.5%～1%，该部分消费者所占比例达到35.09%，较2017年上涨了2.26个百分点；而能够接受3%及以上佣金的消费者所占比例只有2.51%（见图65）。

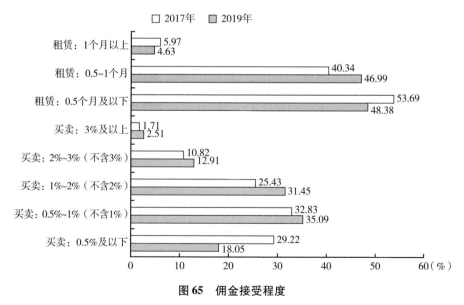

图65　佣金接受程度

资料来源：广州市房地产中介协会。

11. 中介作用

调查数据显示大部分消费者认可中介对完成房地产交易有着积极的作用。其中，认为能够节省交易时间的消费者所占比例达到64.08%，较2017年上涨了10.35个百分点；认为提供的信息比自己收集的更加真实、可靠的消费者所占比例有63.31%，较2017年上涨了15.51个百分点；认为能够给予专业的建议和指导的消费者所占比例为62.92%，较2017年上涨了13.40个百分点（见图66）。

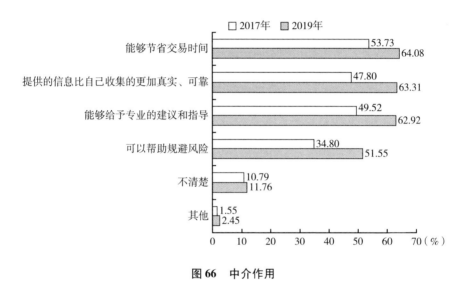

图66　中介作用

资料来源：广州市房地产中介协会。

（三）行业存在问题与未来发展建议

1. 行业主要问题

消费者认为"行业监管不力"是当前的房地产中介服务存在的主要问题，其所占比例最高，达到45.87%，与2017年相比，上涨了6.48个百分点，反映了消费者更迫切地希望政府行业管理部门能够在市场发挥重要作用；"诚信缺失、虚假承诺、欺诈行为严重"和"中介人员不专业"也是行业目前存在的主要问题，其所占比例分别为38.37%与

36.95%，但与 2017 年比较，分别小幅下跌了 1.78 个、2.25 个百分点（见图 67）。

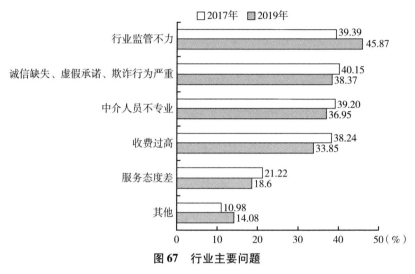

图 67　行业主要问题

资料来源：广州市房地产中介协会。

2. 中介人员不专业的表现

消费者认为"中介人员不专业"主要体现在对"交易流程不熟悉"，其所占比例达到 47.42%，较 2017 年上涨了 1.53 个百分点；有 44.70% 的消费者认为中介人员对"政策法规不熟悉"，与 2017 年相比上涨了 2.44 个百分点；认为对"市场行情不熟悉""房屋情况不熟悉""税费不清"的比例分别为 39.66%、34.63% 与 32.17%（见图 68）。

3. 行业发展建议

对于行业未来发展的建议，超过 70% 的消费者认为"提升从业人员的专业素质"最重要；认为需要"提升从业人员的服务水准"的消费者所占比例也达到 63.70%；希望"建立从业人员、机构的诚信档案"、"全员持证上岗"与"加强行业监管和处罚力度"的消费者所占比例分别为 58.40%、54.10% 与 49.61%（见图 69）。

以上数据与 2017 年相比，排列基本一致，但所占比例均出现不同程度的下跌。

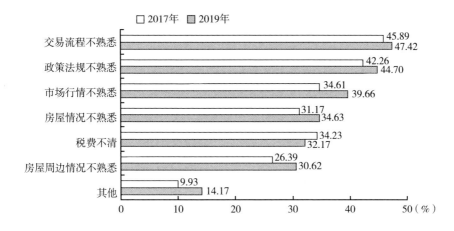

图68　中介人员不专业的表现

资料来源：广州市房地产中介协会。

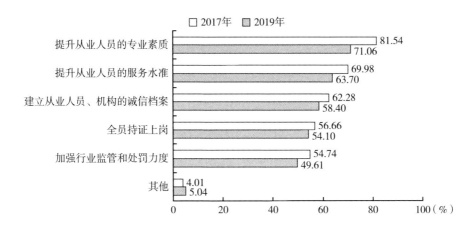

图69　行业未来发展期望和建议

资料来源：广州市房地产中介协会。

四　结束语

通过此次行业调查以及与2017年调查数据的对比分析可以发现，在过去两年，广州市房地产中介行业有了一些新变化：受政策调控影响，住宅房

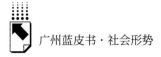
地产市场低迷，成交量下降，行业竞争更为激烈，中介机构和从业人员的生存问题进一步突出，具体表现在门店盈利难度加大、从业人员佣金提成比例下滑，从业人员的工作强度加大等；但同时行业也朝着诸多积极的方向发展，例如中介人员哄抬房价现象显著减少、业主对"两证一书"的接受度大幅提高、消费者的行业满意度有了较大提升等。但毋庸讳言，虽然广州市房地产中介行业的整体状况有一定改善，但包含中介机构和从业人员在内的各个群体对提升行业规范执业水平、提升行业门槛，提高服务质量等方面的需求依旧强烈。接下来，广州市房地产中介协会将及时向政府行业管理部门反馈有关情况，积极协助政府部门研究、出台有关措施，以促进房地产中介行业更好发展。

B.16
广州与国内10个主要城市人口发展
情况对比分析

广州市统计局人口和社会科技处课题组*

摘　要： 人口和人才是城市核心竞争力的关键因素。本报告分析
2014～2018年国内11个主要城市常住人口发展趋势、剖析
人口结构情况、梳理国内11个主要城市人才引进政策，从
而指出广州人口发展的优势与不足，并提出建议。

关键词： 人口结构　人才引进政策　广州

随着我国人口老龄化加剧，劳动年龄人口减少，人口红利开始消退，各
大城市纷纷推出新的人才引进政策，降低落户门槛，开展"抢人大战"。本
报告选取国内11个主要城市，通过人口总量和结构对比分析，对广州人口
发展提出对策建议。

一　人口总量情况对比

广州近年来经济持续平稳增长，加上广州加快推进各类人才落户等政
策，广州人口持续快速增长。2018年广州常住人口总量1490.44万人，

---

* 课题组组长：罗志雄，广州市统计局副局长。课题组成员：张友明，广州市统计局人口处处
长；梁汉学，广州市统计局人口处副处长；曾琼，广州市统计局一级主任科员，法学硕士，
研究方向为统计调查。执笔人：曾琼。

2014~2018 年年均增量 45.60 万人、年均增速 3.32%，在国内 11 个主要城市中排名靠前。

2018 年广州常住人口总量在 11 个城市中排第 5 位。从国内 11 个主要城市常住人口总量情况看，2018 年，北京（2154.20 万人）、上海（2423.78 万人）常住人口超 2000 万，成都（1633.00 万人）、天津（1559.60 万人）常住人口也超过广州，广州为第 5 位。除杭州（980.60 万人）和沈阳（831.60 万人）外，其他 4 个城市常住人口均超过千万，其中，郑州和西安 2018 年首次进入"千万人口俱乐部"（见表 1）。

表 1　2014~2018 年国内 11 个主要城市常住人口情况

	2018 年（万人）	2017 年（万人）	2016 年（万人）	2015 年（万人）	2014 年（万人）	年均增量（万人）	年均增速（%）
上海	2423.78	2418.33	2419.70	2415.27	2425.70	-0.47	-0.02
北京	2154.20	2170.70	2172.90	2170.50	2151.60	0.65	0.03
成都	1633.00	1604.47	1591.80	1465.80	1442.80	47.55	3.14
天津	1559.60	1556.87	1562.12	1546.95	1516.80	10.70	0.70
广州	1490.44	1449.84	1404.35	1350.11	1308.05	45.60	3.32
深圳	1302.66	1252.83	1190.84	1137.89	1077.90	56.19	4.85
武汉	1108.10	1089.29	1076.62	1066.77	1033.80	18.58	1.75
郑州	1013.60	988.10	972.40	956.90	937.80	18.95	1.96
西安	1000.37	961.67	883.21	870.56	862.80	34.41	3.77
杭州	980.60	946.80	918.80	901.80	889.20	22.85	2.48
沈阳	831.60	829.40	829.20	829.10	828.70	0.72	0.09

资料来源：各地统计局网站。

2014~2018 年广州常住人口年均增量和增速排第 3 位。从 2014~2018 年国内 11 个主要城市常住人口年均增量情况看，深圳（56.19 万人）、成都（47.55 万人）、广州（45.60 万人）、西安（34.41 万人）、杭州（22.85 万人）排名靠前，人口增量大，人口集聚力强。从 11 个主要城市常住人口 2014~2018 年年均增速情况看，深圳（4.85%）、西安（3.77%）、广州（3.32%）、成都（3.14%）、杭州（2.48%）增速较快，人口虹吸效应较强。2014～2018 年 11 个城市的常住人口年均增量和增速情况表明，深圳、广州、成都、西安和杭州包揽前五位，且明显领先于其他城市。深圳、广州属一线城市，经济增长较快，一直具备较强的人口吸引力。西安、成都为西部城市，近年来经济增速加快，且在"抢人大战"中出台了力度更大、更宽松的人才落户政策，政策效应明显，人口增长势头迅猛。杭州作为长三角城市，互联网等行业发展势头好，人口增长也较快。

2014～2018 年国内 11 个主要城市常住人口发展整体形势为：北京和上海为强一线城市，常住人口超 2000 万，经济发展良好，但为缓解"大城市病"，采取人口疏解政策，近年来人口体现为负增长或微弱增长。深圳、广州属于一线城市，经济增长较快，人口集聚能力强。西安、成都在"西部崛起"和强力的引进人才政策下，人口增长十分显著。杭州、武汉、郑州等强省会城市"首位度"高，人口虹吸效应强，也实现了人口较快增长。西安和郑州 2018 年常住人口破千万。天津近年来经济发展略有放缓，人口增长平缓。沈阳作为东北城市，近年来随着经济发展的放缓，人口增长微弱。

二 人口结构情况对比

（一）年龄结构

2015 年广州人口结构较年轻化。从 2015 年国内 11 个主要城市常住人口年龄结构情况看，广州 2015 年刚迈入老龄化社会[①]，老龄化程度较轻，少儿人口比重相对较高，劳动年龄人口比重较高，具备充足的劳动力资源，社会负担较轻，处于"人口红利"的黄金时期。

2015 年广州少儿人口比重排第 3 位。根据 2015 年国内 11 个主要城市常住人口年龄结构情况，广州常住人口中少儿人口（0～14 岁）比重为 13.0%，

[①] 按国际老龄化标准，65 岁以上人口超过 7% 的社会即为老龄化社会。

在 11 个主要城市中仅低于郑州（15.3%）和深圳（13.2%），高于其他 8 个城市。天津、上海少儿人口比重最低，分别为 9.8% 和 9.0%（见表 2）。

表 2 2010 年和 2015 年国内 11 个主要城市常住人口年龄结构情况

单位：%

	2015 年			2010 年		
	少儿人口比重	劳动年龄人口比重	老年人口比重	少儿人口比重	劳动年龄人口比重	老年人口比重
上海	9.0	78.7	12.3	8.6	81.3	10.1
北京	10.1	79.7	10.2	8.4	82.9	8.7
成都	10.7	78.4	10.9	11.0	79.3	9.7
天津	9.8	80.6	9.6	9.8	81.7	8.5
广州	13.0	79.1	7.9	11.5	81.8	6.7
深圳	13.2	83.9	2.9	9.9	88.3	1.8
武汉	10.0	80.9	9.1	10.0	81.9	8.1
郑州	15.3	77.3	7.4	16.0	76.8	7.2
西安	12.6	76.9	10.5	12.9	78.6	8.5
杭州	12.1	76.4	11.5	11.4	79.6	9.0
沈阳	10.0	76.3	13.7	9.8	79.8	10.4

资料来源：全国 1% 人口抽样调查数据和人口普查数据。

2015 年广州劳动年龄人口比重排第 5 位。根据 2015 年国内 11 个主要城市常住人口年龄结构情况，广州常住人口中劳动年龄人口（15～64 岁）比重为 79.1%，在 11 个国内主要城市中，仅低于深圳（83.9%）、武汉（80.9%）、天津（80.6%）和北京（79.7%）。

2015 年广州老年人口比重排倒数第 3 位。根据 2015 年国内 11 个主要城市常住人口年龄结构情况，广州常住人口中老年人口（65 岁以上）比重达 7.9%，按国际老龄化标准来看，广州正式进入老龄化社会。在 11 个国内主要城市中，深圳老年人口比重最低，仅为 2.9%，尚未进入老龄化社会，其次是郑州（7.4%）。广州老年人口比重排倒数第 3（7.9%），低于其他 8 个城市。老龄化程度最深的 3 个城市为沈阳（13.7%）、上海（12.3%）和杭州（11.5%）。

综合来看，在 2015 年全国 11 个主要城市中，深圳、郑州、广州 3 个城市的人口年龄结构更为年轻化。少儿人口比重相对较高，老年人口比重

低。深圳作为一个年轻的移民城市，城市负担最轻，老年人口比重仅为
2.9%。广州受益于大量的外来年轻人口，老龄化程度较低。郑州、广州、
深圳都是受传统生育观念影响较深的地区，人口出生率都较高，少儿人口
比重高。而上海、沈阳等城市老龄化程度较高，这些城市城镇化和工业化
开展得早，大型国有企业多，老年人口多，人口生育观念趋向现代化，生
育率不高，少儿人口比重也较低。

（二）学历结构

2015年广州大专以上文化程度人口比重排第6位。从2015年国内11个
主要城市大专以上文化程度人口比重情况看，广州处于中间水平，广州6岁
以上人口中，大专以上文化程度人口比重为25.1%，即每4个人中就有一
个大学生。低于北京（35.7%）、上海（27.1%）、武汉（36.4%）、成都
（25.2%）、西安（29.3%）5个城市，且比北京、武汉低了10个百分点以
上，差距较大。但高于天津（23.2%）、杭州（23.8%）、深圳（22.2%）、
郑州（21.8%）、沈阳（24.3%）5个城市（见表3）。

表3 2010年和2015年国内11个主要城市大专以上文化程度人口比重情况

单位：%

	2015 年	2010 年
上海	27.1	22.8
北京	35.7	32.8
成都	25.2	17.5
天津	23.2	18.3
广州	25.1	20.6
深圳	22.2	18.5
武汉	36.4	26.3
郑州	21.8	20.4
西安	29.3	23.3
杭州	23.8	19.8
沈阳	24.3	21.3

资料来源：全国1%人口抽样调查数据和人口普查数据。

2010～2015 年广州大专以上文化程度人口比重提升了 4.5 个百分点，而武汉、成都、西安则分别提升了 10.1 个、7.7 个和 6.0 个百分点，人口学历层次提升幅度比广州更大。

传统的高等教育和科研机构集中的中心城市，如北京、武汉、西安等，聚集了更多的在校大学生和科研人员，人口学历层次更高。广州、深圳虽为经济发达的一线城市，但大量外来流动人口文化层次不高，高校和科研机构资源在全国不突出，人口学历层次处于中位。

（三）人口与经济协调程度

2018 年广州经济总量排第 4 位。从 2018 年国内 11 个主要城市地区生产总值情况来看，北京和上海超过 3 万亿元，深圳和广州超过 2 万亿元。成都、武汉、天津、杭州、郑州 5 个城市均超过 1 万亿元，西安、沈阳两城市在万亿元以下。郑州在 2018 年进入地区生产总值"万亿俱乐部"（见表4）。

表4　2018 年国内 11 个主要城市地区生产总值情况

	地区生产总值(亿元)	人均地区生产总值(万元)
上海	32679.87	13.50
北京	30320.00	14.00
成都	15342.77	9.48
天津	18809.64	12.07
广州	22859.35	15.55
深圳	24221.98	18.96
武汉	14847.29	13.51
郑州	10143.3	10.13
西安	8349.86	8.51
杭州	13509.00	14.02
沈阳	6292.4	7.58

注：各城市地区生产总值数据为公报数据。

2018 年广州人均地区生产总值排第 2 位。从 2018 年国内 11 个主要城市人均地区生产总值情况看，广州人均地区生产总值为 15.55 万元，已经步入上中等发达国家水平，仅次于深圳（18.96 万元），排第 2 位。高于杭州（14.02 万元）、北京（14.00 万元）、武汉（13.51 万元）、上海（13.50 万元）、天津（12.07 万元）、郑州（10.13 万元）等城市。郑州在 2018 年实现了地区生产总值破万亿、常住人口破千万、人均地区生产总值破 10 万元的"三突破"。成都、西安、沈阳三城市人均地区生产总值在 10 万元以下。

总体来看，北京、上海经济规模大，深圳、广州经济规模也较大，人均地区生产总值更高。武汉、杭州、成都、郑州等城市经济都展现了良好的发展势头。天津经济规模较大，但近年来发展速度略有放缓。西安、沈阳两城市的经济规模不大，西安近年来增速很快，潜力较大。沈阳的经济发展出现放缓。

2014～2018 年广州处于人口与经济发展的渐进级。通常以人口增长弹性系数，即人口增长率与经济增长率之比来衡量人口与经济发展的协调程度。人口增长弹性系数越低，表明人口与经济发展协调度越高；反之，则两者协调度越低。人口增长弹性系数 0.2 及以下为"协调发展级"，0.2～0.99 为"发展的渐进级"，大于或等于 1 为"发展停滞级"。

近年来，广州经济平稳发展，常住人口总量增幅显著。2014～2018 年，广州人口增长弹性系数为 0.42，即地区生产总值每增长 1 个百分点，相应带来 0.42 个人口增长（见表 5）。处于人口与经济发展的渐进级。说明近年来，广州市常住人口增速加快，但人口对地区生产总值的拉动作用有所减弱。

从 2014～2018 年国内 11 个主要城市人口增长弹性系数看，广州人口增长弹性系数较高（0.42），排第 10 位，仅低于深圳（0.44）。西安（0.34）、成都（0.28）、杭州（0.25）的人口增长弹性系数也超过 0.2。上述 5 个城市常住人口年均增速和增量排前 5 位，但都处于"发展的渐进级"。北京、上海、天津、郑州、武汉 5 个城市人口增长弹性系数处于 0.2 以下，人口和经济发展的协调性更好。其中北京、上海经济发展较快，而常住人口微弱增长或负增长，人口增长弹性系数约为 0。沈阳由于经济为负增长，常住人口微弱增长，人口增长弹性系数为负数（－0.03）。

总体来看，近年来，北京、上海采取了人口疏解政策，经济发展良好，体现为人口与经济的协调发展。天津近年来经济发展略有放缓，常住人口增长较缓，也为"协调发展级"。郑州、武汉、西安、成都、杭州等城市都加大了人才引进力度，经济发展较快，其中郑州、武汉两城市人口与经济发展的协调性更好，人口对经济的拉动作用更为明显。而西安、成都、杭州常住人口年均增速较快（2014~2018 年人口年均增速分别居第 2、4、5 位），人口对经济的拉动作用次之。深圳、广州常住人口年均增速快（2014~2018 年人口年均增速分别居第 1 位和第 3 位），但对经济的拉动作用有所减弱。

表5　2014~2018 年国内 11 个主要城市人口增长弹性系数

	2014~2018 年人口增长弹性系数		2014~2018 年人口增长弹性系数
上海	0.00	武汉	0.17
北京	0.00	郑州	0.19
成都	0.28	西安	0.34
天津	0.15	杭州	0.25
广州	0.42	沈阳	-0.03
深圳	0.44		

资料来源：各地统计局网站。

三　主要城市人才引进政策情况

笔者现对国内 11 个主要城市人才引进政策做简单梳理，根据各城市现状和定位不同，大致可以分为三种类型。

（一）限制型

以北京和上海为代表。北京和上海由于常住人口超 2000 万，公共资源紧张，近年来实行城区人口疏解政策。在引进人才方面，门槛较高，主要引进高端领军人才，为"限制型"。2018 年 3 月，北京宣布建立人才引进"绿色通道"，凡是符合一定条件的科技创新人才、文化创意人才、体育人才、金融管理人才等，可申请引进。同月，上海也提出打造"人才高峰"工程。明确了生命科学与生物医药、集成电路与计算科学、脑科学与人工智能等13个集聚高峰人才的重点领域。高峰人才要求取得国内外同行公认的突出成就、具有成长为世界级高峰人才的潜力。并为高峰人才量身创设新型工作机构。

（二）温和型

以广州、深圳、杭州等城市为代表。这些城市本身具备较强的人口吸引力。在"抢人大战"背景下，也逐步降低了人才引进和落户门槛，体现为"温和型"。2019年初，广州出台新一轮入户政策体系，将学士、硕士和博士学历人员年龄限制分别从35、40、45周岁调整到40、45、50周岁，高校应届毕业生可直接入户；2019年6月推出"广聚英才计划"19项，集聚"高精尖缺"人才。深圳市对高校毕业生、在职人才、留学归国人员、博士后四类人才引进实行"秒批"；对高层次人才给予奖励补贴。

（三）强力型

以西安、武汉、成都、郑州等城市为代表。这些城市基本上是这场人才争夺战的"首发军"，引进人才力度不断加大，落户门槛不断降低，政策效果明显，为"强力型"。2017年，西安推出在校大学生凭学生证身份证在线落户；2019年2月，继续放宽落户条件到45周岁以下，全国高校中技生可直接落户，接近"零门槛"。2018年，西安户籍人口大增79.5万人。武汉在2017年1月提出"五年内留住百万大学生"计划，打响争夺人才第一枪，2018年新增留汉创业就业大学生达40.6万人。在强大政策效应下，西安、郑州2018年常住人口破千万，西安和成都分别居11个城市2014~2018年常住人口年均增速第2位和年均增量第2位。

四　广州人口发展的优势与不足

笔者根据国内11个主要城市近年来人口总量、增速和年龄、学历等结构对比情况，找出广州市人口发展的主要优势和不足之处。

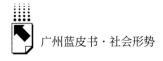

（一）优势

1. 人口吸引力强

2014~2018年，广州保持着年均45万以上的常住人口增量，人口虹吸效应强。广州作为经济发达的一线城市，在2018年国内11个主要城市地区生产总值情况中排第4位，人均地区生产总值排第2位，房价低于"北上深"，良好的区位、产业、人文和气候，吸引了大量外来人口，为广州带来显著的人口红利。年轻外来人口的流入有效减缓了广州老龄化程度，为广州经济发展提供了良好基础。"全面二孩"政策实施以来，广州人口出生率较高，也促进了广州常住人口较快增长。

2. 人口年龄结构相对较好

在2015年全国11个主要城市中，广州少儿人口比重居第3位，老龄化程度为倒数第3，人口结构相对年轻化，仅排在深圳和郑州之后。充足的劳动力资源，人口老龄化程度较轻，少儿人口比重相对较高，都表明广州具备较好的人口年龄结构，这将为广州未来经济和社会良性发展提供重要支撑。

（二）不足

1. 人口学历层次不高

2015年广州大专以上文化程度人口比重低于北京、上海、武汉、成都、西安等城市，在11个城市中处于中间水平，与广州的经济发展水平和城市地位不太相符。广州作为华南地区科教中心，比深圳拥有更多的高校、医院和科研院所资源，但人口学历层次优势并不明显。主要原因是广州外来人口多，且学历层次偏低，以初中、高中水平为主（占比74.2%），且广州的批发零售、住宿餐饮、交通运输、仓储和邮政、制造业等行业集聚了大量的就业人口（占比62.7%），整体学历层次也不高。这也说明广州应采取积极措施，吸引和留住高学历人才。

2. 人口对经济拉动作用有所减弱

2014~2018年，广州人口增长弹性系数在11个国内主要城市中排第

10位，处于人口与经济发展的渐进级，人口对地区生产总值的拉动作用有所减弱。深圳、广州、西安、成都、杭州5个城市常住人口年均增速和增量靠前，但都处于"发展的渐进级"。而北京、上海、天津、郑州、武汉人口和经济发展的协调性更好，处于"协调级"。常住人口的快速增长能为城市发展提供人才储备，但在某种意义上，人口增长也要适度，过快的人口增长短期内不一定能实现经济更快发展。郑州和武汉两城市的表现相对"亮眼"，人口适度增长，同时实现了人口与经济协调发展。广州要积极将人口资源转化为拉动经济高质量发展的重要引擎。实现人口与经济的协调发展。

五　建议

在当前城市人才争夺战日渐激烈的背景下，笔者根据广州人口发展的趋势和特点，提出如下建议。

（一）注重引进高素质人口

精准引进相关行业高素质人口。数据表明，广州高学历人口主要集中在金融、IT、科研等高收入、高技术含量行业和教育、医疗等对学历层次要求高的行业。这些行业大专以上人口占比超七成。广州在引进人才政策上，要紧密结合高学历人才集聚行业，结合《粤港澳大湾区发展规划纲要》，结合"IAB"（新一代信息技术、人工智能、生物医药）产业与"NEM"（新能源、新材料）产业目录，积极引入高素质、年轻人口，推动人口素质优化。

推动高校毕业生留穗就业。2018年，广州高校共82所，高校毕业生29.04万人。广州市人才工作领导小组办公室发布的《广州人才发展白皮书》表明，广州地区高等院校毕业生留穗就业比例约为50%。广州要在降低入户条件、提供人才临时租赁住房和简化入户手续等方面综合施策，进一步提高本地高校毕业生留穗比例。

加快发展新兴优势产业。城市整体实力和产业结构，决定了城市的基本

经济面和就业前景，也在很大程度上决定了能吸引到什么层次的人才和能否留住优秀人才。脱离了产业，人才招揽政策即使短期见效，若没有相应的高端就业岗位匹配，也难以留住优秀人才。广州要加快发展新兴产业，有了新兴产业群和企业群的聚集，自然能产生人才虹吸效应。

注重打造广州城市名片。打造广州新的城市形象，提升广州城市定位和层次。立足当前大学生的关注点，加大宣传力度，塑造广州国际化大都市宜居宜业的美好形象，展示广州开放包容、充满机遇、生活便利、气候宜人等竞争优势，吸引更多优秀人才来穗就业创业，为广州发展做贡献。

（二）注重培育人才红利

积极稳妥引入人口。人口增长要适度，"抢人"需理性。要从吸引人口转向留住人口，再到使人口资源成为拉动广州新时代经济高质量发展的重要引擎。注重人口与经济协调发展。注重引入人才的层次、结构和产业配套程度。

从人口红利转向人才红利。协调处理人口吸纳和人才吸纳的平衡点。高科技和金融业固然离不开餐饮、保洁、快递等普通职业人口的支撑保障，但也要从追求人口数量到追求人口质量转变，从人口红利到人才红利转变，从引进人口到引进人才转变，精准引进，精准服务。积极培育工程师红利。

注重引进高端领军人才。高端领军人才在城市抢占发展先机、实现转型跨越中有不可替代的关键作用。要有的放矢引进"高精尖缺"人才。加快引进创新型人才和新兴产业急需人才。培育优秀企业家。"能人"能带活一方经济，"贤才"能激荡一片热土。企业家人才能助推城市经济转型升级，优秀企业是推动城市竞争的关键因素和重要力量。

加强就业人口的职业教育。优化升级制造业、批发住餐和交通仓储等传统产业。制造业、批发住餐和交通仓储等产业属于广州特色优势产业，聚集大量的就业人口（占比达62.7%），能吸引大批年轻外来流动人口，带来充足人口红利，广州应顺势而为，主动做好服务，注重技能培训，提升行业人员素质和服务质量，实现技能人才与产业升级良性互动。

（三）注重公共服务配套

加快公共资源建设。要大力推进教育、医疗、交通、住房、文化等公共资源配置。针对 2016 年、2017 年生育高峰，集中力量做好 2020 年、2021年适龄儿童学前教育及随之产生的义务教育阶段资源配套。增加普惠型学前教育资源。大力推进义务教育学校标准化建设。健全住房保障体系，增加人才公寓、公租房、共有产权住房供给，支持企业向高学历年轻人提供多层次租赁住房。通过提供优良的基础设施、公平的公共服务，确保留住人才。形成共建共治共享的社会治理格局，促进广州人口和社会协调发展。

注重城市软环境建设。"栽好梧桐树，自有凤凰来"。留住人才需要城市具备良好的硬环境和软环境。硬环境指城市的经济基础、基础设施、交通配套等，软环境包括营商环境、就业环境、文化因素、生活品质等。要想留下人才，归根结底还是要把经济实力干上去、把高端产业搞起来、把人均收入提上来、把营商环境改善好、把文化氛围打造好。要加快完善城市配套服务，营造平等、开放、包容、信任的人文环境和公平竞争的市场环境，营造良好的创业氛围，不断增强城市归属感和亲近感，留住大量优秀人才，为广州实现老城市新活力、"四个出新出彩"和粤港澳大湾区建设做好人才储备。为广州国际大都市建设，在全省实现"四个走在全国前列"、当好"两个重要窗口"排头兵，提供坚实基础和持久动力。

乡村振兴篇

Rural Revitalization

B.17
广州生态宜居美丽乡村
建设报告

广州市农村千户居民调查课题组*

摘　要：　2019 年 8 月，课题组在白云、番禺、花都、南沙、黄埔、增城、从化七区，随机抽取 1000 名年龄在 18 ~ 65 周岁的农村居民开展生态宜居美丽乡村建设现状入户问卷调查。调查结果显示：95.0% 的村民表示目前农村整体居住环境好，在村民对农村居住环境 9 个方面满意率评价中，村道环境卫生满意率最高，生活污水排放满意率最低。在生态宜居美丽乡村建设工作评价方面，98.0% 的村民表示当地政府重视生态环境保护和环境治理工作；97.1% 的村民表示生态环境保护和

*　课题组成员：朱展翔，广州市统计局农村处处长；卢洁辉，广州市统计咨询中心部长；卢洁丽，广州市统计咨询中心研究助理。执笔人：卢洁丽。

环境治理工作有成效；但仍有72.9%的村民认为所在村目前离"生态宜居"目标差距大。村民环保意识低、参与度和积极性不高是生态宜居美丽乡村建设过程中存在的主要问题。

关键词： 农村人居环境 生态宜居 美丽乡村 广州

在全面落实中央部署任务的基础上，按照广东省的要求，广州市委、市政府出台了《广州市实施乡村振兴战略三年行动计划（2018～2020年)》《广州市全域推进农村人居环境整治建设生态宜居美丽乡村三年行动计划（2018～2020年)》等系列政策措施。为了解广州市生态宜居美丽乡村建设现状及成效、加快改善农村人居环境、建设生态宜居美丽乡村，2019年8月，广州市统计局农村处联合广州市统计咨询中心成立课题组，在白云、番禺、花都、南沙、黄埔、增城、从化七区，随机抽取1000名年龄在18～65周岁的农村居民进行入户问卷调查，调查报告如下。

一 农村居住环境现状评价

《广州市全域推进农村人居环境整治建设生态宜居美丽乡村三年行动计划（2018～2020年)》要求把农村人居环境整治作为当前全市实施乡村振兴战略的切入点，以农村垃圾、污水治理和村容村貌提升为主攻方向。计划实施第二年，全市农村人居环境整治取得了一定成效，村民对居住环境各方面满意度较高，尤其是村道卫生和村道绿化；而生活污水排放和公共服务设施仍是今后人居环境整治应重点关注的方向。

（一）95.0%的受访村民表示农村整体居住环境好

调查显示，95.0%的受访村民表示所在村整体居住环境"好"（其中7.4%表示"非常好"，49.3%表示"比较好"，38.3%表示"一般"）；表示"不太好"

和"不好"的占比分别为4.0%和1.0%。从分区看，从化区受访村民表示所在村整体居住环境"好"的占比最高（99.4%），其次是南沙区（97.3%）；表示"好"的村民占比最低的是黄埔区（88.8%）和番禺区（92.9%）。

（二）受访村民对村道环境卫生的满意率最高、对生活污水排放的满意率最低

课题组在对农村居住环境9个方面的满意率与期待未来进一步改善的中选率进行比较分析（见表1）后发现，受访村民对农村居住环境9个方面的满意率均在八成以上，其中满意率最高的前三位依次是"村道环境卫生"（93.3%）、"村道绿化"（92.6%）和"饮用水质量"（92.1%）；"公共服务设施""生活污水排放"两个方面的满意率虽然均在八成以上，但满意率在9个方面中处于最末两位，在期望未来进一步改善的中选率中处在最前两位，这说明农村公共服务设施和生活污水排放现状与村民期待仍有较大差距，需要相关部门在未来工作中加大关注力度和工作投入。

表1 所在村居住环境满意率与期待进一步改善中选率及排名

内容	满意率（%）	排名	期望改善中选率（%）	排名
村道环境卫生	93.3	1	28.5	5
村道绿化	92.6	2	18.0	9
饮用水质量	92.1	3	33.8	3
空气质量	91.4	4	27.4	6
交通便利性	89.4	5	31.8	4
村道路灯亮化	89.0	6	27.3	7
河涌湖泊环境	87.5	7	21.1	8
公共服务设施	86.9	8	47.6	1
生活污水排放	80.2	9	46.2	2

（三）89.8%的受访村民表示所在村目前仍存在一定程度污染，其中生活脏水、垃圾、废气等排放是最主要污染源

问及所在村目前环境污染程度，2.9%的受访村民表示"非常严

重"，12.3% 的受访村民表示"比较严重"，50.1% 的受访村民表示"一般"，24.5% 的受访村民表示"较轻"，四项合计 89.8%；表示"没有污染"的受访村民比例为 9.7%；另有 0.5% 的受访村民表示"说不清"。

表示所在村存在环境污染的受访村民中，认为最主要的环境污染源是"村民生活污水、垃圾、废气等排放"（85.6%），尤其是黄埔区（98.7%）；其次是"工厂废气、废料、污水等排放"（47.6%），白云区（69.9%）、南沙区（68.7%）和番禺区（67.7%）的中选率稍高于其他区；再次是"交通工具（如汽车）尾气排放"（41.4%）。另外，"农田化肥农药等化学物质灌溉"（31.3%）的中选率也超过了三成（见图1）。

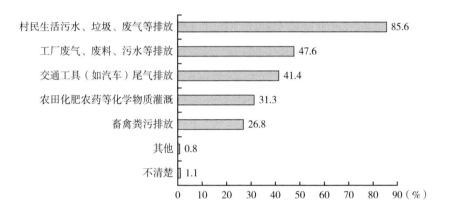

图1　所在村环境污染源和中选率

二　生态宜居美丽乡村建设工作评价

按照中央和省有关工作部署，广州市全域推进农村人居环境整治工作，加快推进"十百千万"生态宜居美丽乡村示范工程。目前人居环境整治工作取得了一定成效，绝大多数村民对实现生态宜居美丽乡村目标有信心。

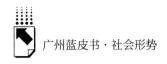

（一）98.0%的受访村民表示当地政府重视农村生态环境保护和环境治理工作

对于近年当地政府对农村生态环境保护和环境治理的重视程度，分别有58.6%和29.3%的受访村民表示"非常重视"和"比较重视"，10.1%的受访村民表示"一般"，三项合计为98.0%；仅有1.2%的受访村民表示"不太重视"，没有受访村民明确表示"不重视"，另有0.8%的受访村民表示"说不清"。

（二）97.1%的受访村民表示生态环境保护和环境治理工作有成效

对于近年所在村生态环境保护和环境治理工作成效情况，12.4%的受访村民表示"成效很大"，50.7%的受访村民表示"成效较大"，34.0%的受访村民表示"一般"，三项合计为97.1%；仅有2.0%和0.5%的受访村民分别表示"不太有成效"和"没有成效"；另有0.4%的受访村民表示"说不清"。

（三）95.1%的受访村民表示生态环境保护和环境治理工作对提高生活质量有作用

受访村民表示生态环境保护和环境治理工作对提高自家生活质量"作用很大"的占16.9%，表示"作用较大"的占49.2%，表示"一般"的占29.0%，三项合计为95.1%；4.3%的受访村民表示"作用不大"，仅有0.4%的受访村民表示"没有作用"；另有0.2%的受访村民表示"说不清"。

（四）81.4%的受访村民对实现"生态宜居美丽乡村"目标有信心

受访村民对于所在村做好生态宜居美丽乡村建设，实现"生态宜居美丽乡村"目标表示"很有信心"（25.5%）和"较有信心"（55.9%）的比例为81.4%；16.6%的受访村民表示"信心不大"，仅有0.9%的受访村民表示"没有信心"；另有1.1%的受访村民表示"说不清"。

三　生态宜居美丽乡村建设现存问题及期待

广州市部分农村离"生态宜居"仍有较大差距。生态宜居美丽乡村建设要充分发挥政府的主导作用，统筹政府、社会、基层组织和村民四者力量，目前尤其要提高全市群众的共建共享意识。

（一）72.9%的受访村民认为所在村目前离"生态宜居"目标差距大

《关于实施乡村振兴战略的意见》指出：乡村振兴，生态宜居是关键。而对于所在村目前与"生态宜居"目标的差距，受访村民表示"差距非常大"（7.2%）和"差距较大"（65.7%）的占比为72.9%；表示"差距较小"的占比为24.2%，仅有0.9%的受访村民表示"没有差距"；另有2.0%受访村民表示"说不清"。（见图2）

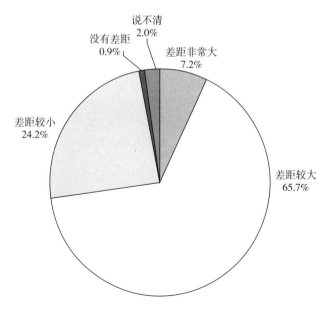

图2　所在村目前离"生态宜居"目标的差距

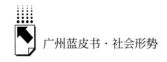

（二）村民环保意识低，参与度和积极性不高是生态宜居美丽乡村建设过程中存在的主要问题

受访村民认为生态宜居美丽乡村建设过程中存在的主要问题是"村民环保意识低，参与度、积极性不高"（76.5%），其次是"生态建设规划不科学，缺乏专业技术和指导"（47.1%），再次是"资金不足"（44.5%）。另外，认为"执法监督不严"（35.5%）的中选率超过了三成；认为"宜居乡村建设没有特色"（25.0%）、"相关部门搞政绩工程、形象工程"（25.0%）和"政府宣传力度不够"（21.8%）的中选率也均在两成以上。

（三）46.5%的村民期待动员社会各方力量支持生态宜居美丽乡村建设

对于生态宜居美丽乡村建设，受访村民最期待的三个方面依次是"动员社会各方力量支持生态宜居美丽乡村建设"（46.5%）、"因地制宜开展环境整治工作"（41.9%）和"强化环境整治督促检查"（41.6%）。另外，"对高效农业、新型生态旅游业发展给予政策和资金扶持"（31.0%）的中选率超过了三成；期待"扩大村庄特色品牌宣传，提高村庄知名度"（27.7%）、"加快构建生态环境保护制度体系"（26.7%）、"强化宣传引导，激发村民自发参与建设"（25.6%）、"加大生态建设奖惩力度"（25.0%）和"邀请专家来村指导，科学规划乡村建设"（23.3%）的中选率也均超过两成。

四　意见建议

近年，广州市农村大力开展"厕所革命""三清三拆三整治"等系列工作，农村人居环境得到较大改善，也得到了村民的充分认可，但是离生态宜居美丽乡村目标仍有一定差距。为进一步推进广州市生态宜居美丽乡村建设，课题组依据本次调查结果，提出以下建议。

（一）继续大力推进农村生活污水治理

广州市自 2008 年开展农村生活污水治理，从受访村民反馈来看，"生活污水排放"满意率虽然达到了八成，但在农村居住环境 9 个方面中满意率最低，在受访村民最期望进一步改善的 9 个方面中排在第二位，而且受访村民认为生活污水排放是目前农村的主要环境污染源之一。因此，必须继续大力推进农村生活污水治理，相关部门应针对当前农村生活污水治理中存在的困难和问题采取有效应对措施，使农村生活污水达标排放，推动环境质量持续稳定改善，更好满足人民群众对优良生态环境的期待。

（二）完善农村公共服务设施建设

调查显示，受访村民对公共服务设施（如学校、医院、文化站等）满意率较低，这也是受访村民最希望得到改善的一个方面。建设生态宜居美丽乡村需要进一步提升农村教育、医疗水平，加强基层文化服务建设，补齐农村公共服务短板，打造农民安居乐业的美丽家园，展示乡风文明新气象。

（三）充分发挥村民主体作用，提高人民群众参与生态宜居美丽乡村建设的积极性和主动性

村民是农村人居环境整治的重要主体，但调查结果显示，在生态环境保护和环境治理工作中存在的主要问题是村民环保意识低，参与度和积极性不高。生态宜居美丽乡村建设，要切实增强村民的主人翁意识，充分发挥其主人翁作用。相关部门在承担农村环境治理责任的同时，还应采取相应措施，教育、鼓励、引导村民，让村民积极参与到生态环境保护和环境治理工作中来，养成自觉保护环境和治理环境的文明习惯。只有村民主动作为、积极配合、广泛参与，乡村环境整治才能取得实效，才能达到可持续治理的良性循环，早日实现"生态宜居"目标。

B.18
广州农村居民"推进城乡融合，提升生活品质"调研报告

广州市农村千户居民调查课题组 *

摘　要： 为了解广州当前农村居民对城乡融合现状及提升生活品质的
意见建议，2019年7月，广州市统计局农村处联合广州市统
计咨询中心，利用农村千户居民调查网，随机抽取1000名年
龄在18~65周岁的农村居民，以入户访问填写调查问卷的方
式开展调查。调查结果如下：农村基础设施建设情况整体较
好，农村居民对生产型基础设施建设的评价最好；城乡发展
仍有差距，42.2%的受访村民表示所在村与所属镇发展有差
距；大部分农村居民认可城乡融合发展对实现美好生活的作
用，当前城乡融合的重点应为医疗资源整合和居住环境整治
等方面。在此基础上提出对策建议：建立均衡发展机制，推
动城乡资源共享；加强乡村人才队伍建设，促进城乡人才良
性流通；统筹城乡基础设施建设等。

关键词： 城乡融合　基础设施建设　美好生活　资源整合

一　研究背景和目的

（一）研究背景

建立健全城乡融合发展体制机制和政策体系，是党的十九大做出的

---

* 课题组成员：朱展翔，广州市统计局农村处处长；卢洁辉，广州市统计咨询中心部长；谭艳
璐，广州市统计咨询中心副部长。执笔人：谭艳璐。

重大决策部署。改革开放特别是党的十八大以来，我国在统筹城乡发展、推进新型城镇化方面取得了显著进展，但城乡要素流动不顺畅、公共资源配置不合理等问题依然突出，影响城乡融合发展的体制机制障碍尚未根本消除。在这一背景下，探索城乡融合发展道路，推动公共资源合理配置，是促进乡村振兴和农业农村现代化的重要方式。本报告研究目的主要有两个方面，其一是加强农村基础设施建设，提高农村基础设施配置；其二是多要素融合发展推动农村生活品质提升，实现美好生活。

2019年广州市政府工作报告提出，扎实推进乡村振兴战略。坚持农业农村优先发展，补齐乡村发展短板，保持乡村本底本色，促进城乡融合，打造全省乡村振兴示范区，努力在全省乡村振兴中做好示范和表率。其中完善农村医疗、教育、养老、就业创业服务体系，提升城乡基本公共服务均等化水平，增强农民的获得感、幸福感，是当前城乡融合发展的重要方面。

（二）研究目的

从当前对城乡融合发展的研究来看，理论研究占大部分，并以报纸、期刊为主，如《人民日报》刊发的《城乡融合发展彰显中国特色社会主义优势（解码幸福中国·中国创造了怎样的城镇化奇迹)》、《中国经济时报》刊发的《新时期推进城乡融合发展的总体思路和重大举措》、《中国建设报》刊发的《城乡融合发展促进要素资源公平有效配置》、《中国国情国力》刊发的《城乡融合发展的现状与对策》等。可以看出，在城乡融合的课题研究上，与社情民意调查相关的研究较少。

本报告从两个角度出发，了解当前农村居民对城乡融合发展的意见建议。其一是农村基础设施建设情况及城乡发展差距；其二是多要素融合发展推动农村生活品质提升的意见建议。探讨当前城乡融合发展的要点和重点，为实现乡村振兴，实现美好生活提供意见参考。

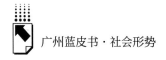

二 调查相关说明

（一）基本情况介绍

广州市农村千户居民调查网是为掌握广州农村地区的社情民意建立的，以广州农村地区常住户为调查对象，覆盖白云、番禺、花都、南沙、黄埔、增城、从化等七个区。本报告调查分析以2019年7月的入户调查数据为基础。

（二）调查方法与内容

为更充分地反映农村地区的社情民意，确保调查数据的科学性和可信度，千户居民调查以村居工作人员为调查员，确保入户调查工作的成功开展。

本次调查内容主要包括以下几个方面：

第一，农村居民对所在村基础设施建设（生产性基础设施、生活性基础设施、人文基础设施、流通性基础设施）情况的评价；

第二，农村居民认为所在村与所属镇的差距情况；

第三，农村居民认为城乡融合发展对提高家庭生活水平（品质）有帮助的具体方面；

第四，农村居民对当前农村教育资源整合、村镇医疗资源整合、增加就业创业机会、优化养老服务、文化资源整合、居住环境整治、公共治安管理、生态环境保护等八个方面的意见建议；

第五，农村居民认为城乡融合发展对实现美好生活的作用。

三 农村居民对推动城乡融合发展的看法

（一）基础设施建设情况整体较好，城乡发展仍有差距

1.80.7%的受访村民表示生产性基础设施建设情况最好

从受访村民对所在村基础设施建设的评价情况来看，生产性基础设施建

设在四项基础设施建设中评价最好（"非常好"和"比较好"比例之和，下同），好评率为80.7%；流通性基础设施建设和生活性基础设施建设的评价仅次于生产性基础设施建设，好评率分别为77.1%和76.5%；人文基础设施建设的好评率相对较低，为70.8%（见表1）。

表1 所在村基础设施建设的评价情况

单位：%

内容	非常好	比较好	合计
生产性基础设施（包括农田建设、农业机械设备、气象设施等为农业生产服务的设施）建设	11.3	69.4	80.7
流通性基础设施（包括农村通信、乡村道路等用于农产品销售及购买生产生活用品的辅助设施）建设	16.8	60.3	77.1
生活性基础设施（包括电网、垃圾处理厂、污水处理、供热燃气等为生活提供服务的设施）建设	11.0	65.5	76.5
人文基础设施（包括教育、医疗、文化娱乐等用于提高素质、丰富生活的设施）建设	13.5	57.3	70.8

分区来看，南沙在生产性基础设施建设、生活性基础设施建设和流通性基础设施建设三方面的好评率高于其他区，分别为87.3%、83.3%和89.4%；增城在人文基础设施建设方面评价最好，好评率为79.5%。

2. 42.2%的受访村民表示所在村与所属镇发展有差距

调查显示，52.4%的受访村民认为所在村与所属镇的发展（包括经济发展水平、社会保障程度等方面）"差距不大"；42.2%的受访村民表示所在村与所属镇的发展有差距（差距很大6.3%，差距较大35.9%）；选择"没有差距"的受访村民比例为3.5%，另有1.9%的受访村民表示"说不清"。

分区来看，番禺和南沙的受访村民表示所在村和所属镇有差距的比例比其他区低，分别为34.3%和34.6%；增城和白云两区表示有差距的比例分别为35.5%和39.0%；黄埔、花都和从化三区表示有差距的比例依次为50.0%、51.4%和52.7%（见表2）。

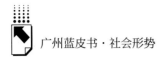

表2 不同区的受访者对所在村与所属镇发展差距的评价

单位：%

地区	差距很大	差距较大	合计
番禺	1.4	32.9	34.3
南沙	5.3	29.3	34.6
增城	3.0	32.5	35.5
白云	2.0	37.0	39.0
黄埔	3.8	46.2	50.0
花都	10.7	40.7	51.4
从化	14.4	38.3	52.7

从家庭月均总收入情况来看，家庭月均总收入在"20000元及以上"的受访村民表示所在村和所属镇有差距的比例最低，为35.3%；家庭月均总收入在"7000~9999元"表示有差距的比例较低，为37.3%；"10000~14999元"与"15000~19999元"表示有差距的占比均超四成，分别为41.7%和45.7%；"3000元以下"和"3000~6999元"表示有差距的比例高于其他收入段，均为47.0%（见表3）。

表3 家庭月均总收入不同的受访者对所在村与所属镇发展差距的评价

单位：%

家庭月均总收入	差距很大	差距较大	合计
20000元及以上	2.9	32.4	35.3
7000~9999元	4.9	32.4	37.3
10000~14999元	5.8	35.9	41.7
15000~19999元	8.6	37.1	45.7
3000元以下	12.1	34.9	47.0
3000~6999元	6.3	40.7	47.0

（二）多要素融合发展推动农村生活品质提升，实现美好生活

1.82.2%的受访村民认可城乡融合发展对实现美好生活的作用

城乡融合发展，带动乡村产业振兴和生活水平（品质）提升，是村民实现美好生活的重要保障。本次调查中，82.2%的受访村民表示城乡融合发

展对其实现美好生活有作用（其中"作用很大"占 28.7%，"作用较大"占 53.5%），选择"作用不大"的受访村民的比例为 15.5%，仅有 0.9% 的受访村民表示"没有作用"，另有 1.4% 的受访村民选择"说不清"。

分区来看，黄埔受访村民表示城乡融合发展对其实现美好生活有作用的比例最高，为 90.0%；南沙、增城和白云三区的比例也较高，依次为 89.3%、89.0% 和 88.0%。

分年龄段来看，60 岁及以上和 50~59 岁年龄段的受访村民认为有作用的比例高于其他年龄段，分别为 87.0% 和 84.9%。

从家庭月均总收入来看，"10000~14999 元"收入段的受访村民认为有作用的比例高于其他收入段，为 85.7%。

2. 城乡融合应着眼于村镇医疗资源整合和居住环境整治等方面

为加快城乡融合发展，提升生活水平（品质），应从优化要素流动和资源配置方面着手。调查显示，"村镇医疗资源整合"是当前受访村民认为城乡融合中最重要的方面，所占的比例为 61.4%；"居住环境整治"的中选比例次之，为 54.5%；选择"优化养老服务"和"教育资源整合"的比例均超四成，分别为 45.6% 和 40.7%；"增加就业创业机会"、"公共治安管理"和"生态环境保护"的占比分别为 34.7%、24.9% 和 22.1%；选择"文化资源整合"的比例较小，仅为 9.3%；选择"其他"的比例为 0.4%，另有 0.1% 的受访村民选择"说不清"（见图 1）。

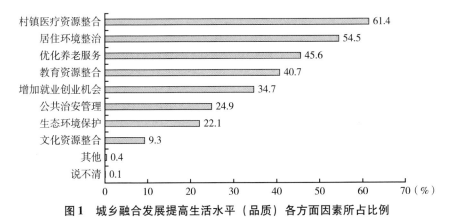

图1　城乡融合发展提高生活水平（品质）各方面因素所占比例

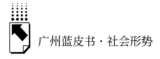

3. 城乡融合发展的具体方面

推动城乡融合发展，就是要促进各类要素更多地向乡村流动，在乡村形成医疗资源、居住环境、养老服务、教育资源、就业创业、公共治安、生态环境、文化资源等方面的良性循环，为乡村振兴注入新动能。

（1）加强城市与农村的医疗合作和提高村镇医疗队伍的专业能力是医疗资源整合的关键

在医疗资源整合方面，65.8%的受访村民首选"加强城市与农村的医疗合作"；"提高村镇医疗队伍的专业能力"和"优化农村医疗环境"的中选比例次之，依次为61.5%和50.3%；"合理分配医疗资源"（44.9%）和"开展城乡医疗站定点帮扶"（42.2%）的中选比例均超四成。

（2）设立专项整治资金和结合本地特色是居住环境整治的要点

在居住环境整治方面，选择"设立专项整治资金"的比例最高，为71.0%；"结合本地特色开展居住环境整治"的中选比例次之，为56.9%；选择"城乡组织开展优秀治理经验交流学习"（46.7%）和"加强对乡村地区整治工作的指导"（40.4%）的比例均超四成；"引导社会资源（环保知识/技术/信息等）投入农村"（38.0%）和"做好动员宣传工作"（36.6%）的占比均超三成。

（3）合理提高农村养老金标准和设立养老专项建设资金是优化养老服务的重点

在优化养老服务方面，81.9%的受访村民首选"合理提高农村养老金标准"；"设立养老专项建设资金"的中选比例次之，为62.1%；选择"优化养老机构服务标准"（51.0%）和"引导社会资源和专业组织投入农村"（50.1%）的比例均超五成；"加强城乡养老服务的对接、交流和学习"和"跨城乡接收养老照料"的中选比例分别为32.1%和14.3%。

（4）提高教师队伍教学能力与素质和优化农村教学环境是教育资源整合的核心

在教育资源整合方面，67.3%的受访村民首选"提高教师队伍教学能力与素质"；"优化农村教学环境"的中选比例次之，为61.7%；"加强城市与农村的教学经验交流"和"合理调配教师资源"的占比分别为51.8%和41.4%；选择"设立专项建设资金"（34.8%）和"经常性开展城乡学生的交流互动"（34.4%）的比例均超三成。

（5）延伸开发农产品加工业和电子商务等新模式是增加就业创业机会的首选

在增加就业创业机会方面，"延伸开发农产品加工业和电子商务等新模式"的中选比例最高，为66.9%；"引导公共与社会资源（科技/信息/资金等）投入农村"（54.7%）和"加强实用技术/经营及管理方面的培训"（50.7%）的中选比例均超五成；选择"加强城乡用工需求对接"、"出台政策鼓励各类人才回乡创业"和"开展城乡企业间交流互补"的比例依次为49.3%、35.8%和30.0%。

（6）培养专业队伍，充实基层治理力量和鼓励村民参与治安管理工作是公共治安管理的突破点

在公共治安管理方面，"培养专业队伍，充实基层治理力量"和"鼓励村民参与治安管理工作"的中选比例分别为65.2%和64.7%；"运用科技、数据等手段参与治理"和"多部门联动，统筹城乡管理"的中选比例分别为53.4%和40.0%；"设立专项治理资金"（37.6%）和"城乡轮岗，传授优秀治理经验"（29.0%）的中选比例均低于四成。

（7）引导社会力量参与环保工作和加强对农村环保工作的技术支持是生态环境保护的出发点

在生态环境保护方面，选择"引导社会力量参与环保工作"、"加强对农村环保工作的技术支持"和"结合地方特色开展环境保护"的比例依次为59.0%、58.9%和57.9%；"设立专项治理资金"、"城市对口乡村开展环保知识普及"和"规范生态环境资源利用审批"的中选比例分别为48.2%、38.1%和29.3%。

（8）引导文化资源（知识/技术/信息等）投入农村和促进城乡文化的交流与共享是文化资源整合的着眼点

在文化资源整合方面，选择"引导文化资源（知识/技术/信息等）投

入农村"（60.8%）和"促进城乡文化的交流与共享"（60.1%）的比例均超过六成；"保护并弘扬本地优秀传统文化"（44.4%）、"设立专项文化建设资金"（43.0%）、"经常性开展文化惠民、文化下乡等"（42.2%）和"树立文明乡风、良好家风和淳朴民风"（40.5%）的中选比例均超过四成。

四　对策建议

城乡融合发展的本质是为了解决人民日益增长的美好生活需要和不平衡不充分的发展之间的矛盾，统筹城乡教育资源、医疗资源和文化资源均衡发展，健全乡村医疗卫生服务体系，优化养老服务、居住环境等都能有效提高农村居民的获得感和幸福感。为缩小城乡发展差距和居民生活水平差距，要从体制机制建设、人才有效流动和资源有效配置等方面来推动城乡融合。

（一）建立均衡发展机制，推动城乡资源共享

科学统筹规划城乡发展，强化城乡一体化建设。首先，要建立以城带乡、整体推进、城乡一体、均衡发展的体制机制，破除城乡发展壁垒，推动优质资源城乡有效共享；其次，要考虑村庄历史特点、演变规律、集聚特点和分布现状，鼓励有条件的乡村因地制宜进行村庄规划；最后，要充分发挥好市对各区乡村发展的指导约束作用，统筹推进产业发展和基础设施、公共服务等建设，确保各项政策规划落实到位，均衡城乡发展机制，推动资源共享。

（二）加强乡村人才队伍建设，促进城乡人才良性流通

建立城乡人才合作交流机制，加强乡村人才储备。首先，要从财政、金融和社会保障等方面制定激励政策，吸引各类人才返乡创业，鼓励原籍普通高校和职业院校毕业生、外出农民工及经商人员回乡创业兴业；其次，建立城乡人才合作交流机制，推行城市教科文卫体等工作人员定期服务乡村，引导规划、建筑、园林等设计人员入乡；最后，要允许农村集体经济组织探索人才加入机制，探索方法吸引人才、留住人才。

（三）统筹城乡基础设施建设，确保长期发挥效益

公共基础设施建设重点在乡村，应加快推动乡村基础设施提档升级，实现城乡基础设施统一规划、建设和管护。首先，要建立基础设施一体化规划，统筹规划城乡基础设施，如统筹布局道路、供水、供电、信息网络、广播电视、垃圾污水处理等设施建设。其次，要构建事权清晰、权责一致、中央支持、省级统筹、市县负责的城乡基础设施一体化建设机制。如乡村道路、水利、公交和邮政等公益性强、经济性差的设施，建设投入以政府为主；乡村供水、垃圾污水处理等有一定经济收益的设施，积极引入社会资本，并引导农民投入；乡村供电、电信和物流等以经营性为主的设施，建设投入以企业为主。最后，要合理确定城乡基础设施统一管护运行模式，明确乡村基础设施产权归属，落实管护责任，确保基础设施长期发挥效益，如将城乡道路等公益性设施的管护和运行纳入公共财政预算。

B.19
广州精准扶贫与东西部对口
扶贫协作研究

商春荣*

摘　要： 广州不仅承担本市北部山区和省内梅州、清远的脱贫攻坚任
务，还承担着贵州毕节、黔南，四川甘孜，重庆巫山，西藏
及新疆等五个省区市共36个县的东西部对口扶贫协作任务。
本报告总结了广州脱贫攻坚、东西部对口扶贫协作的状况和
成效，分析了广州在精准扶贫、东西部对口扶贫协作中的重
点和特色，指出了存在的问题，在上述研究的基础上提出加
快扶贫和低保制度的衔接、拓展扶贫对象的群体范围、统一
扶贫开发事项分类标准等对策建议。

关键词： 精准扶贫　扶贫协作　对口支援　广州

精准扶贫与东西部对口扶贫协作是全面建成小康社会、缓解区域发展不
平衡的一项重要政策。2016年开始实施的精准扶贫战略，通过扶贫对象精
准、项目安排精准、资金使用精准、措施到户精准，达到"两不愁三保
障"，即农村贫困人口实现不愁吃、不愁穿，保障义务教育、基本医疗和住
房安全。东西部对口扶贫协作是由中央政府主导、以地方政府为主体的发达
地区对不发达地区实施援助的政策性行为。1996年颁布《中共中央　国务
院关于尽快解决农村贫困人口温饱问题的决定》，开始实施广州、深圳等9

---

* 商春荣，华南农业大学经济管理学院教授，主要研究方向为农村土地、劳动力迁移、农村扶贫。

个东部沿海省市对口帮扶西部 10 个贫困省区市的东西部对口扶贫协作。2012 年、2016 年对东西部对口扶贫协作关系进行了调整。1994 年中央决定东部 17 个省市对口支援西藏，2010 年、2014 年决定东部发达省市对口支援新疆及四川、云南、甘肃和青海等省份藏区。

精准扶贫和东西部对口扶贫协作在目标对象、主体结构、资源安排、措施以及绩效考核与进入退出机制等方面存在差异。精准扶贫作为纵向的扶贫机制，目标指向贫困人口，其参与主体与职责是中央统筹、省市负总责、市县落实的一种垂直结构，贫困人口具有严格的进入退出机制，参与主体有严格的绩效考核。东西部对口扶贫协作是横向的地区间帮扶制度，受援对象主要是经济欠发达的地区及具体的工程或科教文卫项目而非贫困人口，其参与主体主要是省、市一级政府部门。作为一种常规对口支援机制，东西部对口扶贫协作的支援方和受援方签订合作协议，并接受中央有关部门的考核。如广州与贵州黔南 15 个州县、毕节 25 个县共 124 个贫困乡镇、村签订了结对帮扶协议。20 世纪 90 年代，广州开始对口支援西藏波密、广西百色、四川甘孜和重庆巫山等地。

截至 2019 年，广州承担广州北部山区、广东梅州与清远脱贫攻坚，贵州毕节、黔南及四川甘孜、重庆巫山、西藏、新疆等五个省区市共 36 个县的东西部对口扶贫协作任务，2016 年至 2019 年 9 月累计向受援地投入财政帮扶资金 66.49 亿元，为脱贫攻坚和全面建成小康社会做出了卓越贡献。广州将资金、技术、人才、理念与当地的资源要素融合，发展了东西部对口扶贫协作的新模式，研究广州精准扶贫、东西部对口扶贫协作，总结其经验，进一步提高扶贫资金的效率，对广东乃至全国精准脱贫与东西部对口扶贫协作有积极的理论与实践意义。本报告主要研究 2016 年以来广州精准扶贫与东西部对口扶贫协作。

一　广州精准扶贫与东西部对口扶贫协作对象、任务与脱贫效果

（一）广州精准扶贫对象、任务与脱贫效果

广州市内帮扶对象以北部山区为主，集中在从化、增城的 8 个北部山区

镇 430 个相对贫困村, 相对贫困户 8700 多户, 相对贫困人口 22600 多人。2013~2016 年第二轮扶贫"双到"目标, 以收入水平、泥砖房危房改造、饮用水安全改造三个指标为重点, 有劳动能力的贫困户人均纯收入达到 10000 元以上, 贫困村集体经济收入达到 30 万元以上, 相对贫困村基本公共服务主要指标达到或超过全市农村平均水平。2016 年底, 贫困户、贫困村脱贫率 100%。广州以美丽乡村建设为载体, 建成城乡一体的基础设施网络体系, 贫困村基本公共服务主要指标达到全市农村平均水平。2017~2019 年, 在 2016 年基础上巩固扶贫成果。

广州对口帮扶省内梅州与清远, 这两个地区是广东贫困村比较集中的地区。2016 年, 以年人均收入 4000 元为扶贫标准, 确认了 3383 个贫困村 70.8 万户 176.5 万贫困人口, 全省的贫困发生率为 4.55%。其中, 按全村年人均收入低于 8000 元的标准, 确定 2277 个村为省定贫困村。其中梅州省定贫困村 349 个, 占 15.33%; 清远 261 个, 占 11.46%; 两地合计 610 个, 占 26.79%。

表 1　2016 年广东 3383 个贫困村的地区分布

单位: 个, %

地区	贫困村	总量	占比
粤北地区	梅州 525, 韶关 355, 河源 318, 清远 301, 云浮 87	1586	46.88
粤东地区	揭阳 329, 汕尾 249, 潮州 110, 汕头 59	747	22.08
粤西地区	湛江 355, 茂名 240, 阳江 170	765	22.61
珠三角	肇庆 186, 惠州 74, 江门 25	285	8.42

资料来源: 广东省扶贫开发协会网站, http://www.gdfupin.org.cn/pkxc3.asp。

2016 年, 广州帮扶梅州 8 个县市 272 个省定贫困村, 占梅州省定贫困村的 78%。帮扶清远 5 个县市 51 个镇 205 个省定贫困村, 占清远省定贫困村的 78.54%。广州承担省内 477 个省定贫困村的扶贫任务。

2018 年末, 广州对口帮扶清远资金共 12.1 亿元, 平均每村 590.24 万元。205 个省定贫困村的人均可支配收入达到 14036.90 元, 比 2015 年末的

7148.16 元增长 96%；贫困村集体经济收入达 11.37 万元；实现 40361 人脱贫，脱贫率达 98.32%。自 2010 年以来，清远已有 261 个相对贫困村出列。2016 年以来，广州投入梅州扶贫资金累计 14.4 亿元。2019 年 6 月已有 40622 人脱贫，脱贫率达 96.39%，梅州有 332 个相对贫困村出列。2018 年底，广东省内对口帮扶清远、梅州 477 个省定贫困村有劳动能力的相对贫困户人均可支配收入达 1.03 万元，建档立卡贫困户脱贫率达 97.37%。危房改造、农村基础设施与公共服务建设有所提升，清远实现符合条件的贫困人口医疗、养老保险全覆盖。

（二）广州东西部对口扶贫协作对象、任务与脱贫效果

1996 年，东西部对口扶贫协作伊始，广州帮扶广西百色。2016 年深圳代替广州帮扶百色。2013 年、2016 年广州替代深圳开展对贵州毕节、黔南的扶贫协作。

百色位于广西西部，2018 年全市户籍人口 420.96 万人，少数民族人口占 85.05%。总面积 3.6252 万平方公里，山区约占总面积的 95.4%。百色生态脆弱，灾害频发，土地贫瘠、人均耕地少，交通闭塞，农村普遍存在饮水、行路、上学、就医等"四难"。1996～2016 年，广州帮扶百色 20 年，百色实现了从传统农业地区向工业城市、从交通末梢向区域性交通枢纽、从边陲地区向开放合作前沿的重大历史性转变。

毕节位于贵州西北部，总面积近 2.69 万平方公里。2018 年末常住人口为 668.61 万人，辖 7 个县、1 个区、1 个管委会、1 个新区。黔南地处贵州中南部，总面积 2.62 万平方公里，总人口为 417.28 万人（2016 年），辖 2 个县级市、9 个县、1 个自治县。

2016 年，贵州有国家扶贫开发重点县 50 个，占全省 88 个市县的 56.8%，贫困乡镇、贫困村分别占全省总数的 67.3%、53.4%，2016 年全省农村贫困人口 402 万人，贫困发生率 14.7%。毕节和黔南属多民族聚居地区，2016 年民族地区贫困人口占全省贫困人口总数的 53.1%，两地共有国家扶贫开发重点县 11 个，贫困发生率达到 16.5%。

2018 年，在广州对口帮扶下，毕节、黔南贫困发生率分别降至 5.45%
和 4.65%，毕节黔西、大方、黔南瓮安、龙里、贵定、惠水共 6 个贫困县
实现脱贫摘帽。2018 年，毕节、黔南农村居民人均可支配收入分别为 9354
元、10721 元。截至 2019 年 6 月，毕节、黔南仍有贫困人口 72.46 万人、
92.52 万人。

二 广州精准扶贫与东西部对口扶贫协作资金投入

精准扶贫传递的资源以资金为主要形式。农村扶贫开发资金包含财政专
项扶贫资金和定点帮扶扶贫资金、金融机构扶贫开发专项贷款、社会捐赠
等。广州对口帮扶梅州、清远资金投入主要指广州市财政资金。

（一）广州精准扶贫专项资金投入

投入本市贫困地区财政专项扶贫资金。2013～2016 年，广州本级财政
继续按照上年度财政预算收入的 1% 投入，每年约 10 亿元，共 30 亿元。作
为农村扶贫开发专项资金，其中 30% 统筹用于美丽乡村建设，其余投入贫
困镇、村市政基础设施与公共服务。2017 年后，继续巩固扶贫成果。2018
年下达各区巩固扶贫成果的补助资金 3.642 亿元，用于继续推进省级新农村
示范片建设。2018～2020 年，广州市财政计划三年共投入约 10 亿元以巩固
北部山区的扶贫成果。2013～2020 年八年中，广州投入市内贫困地区财政
专项扶贫资金达 40 亿元左右。

广州对省内梅州、清远扶贫专项资金投入。根据省政府要求，以扶贫对
象人均 2 万元为标准投入财政资金，省、对口帮扶市、贫困人口属地市按照
6:3:1 的比例分担，广州市财政承担 30%。2016～2018 年，广州实际拨付
清远财政资金 52371 万元，实际拨付梅州财政资金 71391.6 万元，两市合计
12.37 亿元。三年中两市帮扶资金总量 25.84 亿元，投入清远 12.34 亿元，
投入梅州 13.5 亿元。

表2　2016~2018年广州对口支援梅州、清远财政资金与帮扶资金

地区	省定贫困村(个)	驻村干部(人)	年均拨付财政资金(万元)	三年计划资金总量(万元)	三年实际合计(万元)	帮扶资金总量(亿元)	村均资金总量(万元)	累计扶贫资金(亿元)
清远	205	163	17655.4	52966.2	52371	12.34	601.95	—
梅州	272	373	26544	79632	71391.6	13.5	496.32	36.94
合计	477	536	—	—	123762.6	25.84	—	—

资料来源：根据广州市协作办公室网站资料整理，http://xzb.gz.gov.cn/gkmlpt/content/2/2573/post_ 2573676.html#14518。

（二）广州东西部对口扶贫协作的资金投入

2016年广州结束对广西百色的对口帮扶。1996~2016年20年来，广州市政府及社会各界共援助百色建设资金近11亿元。

2016~2019年，广州累计投入毕节帮扶资金5.5亿元，2015~2019年累计投入黔南帮扶资金8.4亿元，两地合计近14亿元。其中，2016年比2015年增长3倍多，2019年比2018年增长3倍多，帮扶力度不断加大。与毕节相比，黔南的帮扶资金投入量更大（见表3）。

表3　2015~2019年广州对口帮扶贵州黔南与毕节资金

单位：万元

地区	2015年	2016年	2017年	2018年	2019年	合计
黔南	3400	9600	11000	11480	48600	84080
毕节	—	5000	8000	8035.916	34240	55275.916
合计	3400	14600	19000	19515.916	82840	139355.916

资料来源：根据广州市协作办网站资料整理，http://xzb.gz.gov.cn/gkmlpt/content/2/2573/post_ 2573676.html#14518。

对口帮扶专项资金在两地各县的分配不平均。2016~2018年，广州对口帮扶毕节各县专项资金占比最高的是大方，达23.77%，最低的百里杜鹃管区占1.43%（见表4）。黔南各县专项资金分配中，占比最高的惠水、贵定均为

15.03%，最低的都匀市占0.51%（见表5）。资金在各县的分配依据的是贫困人口的数量，其结果是两地各县农民收入及农村公共基础设施、公共服务水平差异缩小，财政资金达到了创造公平性、协调地区发展的目标。

表4 2016～2018年广州对口帮扶毕节各县（市、区）专项资金分配

单位：万元，%

序号	县（市、区）名称	2016年	2017年	2018年	合计	占比
1	大方县	1000	1000	3000	5000	23.77
2	织金县	1000	1000	299.943	2299.943	10.93
3	纳雍县	1000	1000	978.519	2978.519	14.16
4	威宁县	1000	2000	977.943	3977.943	18.91
5	赫章县	1000	1000	979.511	2979.511	14.16
6	七星关区	0	1000	300	1300	6.18
7	黔西县	0	999.95	300	1299.95	6.18
8	百里杜鹃管区	0	0	300	300	1.43
9	金海湖新区	0	0	365	365	1.74
10	全市范围	0	0	535	535	2.54
	合计	5000	8000	8035.916	21035.866	100.00

资料来源：根据广州市协作办网站资料整理，http：//xzb.gz.gov.cn/gkmlpt/content/2/2573/post_2573676.html#14518。

表5 2015～2018年广州市对口帮扶黔南各县（市、区）专项资金分配

单位：万元，%

序号	县（市、区）名称	2015年	2016年	2017年	2018年	合计	占比
1	都匀经济开发区	370	260	0	0	630	1.79
2	都匀市	100	80	0	0	180	0.51
3	荔波县	225	1272	1000	300	2797	7.93
4	福泉市	100	100	0	0	200	0.57
5	长顺县	230	1400	1840	300	3770	10.69
7	贵定县	100	200	1000	4000	5300	15.03
8	瓮安县	100	80	1000		1180	3.35
9	独山县	165	1270	1000	300	2735	7.76
10	三都县	220	1360	1000	1100	3680	10.43
11	龙里县	100	150	1000		1250	3.55
12	罗甸县	170	1100	1000	1200	3470	9.84

续表

序号	县(市、区)名称	2015 年	2016 年	2017 年	2018 年	合计	占比
13	惠水县	100	200	1000	4000	5300	15.03
14	平塘县	150	1270	1000	280	2700	7.66
15	全州	1210	690	160		2060	5.84
	合计	3340	9432	11000	11480	35252	100.00

资料来源：根据广州市协作办网站资料整理，http://xzb.gz.gov.cn/gkmlpt/content/2/2573/post_2573676.html#14518。

从黔南的资金用途来看，投入最大的是道路建设改造硬化项目和学校、医疗、农村饮水设施建设，占资金总量的 29.85%，教育帮扶与人才引进、培训占资金总量的 26.84%，种养、旅游等产业发展与园区建设占 22.83%。美丽乡村建设与环境整治占 8.81%，房屋改建与危房改造项目占 7.16%（见表6）。

表6　2015~2019 年广州对口帮扶黔南专项资金项目分配

单位：万元，%

项目名称	2015 年	2016 年	2017 年	2018 年	2019 年	合计	占比
房屋改建与危房改造项目	370	0	0	0	5665	6035	7.16
道路建设改造硬化项目	1641	1040	0	10680		13361	15.85
美丽乡村建设与环境整治	109	100	5650		1569	7428	8.81
种养、旅游等产业发展与园区建设	70	3950	5190	800	9241	19251	22.83
教育帮扶与人才引进、培训	170	670	160	0	21629	22629	26.84
学校、医疗、农村饮水设施建设	1000	3710	0	0	7096	11806	14.00
移民搬迁再就业基地与劳务协作	0	0	350	0	2400	2750	3.26
消费扶贫	0	0	0	0	1000	1000	1.19
项目管理	40	20				60	0.07
合计	3400	9490	11350	11480	48600	84320	100.00

资料来源：根据广州市协作办网站资料整理，http://xzb.gz.gov.cn/gkmlpt/content/2/2573/post_2573676.html#14518。

2016～2019 年，在前期帮扶基础上，广州对毕节帮扶项目投入资金最大的是学生资助、扶贫干部/致富带头人培训/卫生医疗帮扶，占资金总量的 47.76%。其次是四在农家、美丽乡村建设和人居环境综合整治及基础设施建设、饮水安全项目，占 18.53%，就业扶贫公益性岗位开发与劳务协作项目占 15.66%，乡村旅游、种养业与产业发展设施等产业扶贫占 12.57%（见表 7）。

表 7　2016～2019 年广州对口帮扶毕节专项资金项目分配

单位：万元，%

项目名称	2016 年	2017 年	2018 年	2019 年	合计	占比
贫困户安全住房建设项目	0	0	300	198	498	0.91
乡村旅游、种养业与产业发展设施等产业扶贫	3500	1106.45	0	2299	6905.45	12.57
四在农家、美丽乡村建设	500	6693.55	0	0	7193.55	13.09
人居环境综合整治及基础设施建设、饮水安全项目	1000	200	0	2690	3890	5.44
学生资助、扶贫干部/致富带头人培训/卫生医疗帮扶	0	0	3532.411	22713	26245.411	47.76
就业扶贫公益性岗位开发与劳务协作项目	0	0	3603.505	5000	8603.505	15.66
残疾人家庭无障碍改造、创业就业与残疾儿童康复项目	0	0	600	0	600	1.09
消费扶贫项目	0	0	0	1000	1000	1.82
其他	0	0	0	20	20	0.04
合计	5000	8000	8035.916	33920	54955.916	100.00

资料来源：根据广州市协作办网站资料整理，http://xzb.gz.gov.cn/gkmlpt/content/2/2573/post_2573676.html#14518。

（三）广州对四川、新疆、西藏及齐齐哈尔对口支援概况

1992 年，广州开始对口支援重庆巫山。巫山地处长江上游，广州帮助巫山改善水利、交通等基础设施，发展学校、卫生院、养老机构等民生事

业,以旅游业为发展重点,旅游援巫是广州帮扶巫山的重要举措。2018 年,对口支援三峡库区巫山县财政援助资金共 0.0695 亿元,主要用于库区移民安稳致富、移民新区公益事业等民生项目建设。

1994 年 7 月,国家启动全国对口支援西藏。2014 年,中央要求发达省市对口支援藏区。广州承担着西藏林芝波密、四川甘孜等藏区及新疆疏附的对口支援。2018 年,广州援藏财政援助资金 1.32 亿元,主要用于民生、产业发展、智力援助。支援四川甘孜帮扶资金 0.90 亿元,用于炉霍、色达、新龙的贫困户住房改造、医疗卫生、学校建设、新农村建设等。2019 年,与波密、甘孜在援藏干部队伍建设、民生、旅游、产业帮扶等方面进行进一步合作。

2017 年以来,广州 11 区 45 个单位与新疆疏附 61 个深度贫困村结对帮扶,实行“万名教师支教计划”,投入新疆民生、产业等领域 90 多个项目,近 800 家企业入驻疏附广州新城,累计投入资金 17.47 亿元,援疆项目完成率和资金拨付率为 100%。2019 年援疆资金达 7.1868 亿元,其中,5.17 亿元用于脱贫攻坚,疏附 35 个贫困村整体退出、26506 人脱贫,助推 19258 户贫困户 25382 人就业。

2017 年,为响应全面振兴东北的战略,广州与齐齐哈尔对口合作。农产品种植和深加工、商贸物流、医疗健康、装备制造、文旅小镇、内陆港建设等合作产业项目共计 61 个,意向投资额 48.29 亿元,其中亿元以上项目 12 个,开启了两市优势互补、资源共享的良好开端。

三 广州精准扶贫与东西部对口扶贫协作的模式与措施

(一)广州范围内的精准扶贫

2013~2016 年第二轮“双到”扶贫中,广州 8 个北部山区镇分别由海珠、荔湾、黄埔、萝岗、越秀、天河、番禺、花都等 8 个区对口帮扶。430 个贫困村和有劳动能力的贫困户由市直机关单位定点帮扶。市一级财政加大向北部山区倾斜力度，每个山区镇、贫困村每年分别获得帮扶资金1500万元、50万元。广州将北部山区作为广州生态补偿试点地区，提高生态公益林补偿标准。贫困村产业帮扶重点是发展都市型现代农业与生态旅游业，鼓励所在镇、区（县级市）牵头统筹建设扶贫开发产业园区。农村基本公共服务均等化进程加快，2015年实现城乡低保标准一体化。2016年，贫困村实现生活垃圾无害化处理，生活污水处理率达70%。2016年，完成26790农户泥砖房和低保低收入农户危房改造。按照低保低收入家庭每户6万元、非低保低收入家庭每户3万元的补助标准，市区两级政府投入补助资金8.44亿元。

2017～2019年，以北部山区镇23个试点村为重点，开展以美丽乡村建设、"五网"、标准农田、农村水利等为主要内容的农村基础设施建设。新一轮帮扶贫困户只限于具备劳动能力、有条件开展生产经营或劳动就业的农户，这部分农户约占贫困户的1/3，其余纳入社会保障体系兜底。进一步加深农村基本公共服务均等化进程，整合城镇居民医保和新农合制度，建立城乡一体化基本医疗保障制度。继续资助农村贫困人口参加城乡居民社会养老保险，稳步提高养老金水平。

（二）广州对清远、梅州扶贫模式与领域

2016年精准扶贫以来，广州共派出566名扶贫干部到梅州、清远477个省定贫困村驻村帮扶。2016年以来，利用清远、梅州农特产品、生态旅游等优势，在产业扶贫、旅游扶贫、电商扶贫、教育扶贫、医疗援助等领域展开扶贫，扶贫模式与手段、帮扶资金用途分配等有明显变化。

1.产业扶贫

产业扶贫是带动贫困户增收的根本途径。产业扶贫包含改造当地原有种植养殖等产业，新建种植产业、加工产业、资产性收益产业等。广州帮扶为梅州、清远带来先进的生产理念、技术和市场，用规模化专业化的生产技术，改造了当地传统的小规模种植，建立了特色种植示范基地。帮扶梅州成立产业化组织402个，建立了丝苗米、百香果、金针菜等一批特色种植示范基地。为清远引进产业化组织378个，成立农民专业合作社253个，打造高效

农业示范基地 162 个。建立粤港澳大湾区梅州菜篮子配送分中心，协助清远建立农业电商平台 57 个，解决了特色产品的市场销路。因地制宜在两地建立新型产业。如清远启动新的扶贫产业项目 517 个，其中生态农业项目 162 个，农产品加工项目 53 个，休闲农业及乡村旅游项目 82 个，资产性收益项目如光伏发电项目 220 个，带动贫困户增收。

共建产业园成为产业帮扶的新模式。从 2008 年开始，广州拓宽对梅州的帮扶渠道，把共建产业园作为帮扶的重点，在政策、资金、人才、项目上大力扶持，将广州的一些有稳定需求、可持续的优势产业或先进生产力转移到梅州，共建广梅产业园，改变梅州产业基础薄弱的状况，提升梅州区域发展"造血"功能，营造区域发展极。截至 2019 年 9 月广梅产业园引进企业 126 家，计划投资总额约 250 亿元，6000 多名产业工人实现家门口就业。在 2017 年新一轮对口帮扶中，园区立足于为粤港澳地区提供高质量生态绿色产品的生态功能定位，培育、引进了 50 个绿色低碳高质量项目，实现产值 150 多亿元。清远统筹推进广清产业园、广州佛冈产业园、广州英德产业园和广清空港现代物流产业新城协同发展。广清产业园引进了一批投资规模大、科技含量高的绿色环保项目，初步形成了先进装备制造、生物医药、新材料、电子信息四大产业板块，改变了清远以建材业为主的产业结构。广梅、广清产业共建新落地项目数量居全省前列，产业共建为梅州、清远经济发展注入新活力，经济社会发展的质量和效益得到提升。

2. 基础设施建设升级

梅州结束了不通高铁的历史，境内设 3 个高铁站——梅州西站、畲江北站、丰顺东站，拉近与粤港澳大湾区、潮汕地区的距离，加快承接珠三角产业转移，带动粤东及粤东北地区经济发展。靠近广州的清远基础设施建设再上一个台阶，优先推进广清交通设施一体化，广清城轨加快推进建设，广清重高铁项目纳入国家规划。在广州的帮扶下，两地的基础设施建设有了显著的改善。

3. 拓展公共服务

广梅两地不仅在产业、交通、环保等方面合作，社会事业合作发展步伐也越迈越快，着力补齐贫困人口义务教育、基本医疗、住房和饮水安全等短板。广州选派 98 名医务人员到梅州挂职或支医，在梅州开展手术示教 272 例，举办学术培训 70 期，共计 3471 人次参加。贫困村饮水安全率达到 100%。

广清两市在公共服务一体化方面走在前列。两市结对学校 206 所、县级以上医疗卫生机构结对 32 家，实现社保医保异地结转、公积金互贷、政务服务跨城通办、电子图书资源共享，还将进一步推动更多政务服务事项的异地办理。

4. 启动推广金融扶贫

截至 2019 年 6 月，清远落实 6241.57 万元风险担保金和 1156.67 万元贴息资金，向 8734 户贫困户累计发放 3.26 亿元扶贫贷款，放贷规模居全省前列。截至 2018 年，梅州发放扶贫小额贷款 2.37 亿元，受益贫困户 7503 户。

（三）广州东西部对口扶贫协作的特色

按照"中央要求，地方所需，广州所能"的原则，根据受援地区的资源禀赋，广州将资金、项目、人才、技术、理念、市场等各种要素投入受援地区，对口帮扶力度逐年加大，扶贫与协作、扶智与扶志相结合，不断创新帮扶模式。

精准扶贫对象指向贫困人口，绝大多数情况下对口帮扶的直接对象是贫困村。与精准扶贫不同，对口帮扶过程中干部的派驻只到县级，财政资金在村户之间分配，90% 以上投入贫困村，以解决贫困人口最关心、最需要解决的住房、村道、饮水、教育、医疗等民生问题。与精准扶贫类似，广州与受援地区县（市、区）、乡镇、村结对。如广州的 5 个区与黔南 12 个县（市、区）结对，街道与乡镇结对，社区与贫困村结对，形成行业、部门、企业结对帮扶格局，以提高执行与项目落户的效率。贫困地区的贫困原因基本类似，对百色、毕节与黔南的帮扶项目与措施有类似的地方，根据受援地区资源禀赋、需求的迫切性，帮扶的重点具有明显的阶段性，对不同地区的帮扶也具有不同的特色。

1. 广州对百色的对口扶贫协作

帮扶的初期，重点在于劳务协作、交通基础设施建设、移民易地安置。1997 年 7 月，广州与百色签订《关于开展劳务协作的协议》，20 年里，每年接纳百色农村劳动力 30 万人次，务工收入达 10 亿元以上，基本实现"输出一人，脱贫一户，带富一片"。1998 年开始六大基础设施会战：饮水、村村通公路、通电、通广播电视、茅草房改造、改善办学条件。修建公路 5093 公里，解决 100 万人的行路难问题，成为帮扶百色中极为重要的一环。1997～2016 年，投入移民易地安置帮扶资金 1.57 亿元，兴建了 6 个移民安置场，搬迁移民 8500 户 4.3 万人，建立示范村 111 个，直接受益群众 10 万人。

帮扶的后期注重教育培训与产业合作。1997 年以来，引进百色 300 多个产业协作项目，投资达 500 亿元，建成了杧果和蔬菜两个产业基地，百色的农业和工业得到长足发展。2000 年援建的百色祈福高中，截至 2017 年帮助 3 万多名寒门学子圆了大学梦。20 年来共捐资 1 亿多元，修建希望中小学和培训中心校 256 所，遍及 12 个区县 80 多个乡镇，解决了 8 万多名学生入学难的问题。广州培训百色的中小学校长、骨干教师达 15000 多人次，培训干部 5000 多名。

2. 广州对毕节、黔南的对口扶贫协作

围绕黔货出山、粤客游黔、粤资投黔的扶贫协作模式，广州利用自身市场、资金、技术及贵州的旅游、生态资源，实现两地资源互补，把毕节、黔南建设成为珠三角乃至粤港澳大湾区绿色农副产品供应地、生态休闲旅游目的地、承接产业转移的集聚地。

黔货出山。广州先进的理念和庞大的消费市场与毕节、黔南农特产品销售实现完美对接。广州帮扶引进毕节、黔南的农业龙头企业投资建设种植养殖基地和加工厂，与当地农户签订种植养殖协议，形成规模化、标准化、产业化生产。广州将毕节的苗绣、蜡染和黔南的刺梨、鸡蛋、茶叶等非遗产品、农特产品等打造为地标性产品，加强品牌建设，提高知名度。除了发展线下、线上交易模式，广州各区为结对县设立"黔货"分销中心及展销窗口。广交会、农博会、广博会等大型展会开设扶贫产品展销专区，广州各大超市、批发市场设立销售专柜或运营中心。全国最大的果蔬批发市场之一江南果蔬批发市场在毕节建起了集种植、仓储、物流、配送、深加工和电商于一体的大型物流配送中心。2018年9月，黔南3个基地成为粤港澳大湾区"菜篮子"生产基地。

2016～2018年，共销售毕节、黔南绿色农特产品27亿元，带动11.01万户建档立卡贫困户增收。2018年至2019年4月，通过消费扶贫的"广州模式"，广州市场帮助毕节、黔南累计销售绿色农特产品16.43万吨12.25亿元，2019年上半年，广州市场销售两地绿色农特产品5.67亿元。毕节、黔南成为珠三角绿色农特产品的供应地。

粤资投黔。黔南具有丰富的矿产资源、劳动力资源，珠三角地区是最有活力的经济带，一些生态友好型企业纷纷投资毕节、黔南。2016～2019年，有87家广东企业投资黔南，投资额达45.12亿元，带动1.76万贫困人口增收。2018年，广州引导111家新增企业到毕节、黔南投资，新增实际投资50.95亿元，项目涉及城市综合体、文化旅游、休闲娱乐、现代农业、装备制造等行业，毕节、黔南成为珠三角地区的"产业转移承接地"。

粤客游黔。旅游具有投入少、产出多、带动大、见效快的优势。广州具有庞大的旅游客源，毕节、黔南山川秀美，拥有多彩的民族文化和适宜的气候环境、便捷的贵广高铁，广州与毕节、黔南在旅游业发展上实现了互补与合作，旅游产业培育也成为拉动当地经济增长的新引擎。广州的各大旅行社与毕节、黔南旅游部门签订了协议，组织春季赏花、夏季避暑、秋季美食和冬季养生等旅行团旅游。2017年毕节、黔南分别接待广东游客186.5万人次、1397.88万人次，分别同比增长42.5%、68%，两地分别实现旅游收入641.71亿元、855.23亿元，分别同比增长44.38%、41.82%。2018年，广东籍游客到两地旅游人数达29.3万人次，同比增长30%以上，贵州成为珠三角的旅游休闲目的地。

教育、医疗、科技扶贫工程。2013年以来，广州采取挂职交流、支教、支医、培训等方式，以广州之长补贵州之短。截至2019年，累计投入黔南教育帮扶资金2.81亿元，组织培训各级各类学科骨干教师15421人次，黔南共选派1300余名骨干教师到广州跟岗学习培训。2019年，广州已派出61名挂职校长赴黔南、毕节开展结对帮扶。针对黔南医疗机构急需的儿科、产科、急诊、介入治疗、血液科等学科建设，到2019年9月，广州对黔南226所乡镇卫生院开展帮扶指导，资金帮扶4400万元，培训8582人次，共建5家乡镇卫生院，提升当地医疗水平。广州对口帮扶黔南科技合作项目12项，项目资金共计1100万元，如成功筛选出5个水稻品系，有效地解决了黔南冷凉水稻低产问题。

五 广州精准扶贫与东西部对口扶贫协作中存在的问题

精准扶贫与东西部对口扶贫协作存在的问题既有相似之处，也有不同。二者都属于政府主导的扶贫体制，共同的弊端有三点。第一，扶贫政策与目标层层落实、扶贫资金层层下拨，不仅容易出现政策执行不力，还会出现资金被挪用等"跑冒滴漏"现象。第二，行政命令是扶贫得以有力执行的制度约束。对帮扶单位而言，扶贫是必须完成的政治任务，具有浓厚的政治色彩。同样，东西部对口扶贫协作是中央政府的命令或要求，省市须无条件服从，这是省际对口支援得以顺利实施的最重要的机制。这种过分依赖政府体制和系统来传递和管理扶贫资源的机制，造成政府扶贫资金投入效率低下。第三，贫困主体性发挥不足。作为贫困地区的外部资源，扶贫资源通过单一的政府渠道逐级向下配置，贫困主体对援助资源的选择和对项目的接纳往往被忽视，存在不同程度的等靠要或援助依赖现象，贫困群体脱贫的内生动力不足。

面向贫困人口的精准扶贫，不可避免地面临许多特殊的难题，具体如下。

第一，农户争当贫困户的负向激励未得到克服。贫困户无偿获得的经济帮扶会激励农户争当贫困户，部分村干部存在优亲厚友的倾向，难以确认谁更应该得到帮扶，给精准识别带来困难。

第二，识别成本高昂。精准扶贫实施以来，全省共动员省内21个地市

1.8 万个党政机关和企事业单位 6.5 万名驻村干部及第一书记进驻 14 个市 4848 个贫困村，派出驻村工作队 12162 个、村第一书记 2277 人，全省各地各部门共动员组织 32.67 万人次进村入户，开展相对贫困人口的核查、发布对村民的公开信、整村摸查、农户申请、群众评议、公示、镇县审核批准等环节，精准识别花费 3 个月到 1 年的时间，核查次数达到 3 次以上。除此之外，还对全省 21 个有脱贫攻坚任务及珠三角 7 市有帮扶任务的党委、政府的扶贫成效进行考核、督查和巡查。耗费如此多的人力物力，提高了识别准确性，但识别成本高昂。

第三，扶贫依赖驻村工作队与扶贫干部。下派工作队成为制度化的农村扶贫工作方式，扶贫干部成为扶贫的执行主体，贫困户是反贫困的对象及被动接受者，导致贫困人口脱贫责任的异化。并且，在政府帮扶力量退出后容易再次陷入贫困，扶贫缺乏长效性。

第四，产业扶贫政策与实践存在较大偏差。产业扶贫因被认为是增加贫困户的自我发展能力、具有造血功能的长效扶贫机制而受到重视。尽管一些到村到户的成功产业项目对贫困村、贫困户脱贫发挥了重要作用，但是产业项目的选择受当地资源条件、产业发展基础、技术、市场与人才等限制，许多产业项目扶贫效果不理想，有些村镇、贫困户找不到合适的产业项目，出现扶贫资金滞留闲置。虽然到户资金用于产业发展的比例远高于到村资金，但扶贫资金到户比例远低于到村资金，较多的扶贫资金仍是投向多数村民满意的基础设施建设或基本服务，投入产业发展的扶贫资金相对较少。

第五，为防止扶贫专项资金的漏出，扶贫专项资金使用程序上有较大变化：从事前资金变成事后资金，即从项目立项实施之前拿到预算资金，变成项目实施后经县级主管部门审核、报账后才能收回资金。严格扶贫专项资金管理的同时，也使扶贫项目的实施需要镇、村或驻村工作组先行垫付资金，导致扶贫项目进展缓慢，资金投入使用率低。另外，用于贫困户产业发展的人均 2 万元扶贫专项资金，尚未明确 2020 年以后的归属，扶贫专项资金管理上存在空白。

第六，依然存在贫困村之间的资金投入量差异较大的问题。省定贫困村与非省定贫困村资金投入相差 5～10 倍，造成贫困村之间基础设施与公共服务不均等。

实施了近 30 年的东西部对口扶贫协作已在对口帮扶框架下实现东西部双向互动、共同发展、实现共赢，初步形成了政府、企业、社会组织和贫困农户多元参与的格局，极大地推动了民族地区的扶贫开发。但以政府为主导的格局基本上没有改变，仍存在许多特殊的问题。

第一，政府干预过多，东西部对口扶贫协作的效益不高。从现有运行机制来看，计划的制订、援助资金的调配、援助项目和援助对象的选择等都是合作双方政府主管部门确定，不同区域贫困人口的需求没有得到及时响应，这使有限的援助资金没有用到刀刃上。第二，相对省内的精准扶贫，东西部对口协作扶贫项目实施的程序更为复杂，运行成本更高。一个项目的确定，往往需要从村到镇（乡）、从镇到县、从县到市、最后到省，依次逐级申报、审核、批复，既增加了时间成本，更增加了协调的难度。真正急需援助的对象，往往因复杂的项目程序望而却步，导致本应被援助的反而得不到援助。第三，项目库建设滞后，专项资金使用中总是出现没有合适的项目、资金闲置现象。第四，贫困地区专业人才匮乏，项目前期准备不充分，仍存在项目落地难问题。第五，受援地服务型、法治型政府建设滞后，营商环境有待改善。对积极吸纳贫困人口就业的企业及环境友好型企业支持力度不够，不利于充分发挥企业作用，不利于千企帮千村多元参与的扶贫格局的形成。第六，受援地和援助地的劳务合作是对口帮扶的重要途径。广州劳动密集型企业众多，近年来时常出现"用工荒"，人力资源需求量很大，但劳务对接成功的人数不多，特别是黔南、毕节与广州对接成功的人数较少。

六 改进精准扶贫与东西部对口扶贫协作的建议

2020 年以后，随着脱贫攻坚的完成，精准扶贫向常态化转变，扶贫制度也面临重要的转变与完善。

第一，加快扶贫和低保制度的衔接。经过前期的扶贫，未脱贫的贫困人口大多是最难脱贫的独居高龄老人，或因病、因残无劳动能力者或好逸恶劳的人。除"思想脱贫"外，将高龄老人，因病、因残无劳动能力者纳入低保，实行社会保障兜底覆盖，加快扶贫和低保制度的衔接，是减轻扶贫压力、提高扶贫效率的一个途径。

第二，适当提高贫困标准，拓展扶贫对象的群体范围，由单纯的农村减贫向城乡双重减贫转变。应参照多维贫困指数测算方法，逐步把"两不愁三保障"的物化标准量化，构建包括教育、医疗卫生、住房等在内的多维度指标体系，客观、全面衡量贫困程度。在考虑多维因素确定贫困线的基础上，适当提高贫困标准，拓展扶贫对象的群体范围。绝对贫困基本消除之后，因灾、因病、因学等次生贫困成为农村贫困普遍的现象，未来的扶贫应更加关注因灾、因病、因学贫困。将老幼病残等持久性贫困人口、农村留守儿童和留守老人等特殊群体、收入刚超过现行贫困线的"边缘人群"及城市中的贫困人口纳入扶贫范围。把低保、保障性救济兜底与完善社会保障、教育、医疗等基本公共服务相衔接，逐步建立统筹城乡的减贫机制和政策体系，避免减贫对象和其他低收入群体在政策待遇上的"悬崖效应"和返贫。

第三，扶贫开发事项要明确分类，统一标准，实现财政投入公平性。财政投入资金具有能够创造公平的特征。扶贫开发事项可以依据受惠面分为普惠事项和特惠事项。前者主要改善贫困地区或贫困村的基本条件，以提高生产要素生产力，受益者也不论贫富。后者以特定贫困群体的脱贫致富为目标，提高其生活能力和生产能力。现行扶贫开发政策，以村为单位进行扶贫，扶贫开发事项既包含基本公共服务和公共设施等普惠事项，也包含贫困人口脱贫的特惠事项，二者关系模糊，并且村之间财政投入极不平衡。如广东投入313亿元资金将2277个贫困村创建为新农村示范村，平均每村获得1374万元财政资金，示范村、明星村普惠事项标准较高，损害了财政投入的公平性。因此，普惠事项和特惠事项应明确分类，统一标准，实现公平选择扶贫项目，消除村之间财政投入的巨大差异。

第四，建立政府主导的、专业化民间组织及农民组织为扶贫执行主体的常态化扶贫体系。相对于政府组织，非政府扶贫组织可以在更小范围内运作，根据受助对象的需求提供个性化服务，关注能力建设，适应快速变化的需求，更具有敬业精神，具有强烈的创新冲动等，与政府扶贫相比针对性强、项目成功率高、扶贫效率高。所以，未来的扶贫制度仍然应由政府处于主导地位，负责扶贫资金动员筹集、扶贫政策的制定、扶贫的统筹与监管，应鼓励和培养专业化民间组织及农民组织，使它们成为扶贫的执行主体，承担具体扶贫事务，降低政府扶贫的执行成本。

就东西部对口扶贫协作而言，贫困人口集中在偏远地区，软硬配套条件欠缺，且需要权衡生态保护与经济增长，客观上增加了扶贫的难度。随着扶贫的发展，贫困人口需求已经从解决温饱上升为"巩固温饱、脱贫致富、保护生态环境、提高发展能力"。扶贫要在保持发展原来的优势项目的同时，解决当地群众生产生活中的突出困难，让贫困人口能持续脱贫。因此，东西部对口扶贫协作应在以下几个方面进行改进。

第一，提高两地劳务对接精准度。广州可加强黔南、毕节劳务市场研究，及时将务工群体年龄结构、学历层次、技能水平和薪资期望等方面的重要信息传递给招工企业，鼓励市政、餐饮、住宿、家政等服务业的领军企业到两地招聘，提供不低于行业平均水平的工资待遇，转变企业对欠发达地区人才资源的错误认识。支持企业利用互联网视频技术实施远程招聘，减轻企业用工成本和求职者应聘成本。

第二，提高对口帮扶精准度，"好钢用在刀刃上"。例如，浙江提出目标计划精准、援建内容精准、沟通衔接精准"三个精准"，满足受援地区所需。另一方面，积极整合对口支援的资源，"五指握紧形成合力"。对口支援部门通过优化参与机制，统筹安排特色产业扶贫、劳务输出扶贫、教育扶贫、交通扶贫、健康扶贫等社会帮扶资源及财政扶贫，实现扶贫资源效应的最大化。

第三，加强产业合作共建，避免低效、重复兴建产业园区。共建产业园，是发挥广州人才、科技和管理优势，加快受援地产业转型升级，增加就业，增强地区发展内生动力的双赢举措。广州分别与黔南、毕节建立了产业园区，重点引进技术密集型、劳动密集型企业进入园区发展。也应避免多个

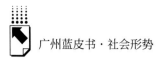
支援方在同一受援地低效、重复兴建产业园区，导致产业同质化、产能过剩现象。

第四，协助受援地营造更有利的营商环境。给予积极吸纳贫困人口就业的企业更大的政策扶持和资金奖励。协助受援地强化服务型、法治型政府建设，让企业进得来、留得住、发展得好。

第五，加强项目库建设和当地专业人才培育。建立扶贫项目库，提早计划扶贫协作项目。要进一步加强产业合作、劳务协作、人才支援和人才培训、扶贫协作项目落实。东西部对口扶贫协作应将政策的着力点与贫困村和贫困户的需求相统一，进一步提升扶贫资金的使用效率。

Abstract

Analysis and Forecast on Social Situation of Guangzhou in China (2020) is co-edited by Guangzhou University, the Guangdong Regional Development Blue Book Research Association, the Propaganda Department of the CPC Guangzhou Municipal Committee, the Guangzhou Human Resources and Social Security Bureau, the Guangzhou Civil Affairs Bureau, and the Guangzhou Social Organization Administration Bureau. The blue book is composed of six parts: general report, social governance, people's livelihood guarantee, legal construction, social surveys and rural revitalization.

In 2019, facing the increasing pressure caused by economic recession, the Guangzhou government has insisted on the working tone of serving people, maintaining stabilize growth, promoting reform, adjusting social structure, benefiting people's livelihood, and preventing risks. Prominent results have been achieved, and the economic growth rate has continued to increase, which has laid a solid foundation for the "four innovative and effective work". In terms of social development, Guangzhou has presented its characteristics of "new improvement in people's well-being, continuous improvement of people's sense of gain, sense of security and sense of satisfaction", and has carried out large-scale resource investment and unremitting reforms in the fields of education, pension, housing, employment and other livelihoods, while completing 10 livelihood related projects in ten major fields including transportation, housing, government services, and etc. In addition, Guangzhou, on a comprehensive and high-quality basis, makes every effort to promote the construction of an inclusive social security system, and constantly improves and perfects the social security system that serves to "provide people with better children raising conditions, better education, more stable jobs, higher level of medical treatments, better pension environment, more comfortable living conditions and more reliable social welfare systems"

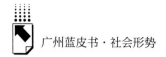

2020 is the decisive year for completing the process of building a moderately well-off society in all aspects, the last year of the "13th Five-Year Plan" and the core year to achieve the first 100-year struggle goal and lay a better foundation for the good start of the "14th Five-Year Plan". The work direction of the Guangzhou municipal government are still to adhere to the tone of stable progress, to be people-oriented and sustainable development, to adhere to improving people's livelihood as the starting point and foothold of the work, to build mechanisms, to make up for shortcomings, to secure bottom line, and continuously improve people's living standards. Setting high-quality education, medical services, and housing security are the main directions of work, the Guangzhou government will focus on speeding up the allocation of high-quality public resources to the grassroots level, improving the level of equalization and quality of public resources, ensuring the synchronization of public service and fiscal revenue growth and that the achievements of reform and development will continue to be shared by the people. In addition, under the guidance of the Guangdong-Hong Kong-Macao Greater Bay Area development strategy, Guangzhou, in 2020, will explore the ways to jointly construct a quality living area in the Guangdong-Hong Kong-Macao Greater Bay Area.

Keywords: Guangzhou; Social Development; Public Services; Livelihood Guarantee

Contents

I General Report

Abstract: In 2019, Guangzhou persisted in taking supply-side structural reform as the main line, adhering to the general tone of seeking progress in the midst of stability, focusing on ensuring and improving people's livelihood, continued to promote the equalization and quality development of urban and rural public services, and constantly raised the level of social security. New and innovative management models have been explored in the fields of education, pension services, housing and employment sector, and society has maintained steady and healthy development. Looking forward to 2020, the trend of social construction and development in Guangzhou is to further deepen the reform of health care, balance the allocation of public resources such as education, enhance

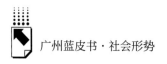

the diversification of grass-roots public services, and promote social organizations to burst out new vitality.

Keywords: People's Livelihood Construction; Social Governance; Social Organization

Ⅱ   Social Governance

B. 2   Research Report on Guangzhou's Promotion of

Urban Fine Management   *Yu Shui* / 024

Abstract: This paper reviews the basic situation, existing problems and shortcomings of Guangzhou's promotion of urban fine management. On this basis, it puts forward relevant policy suggestions from the aspects of improving standards and specifications, promoting intelligent management, improving grid management, promoting multiple co governance, strengthening professional management, and proposing long-term mechanism.

Keywords: Urban Fine Management; Multi-governance; Guangzhou

B. 3   Research Report on Organizational Development of

Guangzhou Chamber of Commerce

Joint Research Group of United Front Work Department of Guangzhou
Municipal Party Committee and Guangzhou Federation of Industry
and Commerce / 034

Abstract: This paper takes the development of Guangzhou chamber of commerce organizations as an example, to summarize and review the development history, characteristics and basic experience of Chinese characteristic chamber of commerce organizations, at the same time, it also discusses the two "disorganized" and three "less tangible" problems facing the development of the chamber of commerce organizations, deeply analyzed the causes of the problem. Finally, this paper puts forward targeted and feasible policy suggestions from four aspects: improving policy guidance, clarifying responsibility relationship, creating a good atmosphere and strengthening self-construction.

Keywords: Chamber of Commerce; Party Building Work; Guangzhou

B. 4 Research on Guangzhou Youth's Attention to Social Hotspots and Difficulties *Sun Hui* / 048

Abstract: This report analyzes the hot and difficult issues that Guangzhou's youth are concerned about, as well as their most urgent needs. The study found that Guangzhou youth have a positive political tendency, care about national stability and development, and pay close attention to international and domestic issues. Housing, employment, entrepreneurship, and education are the most important issues for young people; they look forward to a comprehensive and perfect talent training system to motivate young people to grow into talents; and also hope the Communist Youth League to build a good platform for the growth of young people. At the same time, it also found that Guangzhou's youth have problems such as "difficult housing", "difficult entrepreneurship" and "difficult marriage". Finally, on the basis of empirical investigation and the actual work, this article puts forward specific measures to better serve young people and meet their needs.

Keywords: Guangzhou's Youth; Employment; Entrepreneurship; Marriage and Love

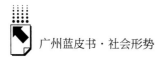

Ⅲ People's Livelihood Guarantee

B. 5 Analysis and Improvement of Guangzhou's Environmental

Competitiveness Under the Framework of the

Guangdong-Hong Kong-Macao Greater Bay Area

Guan Yang, *Li Mingguang and Wang Jin* / 069

Abstract: Improving environmental competitiveness is the key point for promoting high-quality development. As an important national central city and the core city of the Guangdong-Hong Kong-Macao Greater Bay Area, Guangzhou needs to give full play to its demonstration and leading role. By evaluating the environmental competitiveness of the Guangdong-Hong Kong-Macao Greater Bay Area, the article clarifies the advantages and disadvantages of Guangzhou's environmental competitiveness and provides a reference for playing its leading role, improving its environmental competitiveness, promoting its economic transformation and upgrading and high-quality development. The evaluation results show that: (1) Guangzhou's environmental competitiveness ranks 5 in the Greater Bay Area, at the midstream level and lags behind the economic level. (2) The sub-items of Guangzhou's environmental competitiveness are relatively uneven, with obvious advantages and disadvantages. (3) Compared with leading cities such as Hong Kong, Macao and Shenzhen, Guangzhou is relatively backward in terms of environmental quality, infrastructure and resource utilization efficiency. (4) Guangzhou should speed up in improving environmental quality and facility service capabilities and should focus on enhancing environmental innovation and environmental management capabilities.

Keywords: Guangdong- Hong Kong-Macao Greater Bay Area; Environmental Competitiveness; Guangzhou

B. 6 Current Situation, Problems and Countermeasures in Guangzhou
       Consumer Goods Market, 2014 −2018

Research Group of Trade and Economic Division of

Guangzhou Statistics Bureau / 081

Abstract: In order to accurately analyze the development situation of the consumer goods market, this report conducted an in-depth analysis of the basic situation, operating characteristics, and influencing factors of the consumer goods market in Guangzhou from 2014 to 2018. The study found that the development of new retail is relatively lagging, the effective supply of consumer goods is insufficient, the increase in durable consumer goods is slowing down, and the consumption environment needs to be improved. It is recommended to promote the development of the consumer goods market by encouraging new developments, building consumer segments, cultivating new consumer hotspots, and creating an excellent consumer environment.

Keywords: Consumer Goods Market; Total Retail Sales of Consumer Goods; Market Structure

B. 7 The Impact of Sino-U. S. Trade Friction on Guangzhou
       Enterprises' Employment and Countermeasures

Liu Weixian / 094

Abstract: This paper analyzed the employment situation data of Guangzhou, combined with the employment situation of some enterprises in Guangzhou at the end of 2019 and its influencing factors, studied the future development trend, and proposed relevant countermeasures and Suggestions on "stable employment" from five aspects: boosting the confidence of enterprise development, promoting the intelligent construction of public employment service, promoting the deep integration of workers' quality and industry, improving the ability of risk

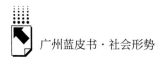

prevention and response, and improving the efficiency of market allocation.

Keywords: Human Resources Market; Enterprise Employment; Guangzhou; Sino-U. S. Trade Friction

B. 8 Life Satisfaction of Migrant Workers in Guangzhou From 2015 to 2019 *Chu Shanshan* / 107

Abstract: From 2015 to 2019, the level of life satisfaction of migrant workers in Guangzhou has been significantly improved for five consecutive years, and the satisfaction in many aspects have been increased, such as spare time life, physical health, work, income, residence, children's education and living status have. Migrant works have a stronger willingness to settle and their local identity has increased. However, settlement still face three major obstacles, including high housing prices, low incomes and difficulty in registering household (hukou). This article proposes to promote the upgrading of migrant workers' labor skills, improve their employment and living conditions, and promote them to better integration into urban life by optimizing employment services, strengthening skills training, promoting equalization of basic public services, and protecting the rights and interests of migrant workers.

Keywords: Migrant Workers in Guangzhou; Life Satisfaction; Settlement Willingness; Local Identity

B. 9 Investigation Report on Results of the Implementation of Guangzhou "Elite Overseas Study Program" for Nine Years *Research Group of Guangzhou Service Center for Scholarly Exchange* / 125

Abstract: Guangzhou "Elite Overseas Study Program" is the first local government-sponsored overseas study program in China, focusing on internally cultivating a group of high-level young talents with international standard for the economic and social development of our city. Since the program was implemented nine years ago, fruitful results have been achieved. This investigation analyzes the main measures, effects, existing problems and obstacles of the implementation of the Guangzhou "Elite Overseas Study Program". Also, this study compares and investigates other policies of government-sponsored overseas education, and makes recommendations from the aspects of innovative talent selection, talent evaluation, talent incentive, and talent service mechanism, so as to further optimize the Guangzhou "Elite Overseas Study Program".

Keywords: Elite Overseas Study Program; Government-sponsored Overseas Study; Guangzhou

Ⅳ Legal Construction

B. 10 Research Report on the Construction of Ecological Civilization and Rule of Law in Guangzhou in 2019 *Xie Wei* / 144

Abstract: The rule of law of Guangzhou ecological civilization construction forwarded steadily and had made significant achievements in many fields in 2019, which provided a strong guarantee for the realization of the ecological civilization construction plan for Guangzhou City (2016 −2020), but there were also many problems which are not appropriate to Guangzhou achieving the goal of ecological civilization city. This report aims to sort out and summarize the progress and achievements in the construction of Guangzhou ecological civilization and rule of law in 2019. At the same time, it finds and insight into the adverse factors affecting the construction of Guangzhou ecological civilization and rule of law in in order to further accelerate the construction of Guangzhou ecological civilization and provide a more powerful legal guarantee.

Keywords: Ecological Civilization Construction; Legislation; Law Enforcement; Judicial; Public Participation

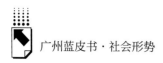
B. 11   Investigation Report on Iintellectual Property Rights（IPR）
Protection of Guangzhou Private Enterprises

Publicity & Education Dept of Guangzhou Federation
of Industry & Commerce，Yonghua Group ∕ 161

Abstract: In recent years, driven by the environments both at home and abroad and related policies, private enterprises in Guangzhou have paid more and more attention to intellectual property rights（IPR）. As feedback, IPR has played an important role in promoting the soft power of enterprises. However, there are still many problems private enterprises face in promoting IPR. For this we should focus on the following work: increasing the consciousness that IPR is important in some small and medium enterprises managements; improving the business environment of IPR; strengthingpoliciesguidanceoriented toward IPR; improving the cooperative relationship of industry organizations; optimizing the professional service organizations. Based on investigations with some members of the Publicity & Education Dept of Guangzhou Federation of Industry and chambers of commerce, the research team suggested that taking multiple measures to improve the system for creating, protecting, and applying intellectual property rights, thus promoting the soft power and high quality development of private enterprises. The development of intellectual property rights will making great contribution to Guangzhou's modernization of service industry and international business environment.

Keywords: Intellectual Property Rights; Private Enterprises; Soft Power; High-quality Development

B. 12   A Research Report on the Cleanup of Local Laws and
Government Regulations on Institutional Reform

Song Weijiang ∕ 172

Abstract: The present research report analyzes the cleanup of local laws and government regulations on institutional reform, matters of certification, construction projects examination and Approval in Guangzhou. This report sorts out the basic theory and experiences of cleaning up local laws and government regulations. Based on the actual conditions of promoting rule of law in Guangzhou, several thoughts on establishing the immediate cleanup system of local laws and government regulations in Guangzhou are put forward, which is of guiding significance and reference value.

Keywords: Local Laws; Government Regulations; Cleanup; Guangzhou

V   Social Surveys

B. 13   Investigation Report on Guangzhou Residents' Happiness in 2019

Zheng Xifu, Liu Xuelan, Luo Pinchao,

Huang Xishan and You Jianing / 187

Abstract: Based on the local situation of Guangzhou, this report conducts an online questionnaire which is named *Questionnaires of Assessing Happiness of Guangzhou Municipality's Residents* compiled in 2013 and adopts the stratified and cluster random sampling to research on 2714 residents of Guangzhou. At the same time, we compared it with the data of 2017 and 2018. The results show that: (1) Guangzhou residents have the highest degree of satisfaction in the dimension of spiritual life and the lowest degree of satisfaction in the dimension of social equity. Overall happiness is above average; (2) The seven happiness indicators of Guangzhou residents are influenced by factors such as gender, age, residence time, living area, marital status, education level, occupation type, number of real estate, monthly income and monthly consumption level etc.; (3) At present, the relative deprivation of Guangzhou residents is still relatively common, and there are differences among different social groups; (4) Spiritual life is the most crucial factor affecting the improvement of residents' happiness. The quality of life has maximum correlation with residents'

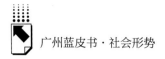
happiness. The residents most hope to improve their Social equity and quality of life; (5) According to the happiness data in the recent three years, the overall happiness and the score of the seven dimensions of Guangzhou residents in 2019 have improved significantly compared with that in 2017, while is basically the same as that in 2018. On account of the above investigation results, this report proposes relevant suggestions for how to further promote the happiness of Guangzhou's residents.

Keywords: Resident Happiness; Annual Comparison; Guangzhou

B. 14　Survey on the Satisfaction of Domestic Service Market
　　　　in Guangzhou in 2019

Liu Mei, Fu Die and Li Jiaqing / 225

Abstract: In 2019, Guangzhou Women's Federation organized a survey on satisfaction of Guangzhou's domestic service market. This paper analyzes the supply and demand, expectation and satisfaction of the domestic service market through 8048 valid employer questionnaires, 3235 valid employees questionnaires and the first-line interviews. The survey finds that the scale effect of the supply side of domestic service market has gradually appeared and the trend of consumption diversification and upgrading at the demand side has become more and more obvious, which is the main starting point and original value of promoting the "quality improvement and capacity expansion" of domestic service market. Before the purchase of domestic service, the consumers have high expectations; in the process of consumption, there is a gap between the consumers' perception and the expectation of service quality; after the consumption of domestic service, there are more complaints and the loyalty of consumers needs to be cultivated. This paper suggests that efforts should be made in value creation activities such as industry big data governance, multi-channel talent input, standardized talent training, card based talent output, etc., and improvements should be made in service and supervision aspects such as policy support, financial support, Guangzhou's characteristic domestic culture, promotion of legislation and formulation of standards. In order to improve the quality and capacity of Guangzhou's domestic service industry, improve market satisfaction, and ultimately achieve high-quality development of the industry.

Keywords: Domestic Service Industry; Market Satisfaction; Quality Improvement and Capacity Expansion

B. 15　Research Report on Guangzhou Real Estate Agency Industry

　　of 2019　　　　　　*Guangzhou Association of Real Estate Agents*

Industry Research Group / 242

Abstract: This report has conducted in-depth research on the current status of real estate agency industry in Guangzhou through extensive investigation with many of real estate agencies, employees and consumers. Formed this survey report of Guangzhou real estate intermediary industry.

Keywords: Real Estate Agency; Real Estate Market; Guangzhou

B. 16　Comparative Analysis of Population Development

　　between Guangzhou and 10 Major Cities

Population and Social Science and Technology Department

of Guangzhou Statistics Bureau / 287

Abstract: Population and talent are key factors for urban core competitiveness. This article analyzes the development trend of resident population in major cities in China in the past five years, Analyzes the situation of population structure, sorts out the "talent" policies of various cities, points out the advantages and disadvantages of Guangzhou's population development, and puts forward suggestions.

Keywords: Population Structure; Talent Introduction Policies; Guangzhou

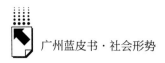
VI Rural Revitalization

B. 17 Improving Rural Residential Environment & Building
Ecological Livable and Beautiful Countryside

Research Group of Thousands of Rural Residents in Guangzhou / 300

Abstract: In August 2019, 1000 rural residents aged 18 −65 were selected
from Baiyun, Panyu, Huadu, Nansha, Huangpu, Zengcheng and Conghua
randomly to investigate a questionnaire survey on the current situation of Ecological
Livable and Beautiful Countryside construction. The survey showed that current
rural living environment was generally good in the eye of 95.0% of the
villagers. Among all nine aspects of the rural living environment, Village road
environment gain the highest satisfaction rate while domestic sewage discharge gain
the lowest satisfaction. As for thee valuation of the construction of ecologically
livable beautiful villages, 98.0% of the villagers said that the local government
attached great importance to rural ecological environmental protection and
environmental governance; 97.1% of the villagers said that ecological
environmental protection and environmental governance were effective. However,
72.9% of the villagers still believe that the current village is far from the target of
"ECO-livable"; the villagers' low environmental awareness, low participation and
enthusiasm are the main problems in the process of constructing a beautiful eco-
livable village.

Keywords: Rural Living Environment; Eco-livable; Beautiful Countryside;
Guangzhou

Contents ⟪⟫

Abstract: The integration of urban and rural development, promoting the free flow of urban and rural elements and the rational allocation of public resources, is a systematic project to promote rural rejuvenation and agricultural and rural modernization. In order to understand the current status of rural-urban integration in Guangzhou and improve the quality of life, in July 2019, the Rural Division of the Guangzhou Statistics Bureau, in conjunction with the Guangzhou Statistical Consulting Center, randomly selected 1000 rural residents aged 18 − 65, using The Survey Network of Thousands Of Rural Residents. Surveys are conducted by way of home visits and filling in questionnaires. The survey results show that the overall situation of rural infrastructure construction is relatively good, and rural residents have the best evaluation of production-oriented infrastructure construction; there is still a gap between urban and rural development, and 42.2% of the rural residents surveyed said that there is a gap between their villages and their towns; most rural residents recognize the role of urban-rural integration in achieving a better life. At present, the focus of urban-rural integration should be on the integration of medical resources and the improvement of the living environment.

Keywords: Urban-rural Integration; Infrastructure Construction; Better Life; Resource Intergration

Abstract: Guangzhou has not only undertaken the task of poverty alleviation

in the northern mountainous areas of the city and Meizhou and Qingyuan of the Guangdong province, but also undertaken the task of help western regions of 36 counties reduce poverty, that spread Sichuan Chongqing, Tibet and Xinjiang province. The paper summarizes the situation and effect of poverty alleviation and by Guangzhou, analyzes the key points and characteristics of precision poverty alleviation and east-west counterpart support by Guangzhou, points out existing problems, and puts forward measures and suggestions on the basis of the above research.

Keywords: Precise Poverty Alleviation; Cooperation Counterpart Support; Targeted Poverty Reduction; GuangZhou

权威报告·一手数据·特色资源

皮书数据库
ANNUAL REPORT(YEARBOOK)
DATABASE

分析解读当下中国发展变迁的高端智库平台

所获荣誉

- 2019年，入围国家新闻出版署数字出版精品遴选推荐计划项目
- 2016年，入选"'十三五'国家重点电子出版物出版规划骨干工程"
- 2015年，荣获"搜索中国正能量 点赞2015""创新中国科技创新奖"
- 2013年，荣获"中国出版政府奖·网络出版物奖"提名奖
- 连续多年荣获中国数字出版博览会"数字出版·优秀品牌"奖

成为会员

通过网址www.pishu.com.cn访问皮书数据库网站或下载皮书数据库APP，进行手机号码验证或邮箱验证即可成为皮书数据库会员。

会员福利

- 已注册用户购书后可免费获赠100元皮书数据库充值卡。刮开充值卡涂层获取充值密码，登录并进入"会员中心"—"在线充值"—"充值卡充值"，充值成功即可购买和查看数据库内容。
- 会员福利最终解释权归社会科学文献出版社所有。

数据库服务热线：400-008-6695
数据库服务QQ：2475522410
数据库服务邮箱：database@ssap.cn
图书销售热线：010-59367070/7028
图书服务QQ：1265056568
图书服务邮箱：duzhe@ssap.cn

社会科学文献出版社 皮书系列
SOCIAL SCIENCES ACADEMIC PRESS (CHINA)
卡号：277467549252
密码：

基本子库
SUB DATABASE

中国社会发展数据库（下设 12 个子库）

　　整合国内外中国社会发展研究成果，汇聚独家统计数据、深度分析报告，涉及社会、人口、政治、教育、法律等 12 个领域，为了解中国社会发展动态、跟踪社会核心热点、分析社会发展趋势提供一站式资源搜索和数据服务。

中国经济发展数据库（下设 12 个子库）

　　围绕国内外中国经济发展主题研究报告、学术资讯、基础数据等资料构建，内容涵盖宏观经济、农业经济、工业经济、产业经济等 12 个重点经济领域，为实时掌控经济运行态势、把握经济发展规律、洞察经济形势、进行经济决策提供参考和依据。

中国行业发展数据库（下设 17 个子库）

　　以中国国民经济行业分类为依据，覆盖金融业、旅游、医疗卫生、交通运输、能源矿产等 100 多个行业，跟踪分析国民经济相关行业市场运行状况和政策导向，汇集行业发展前沿资讯，为投资、从业及各种经济决策提供理论基础和实践指导。

中国区域发展数据库（下设 6 个子库）

　　对中国特定区域内的经济、社会、文化等领域现状与发展情况进行深度分析和预测，研究层级至县及县以下行政区，涉及地区、区域经济体、城市、农村等不同维度，为地方经济社会宏观态势研究、发展经验研究、案例分析提供数据服务。

中国文化传媒数据库（下设 18 个子库）

　　汇聚文化传媒领域专家观点、热点资讯，梳理国内外中国文化发展相关学术研究成果、一手统计数据，涵盖文化产业、新闻传播、电影娱乐、文学艺术、群众文化等 18 个重点研究领域。为文化传媒研究提供相关数据、研究报告和综合分析服务。

世界经济与国际关系数据库（下设 6 个子库）

　　立足"皮书系列"世界经济、国际关系相关学术资源，整合世界经济、国际政治、世界文化与科技、全球性问题、国际组织与国际法、区域研究 6 大领域研究成果，为世界经济与国际关系研究提供全方位数据分析，为决策和形势研判提供参考。

法律声明

"皮书系列"（含蓝皮书、绿皮书、黄皮书）之品牌由社会科学文献出版社最早使用并持续至今，现已被中国图书市场所熟知。"皮书系列"的相关商标已在中华人民共和国国家工商行政管理总局商标局注册，如 LOGO（▧）、皮书、Pishu、经济蓝皮书、社会蓝皮书等。"皮书系列"图书的注册商标专用权及封面设计、版式设计的著作权均为社会科学文献出版社所有。未经社会科学文献出版社书面授权许可，任何使用与"皮书系列"图书注册商标、封面设计、版式设计相同或者近似的文字、图形或其组合的行为均系侵权行为。

经作者授权，本书的专有出版权及信息网络传播权等为社会科学文献出版社享有。未经社会科学文献出版社书面授权许可，任何就本书内容的复制、发行或以数字形式进行网络传播的行为均系侵权行为。

社会科学文献出版社将通过法律途径追究上述侵权行为的法律责任，维护自身合法权益。

欢迎社会各界人士对侵犯社会科学文献出版社上述权利的侵权行为进行举报。电话：010-59367121，电子邮箱：fawubu@ssap.cn。

社会科学文献出版社